全国水利行业规划教材　高职高专水利水电类
校企合编教材　1+X 岗课赛证融通教材
"互联网+"新形态教材

水利水电工程法规

主　编　刘启够
副主编　陈锦金　毛锡玉　高玉杉
主　审　郝红科　吴伟民

黄河水利出版社
·郑州·

内 容 提 要

本书是全国水利行业规划教材，根据《“十四五”职业教育规划教材建设实施方案》（教职成厅〔2021〕3号）精神及水利水电工程相关职业岗位能力标准要求编写完成的。本书内容涵盖了水利水电工程建设与运行管理全过程、全方位常用的法律法规，主要内容包括建设工程基本法律制度、涉水法律制度、水利水电工程建设与管理法律制度、水利水电工程建设与管理常用法律选编等四大模块十五个项目。本书编写以党的二十大精神为引领，具有“简明实用、水利特色、育训结合、德技并修”等特点，并具有较强的专业性、应用性、创新性，旨在为中华民族伟大复兴培养合规的建设者。

本书可作为高等职业教育水利工程与管理类专业的教学用书，也可作为水利工程运行管理单位技术人员的参考用书，还可以作为河道修防工、水工监测工、水工闸门运行工、水文勘测工等职业技能鉴定及相应领域职业技能等级证书考核及培训参考用书。

图书在版编目（CIP）数据

水利水电工程法规/刘启够主编．—郑州：黄河水利出版社，2023.6

全国水利行业规划教材

ISBN 978-7-5509-3592-1

Ⅰ.①水… Ⅱ.①刘… Ⅲ.①水利水电工程-工程管理-法规-中国-职业教育-教材 Ⅳ.①D922.66

中国国家版本馆 CIP 数据核字（2023）第 105430 号

组稿编辑：王路平　电话：0371-66022212　E-mail：hhslwlp@163.com
陈俊克　66026749　E-mail：hhslcjk@126.com

责任编辑：赵红菲　责任校对：韩莹莹　封面设计：李思璇　责任监制：常红昕

出版发行：黄河水利出版社

地址：河南省郑州市顺河路49号　邮政编码：450003

网址：www.yrcp.com　E-mail：hhslcbs@126.com

发行部电话：0371-66020550

承印单位：河南承创印务有限公司

开　本：787 mm×1 092 mm　1/16

印　张：15.75

字　数：380千字　印　数：1—2 100

版次印次：2023年6月第1版　2023年6月第1次印刷

定　价：49.00元

前 言

本书是贯彻落实中共中央办公厅、国务院办公厅《关于推动现代职业教育高质量发展的意见》(2021年10月)、《国家职业教育改革实施方案》(国发〔2019〕4号)和《水利部 教育部关于进一步推进水利职业教育改革发展的意见》(水人事〔2013〕121号)等文件精神,依据教育部印发的《高等职业学校专业教学标准(试行)》中关于课程的教学要求,在中国水利教育协会职业技术教育分会高等职业教育教学研究会指导下编写的水利水电类专业规划教材。教材以学生能力培养为主线,体现出实用性、实践性、创新性的教材特色,是理论联系实际、教学面向生产的高职教育精品规划教材。

党的二十大报告指出:"我们要坚持走中国特色社会主义法治道路,建设中国特色社会主义法治体系、建设社会主义法治国家,围绕保障和促进社会公平正义,坚持依法治国、依法执政、依法行政共同推进,坚持法治国家、法治政府、法治社会一体建设,全面推进科学立法、严格执法、公正司法、全民守法,全面推进国家各方面工作法治化。"新时代新征程,为了实现"把我国建成富强民主文明和谐美丽的社会主义现代化强国"这一宏伟目标,党中央、国务院、水利部和各省、自治区、直辖市针对水旱灾害防治、水资源开发利用与保护,以及水工程建设与运行管理等领域颁布了相关法律法规。随着我国进入新发展阶段,作为基础性、战略性、先导性地位的水利水电行业也驶入快车道,规模宏大的水利水电工程建设与运行管理需要大量既熟悉水利水电工程相关法律法规,又掌握水利水电工程设计、施工和运行管理等技术技能的复合型水利水电人才。

本书内容选取立足我国当前水利水电工程行业的实践需要,涵盖了水利水电工程建设与运行管理全过程、全方位用到的法规制度。由建设工程基本法律制度、涉水法律制度、水利水电工程建设与管理法律制度、水利水电工程建设与管理常用法律选编等四大模块十五个项目构成。在编写上力求"简明实用、时效前瞻、理实一体、德技并修、行业特色"。一是简明实用,服务水利行业:以水利类专业毕业生就业(职业)岗位、工作任务为导向,以相关国家职业技能标准(1+X证书)和工程建筑与管理类执业资格考试对法规的要求为准则,编制教学大纲,实现"岗、课、赛、证"相融通;二是时效前瞻,强调与时俱进:将最新颁布和修订的水利法规编入教材,并实时更新;三是理实结合,突出技能特点:将法规理论与实际运用相结合,精选水利水电工程建设与管理领域中与教材知识点相关的经典案例,以案说法、以法析案,培养综合分析与实践运用能力,每个模块配有与水利水电工作过程或工作岗位能力要求相结合的法规题库,有利于考查学生对水利水电工程建设与管理中用到的相关法律法规的理解与运用,实现"学、做、用"一体;四是融入思政育人元素,培养德技并修人才:通过挖掘法规知识与技能里的思政育人元素,将水利水电行业工作岗位和水利从业人员应当具备的职业能力、职业道德、职业精神(水利精神)和社会主义核心价值观、优秀传统文化等有机融入水利水电工程法规教学与实践应用中，培养德技并修的水利技能人才。

本书编写人员及编写分工如下：福建水利电力职业技术学院刘启够编写模块 1，模块 2 项目 6、项目 7、项目 9，模块 3 项目 11、项目 12 和项目 14，模块 4；福建省水利水电勘测设计研究院有限公司陈锦金编写模块 2 项目 5 和模块 3 项目 13；山东水利技师学院毛锡玉编写模块 3 项目 15 和思考与练习；浙江同济科技职业学院高玉杉编写模块 2 项目 8 和模块 3 项目 10。本书由刘启够担任主编，并负责全书规划与统稿；由陈锦金、毛锡玉、高玉杉担任副主编；由杨凌职业技术学院郝红科、福建水利电力职业技术学院吴伟民担任主审。

由于编者水平所限，错误之处在所难免，敬请各位专家、同行和读者批评指正，并提出宝贵意见，以便进一步修正完善。

编　者

2023 年 1 月

本书互联网全部资源

目　录

模块 3　水利水电工程建设与管理法律制度

模块 4　水利水电工程建设与管理常用法律选编

模块1 建设工程基本法律制度

项目1 法律体系与法的形式

【知识目标】

1. 理解法的基本概念。
2. 掌握法律体系的基本框架。
3. 掌握法的形式和法的效力层级。
4. 掌握法的适用原则。

【技能目标】

1. 能熟练识别法律体系基本框架和法的效力层级。
2. 能根据法律体系、法的形式及效力层级,解决生活和工作中的法律问题。

【育人目标】

1. 树立"科学立法、严格执法、公正司法、全民守法"的法治理念。
2. 树立"自由、平等、公正、法治"社会层面的社会主义核心价值观。
3. 培养遵纪守法意识和"平等、公平、诚信"的做事原则。

【问题导入】

法治兴则国兴,法治强则国强。党的二十大报告强调"在法治轨道上全面建设社会主义现代化国家",既凸显了法治建设事关根本的战略地位,又明确了法治建设服务保障党和国家工作大局的战略任务。为此,要坚持依法治国、依法执政、依法行政共同推进,坚持法治国家、法治政府、法治社会一体建设,实现科学立法、严格执法、公正司法、全民守法,促进国家治理体系和治理能力现代化。

【任务分析】

1. 作为一名新时代的水利建设者、接班人,如何增强法律意识和法制观念,做到学法、懂法、守法和用法?
2. 新时代水利水电从业人员应当具备哪些基本法律素养?

任务 1.1　法律体系

一、法的基本概念

（一）法律

法律是国家制定或认可的，由国家强制力保证实施的，以规定当事人权利和义务为内容的具有普遍约束力的社会规范。

广义的法律：是指一切规范人们行为的法律规范的总和，包括法律、有法律效力的解释及行政机关为执行法律而制定的规范性文件（如规章）。

狭义的法律：仅指由全国人民代表大会及其常务委员会制定的法律规范。根据《宪法》[1]的规定，法律分为根本法、基本法律和普通法律。

（二）基本法律与普通法律

（1）由全国人民代表大会制定和修改的法律，例如，《立法法》《民法典》《刑法》《义务教育法》《行政诉讼法》《国防法》《香港特别行政区基本法》等，比较全面地规定和调整国家及社会生活某一方面的基本社会关系的法律，属于基本法律。

（2）由全国人民代表大会常务委员会制定和修改的法律，例如，《劳动法》《行政处罚法》《行政监察法》《行政复议法》《国家赔偿法》《法官法》《检察官法》《人民警察法》等法律，属于普通法律。

【技术指导 1-1】　基本法律与普通法律立法部门的显著区别。

《宪法》第六十二条规定："全国人民代表大会行使下列职权：（三）制定和修改刑事、民事、国家机构的和其他的基本法律。"

《立法法》第七条规定："全国人民代表大会和全国人民代表大会常务委员会行使国家立法权。全国人民代表大会制定和修改刑事、民事、国家机构的和其他的基本法律。""全国人民代表大会常务委员会制定和修改除应当由全国人民代表大会制定的法律以外的其他法律。"

（三）一般法与特别法

（1）一般法又称为一般规定。是指适用于一般的法律关系主体、通常的时间、国家管辖的所有地区的法律，如《宪法》《民法典》《刑法》等。

（2）特别法又称为特别规定。是对于特定的人群和事项，或者在特定的地区和时间内适用的法律。仅适用于特定地区、区域的法律，例如《香港特别行政区基本法》《长江保护法》《黄河保护法》等；仅对特定人群适用的法律，例如《妇女权益保障法》《教师法》等；仅对特定事项适用的法律，例如《商标法》《专利法》等。

一般法与特别法是相对而言的。例如，相对于《宪法》，《民法典》《刑法》等法律又是特别法。

---

[1] 《宪法》的全称为《中华人民共和国宪法》，本书在大多数情况下使用简称，即《宪法》，其他法律同。

二、法律体系(横向划分)

法律体系,也称为部门法体系,指一国的全部现行法律规范,按照一定的标准和原则,划分为不同的法律部门而形成的有机联系的整体。部门法,又称法律部门,是根据一定标准、原则所制定的同类规范的总称。

我国的法律体系通常包括以下几类主要的部门法:宪法、民商法、经济法、行政法、劳动法与社会保障法、自然资源与环境保护法、刑法、诉讼法等。

(一)宪法

宪法是整个法律体系的基础,主要表现形式是《宪法》,此外,还包括主要国家机关组织法、选举法、民族区域自治法、特别行政区基本法、立法法、国籍法等附属的法律。

(二)民法商法

(1)民法。是调整平等主体的自然人、法人和非法人组织之间的人身关系和财产关系的法。主要表现形式是《民法典》。

(2)商法。是调整平等主体之间的商事关系或商事行为的法律,主要包括公司法、保险法、合伙企业法、个人独资企业法、票据法、证券法等。

广义的商法与经济法、金融法等其他部门法相交集,学界争议较大,很难界定出确切的学科边界。

(三)经济法

经济法是国家从整体经济发展的角度,对具有社会公共性的经济活动进行干预、管理和调控的法律规范的总称。主要包括:①国家规范经济组织过程中发生的经济关系,如公司法、外商投资企业法、合伙企业法等;②国家干预市场经济运行过程中发生的经济关系,如证券法、票据法、金融法、保险法、房地产法等;③国家管理、规范经济秩序过程中发生的经济关系,如建筑法、招标投标法、反垄断法、反不正当竞争法、消费者权益保障法和产品质量法等;④国家在经济调控中发生的经济关系,如税法、价格法、会计法和审计法等。

(四)行政法

行政法是有关国家行政管理方面的法律、法规。主要包括:①有关行政权力行使及运用方面的法律,如行政处罚法、治安管理处罚法、税收征收管理法等;②有关对行政权力的行使予以监督及对受侵害人予以补救的法律,如行政监察法、审计法、行政复议法、行政诉讼法、国家赔偿法等。

(五)劳动法与社会保障法

(1)劳动法。是调整劳动关系及与劳动关系密切联系的其他社会关系的法律规范,主要有《劳动法》《劳动合同法》。

(2)社会保障法。是指调整有关社会保险、社会救济、社会优抚和社会福利方面的法律,主要有《劳动法》《劳动合同法》《工会法》《妇女权益保障法》《残疾人权益保障法》《安全生产法》,以及《失业保险条例》和《社会保险费征缴暂行条例》等。

(六)自然资源与环境保护法

自然资源与环境保护法是关于保护环境和自然资源,防治污染和其他公害的法律规范的总称。

(1)自然资源法。包括土地法、水法、矿产资源法、水产资源法、森林法、海洋法、风景名胜区法、野生动植物资源法等。

(2)环境保护相关法律。主要有水污染防治法、大气污染防治法、环境影响评价法等。

(七)刑法

刑法是规定犯罪、刑事责任和刑罚的法律,狭义刑法仅指《刑法》。

(八)诉讼法

诉讼法是指规定诉讼程序的法律规范的总称,是打官司时所应遵循的行为规范,是典型的法律程序法。在中国有三大诉讼法,分别是《民事诉讼法》《刑事诉讼法》《行政诉讼法》。诉讼法的部门法还包括《仲裁法》《监狱法》《法官法》及《律师法》等。

【技术指导1-2】 我国的法律部门如表1-1所示。

表1-1 我国的法律部门

法律部门		表现形式
宪法		宪法、主要国家机关组织法、选举法、立法法、国籍法
民法商法	民法(典)	总则、物权、合同、人格权、婚姻家庭、继承、侵权责任
	商法	公司法、保险法、票据法
经济法		建筑法、招标投标法、反不正当竞争法、税法
行政法		行政处罚法、行政复议法、治安管理处罚法
劳动法与社会保障法		劳动法、安全生产法、消防法、劳动合同法
自然资源与环境保护法		土地管理法、节约能源法、环境影响评价法
刑法		刑法
诉讼法		民事诉讼法、行政诉讼法、刑事诉讼法

任务1.2 法的形式与效力层级

一、法的形式

法的形式是指法律创制方式和外部表现形式。它包括以下四层含义:

(1)法律规范创制机关的性质及级别。

(2)法律规范的外部表现形式。

(3)法律规范的效力等级。

(4)法律规范的地域效力。

在世界历史上存在过的法律形式主要有习惯法、宗教法、判例法、规范性法律文件、国际惯例、国际条约等。我国法的形式是制定法形式。

根据《宪法》和《立法法》及有关规定,我国法的形式主要包括以下内容。

(一)宪法

宪法是每一个民主国家最根本的法的渊源,其法律地位和效力是最高的。我国的宪法是由我国的最高权力机关——全国人民代表大会制定和修改的,一切法律、行政法规和地方性法规都不得与宪法相抵触。

(二)法律

法律包括广义和狭义的法律。这里仅指狭义的法律。其效力低于宪法,但高于行政法规。

(三)行政法规

行政法规是最高国家行政机关即国务院制定的规范性文件。行政法规的具体名称中通常有"条例"二字,如《建设工程质量管理条例》《建设工程安全生产管理条例》《安全生产许可证条例》《建设工程勘察设计管理条例》。

行政法规的法律效力仅次于宪法和法律,行政法规的法律效力高于地方性法规和规章。

【技术指导 1-3】 水利工程运行管理中常用的行政法规如表 1-2 所示。

表 1-2 水利工程运行管理中常用的行政法规

序号	行政法规名称	序号	行政法规名称
1	取水许可和水资源费征收管理条例	7	水文条例
2	地下水管理条例(2021 年)	8	河道管理条例
3	城市供水条例	9	水库大坝安全管理条例
4	农田水利条例	10	招标投标法实施条例
5	防汛条例	11	建设工程安全生产管理条例
6	抗旱条例	12	建设工程质量管理条例

(四)地方性法规

地方性法规是指省、自治区、直辖市人民代表大会和它们的常务委员会制定和公布的地方性法规。地方性法规的效力高于本级和下级地方政府规章。

(五)行政规章

行政规章分为部门规章和地方政府规章。

(1)部门规章。是指国务院各部委(如水利部、教育部、财政部、国家发展和改革委员会、国有资产监督管理委员会)根据法律和国务院的行政法规、决定、命令,在本部门权限内按照规定程序制定的规范性文件的总称。

(2)地方政府规章。是指省、自治区、直辖市及较大的市的人民政府根据法律、行政法规、地方性法规所制定的普遍适用于本地区行政管理工作的规范性文件的总称。

部门规章之间、部门规章和地方政府规章之间具有同等效力,在各自的权限范围内施行。

省、自治区的人民政府制定的规章的效力高于本行政区域内的较大市的人民政府制定的规章。

行政规章常用规定、办法、细则等文种。对某一方面的行政工作做部分的规定,称"规定";对某一项行政工作做比较具体的规定,称"办法"。

条例、规定、办法之间的区别是:在范围上,条例、规定适用于某一方面的行政工作,办法仅适用于某一项行政工作;在内容上,条例比较全面、系统,规定则集中于某个部分,办法比条例、规定要具体得多;在名称使用上,条例仅用于法规,规定和办法在规章中常用到。

(六)最高人民法院的司法解释

最高人民法院的司法解释是对审判工作中具体应用法律所作的具有普遍司法效力的解释,对下级法院通常具有约束力。违背宪法与法律的司法解释无效。法律即使再完备,也难以避免"法律漏洞"现象。在法律存在着漏洞的情况下,司法解释具有填补漏洞的作用。

(七)国际条约

国际条约是指我国作为国际法主体,以国际法为准则,同外国缔结的双边或多边协议及其他具有条约、协议性质的书面文件。国际条约包括一般性的条约和特别条约。

二、法的效力层级

法的效力层级是指法律体系中的各种法的形式,由于制定的主体、程序、时间、适用范围等的不同,具有不同的效力,形成了法的效力等级体系。

(一)基本原则

1. 宪法至上

宪法是具有最高法律效力的根本大法,作为根本法和母法,还是其他立法活动的最高法律依据。任何法律法规都必须遵循宪法而产生,无论是维护社会稳定、保障社会秩序,还是规范经济秩序,都不能违背宪法的基本准则。

2. 上位法优于下位法

在我国法律体系中,法律的效力是仅次于宪法而高于其他法的形式。行政法规的法律地位和法律效力仅次于宪法和法律,高于地方性法规和部门规章。地方性法规的效力,高于本级和下级地方政府规章。省、自治区人民政府制定的规章的效力,高于本行政区域内的较大的市级人民政府制定的规章。自治条例和单行条例依法对法律、行政法规、地方性法规作变通规定的,在本自治地方适用自治条例和单行条例的规定。

上位法优于下位法的原则体现在以下几个方面:

(1)宪法>法律>行政法规>省级地方性法规>部门规章≥地方政府规章;

(2)同级别地方性法规>同级别或下级地方政府规章;

(3)上级地方规章>下级地方规章;

(4)部门规章之间,部门规章与地方政府规章之间具有同等效力,在各自权限范围内施行。

规律:注意其制定主体,制定主体层级越高,效力越高。

3. 特别法优于一般法

特别法优于一般法是指公法权力主体在实施公法权力行为中,当一般规定与特别规定不一致时,优先适用特别规定。《立法法》规定,同一机关制定的法律、行政法规、地方性法规、自治条例和单行条例、规章,特别规定与一般规定不一致的,适用特别规定。

4. 新法优于旧法

当新法、旧法对同一事项有不同规定时,新法的效力优于旧法。《立法法》规定,同一机关制定的法律、行政法规、地方性法规、自治条例和单行条例、规章,新的规定与旧的规定不一致的,适用新的规定。

【技术指导1-4】 法的形式、制定机关、效力层级、名称特点之间的关系如表1-3所示。

表1-3 法的形式、制定机关、效力层级、名称特点之间的关系

法的形式		制定机关	效力层级	名称特点
宪法		全国人民代表大会	最高	宪法
法律		全国人民代表大会和全国人民代表大会常务委员会	仅次于宪法	××法
行政法规		国务院	低于宪法和法律	××条例
地方性法规		省、自治区、直辖市、国务院批准的较大市的人民代表大会和它们的常务委员会	只在本辖区内有效、效力低于法律和行政法规	地名+××条例
行政规章	部门规章	国务院各部委	低于法律和行政法规	××规定/办法/实施细则
	地方政府规章	省、较大市的政府	低于法律和行政法规,低于同级或上级地方性法规	地名+××规定/办法
司法解释		最高人民法院	对法院审判有约束力	××司法解释
国际公约		国家缔结的协议	具有法律效力	××公约/××条约

(二)需要由有关机关裁决适用的特殊情况

(1)法律之间对同一事项的新的一般规定与旧的特别规定不一致,不能确定如何适用时,由全国人民代表大会常务委员会裁决。

(2)行政法规之间对同一事项的新的一般规定与旧的特别规定不一致,不能确定如何适用时,由国务院裁决。

(3)地方性法规、规章之间不一致时,由有关机关依照下列规定的权限作出裁决:

①同一机关制定的新的一般规定与旧的特别规定不一致时,由制定机关裁决。

②地方性法规与部门规章之间对同一事项的规定不一致,不能确定如何适用时,由国务院提出意见,国务院认为应当适用地方性法规的,应决定在该地方适用地方性法规的规定;认为应当适用部门规章的,应提请全国人民代表大会常务委员会裁决。

③当部门规章之间、部门规章与地方政府规章之间对同一事项的规定不一致时,由国务院裁决。

④根据授权制定的法规与法律规定不一致,不能确定如何适用时,由全国人民代表大会常务委员会裁决。

【技术指导1-5】 需要由有关机关裁决适用的特殊情况如表1-4所示。

表1-4 需要由有关机关裁决适用的特殊情况

情形	法的形式	裁决
新的一般规定与旧的特别规定不一致	法律之间	由全国人民代表大会常务委员会裁决
	行政法规之间	由国务院裁决
	地方性法规、规章之间	同一机关制定的,由制定机关裁决
同一事项之间	地方性法规与部门规章之间	国务院提出意见: 1.认为应当适用地方性法规的,即适用地方性法规; 2.认为应当适用部门规章的,应提请全国人民代表大会常务委员会裁决
	部门规章之间、部门规章与地方政府规章之间	由国务院裁决
不能确定如何适用	根据授权制定的法规与法律规定不一致	由全国人民代表大会常务委员会裁决

项目2　民法典与建设工程基本法律制度

【知识目标】

1. 理解民事法律关系的构成。

2. 掌握民事法律行为的构成要件。

3. 掌握建设工程代理行为及其法律关系。

4. 掌握建设工程中的担保制度。

【技能目标】

1. 熟练判别民事法律行为的效力。

2. 熟练识别工程领域中的代理行为及法律责任。

3. 熟练运用工程领域中的担保方式。

4. 能选用法律法规来分析、解决工程建设与管理领域中的问题。

【育人目标】

1. 树立工程伦理意识,培养社会责任感和敬业、奉献精神。

2. 树立合法、平等、自愿、诚信、公序良俗等市场竞争基本原则。

【情境导入】

中华人民共和国主席令(第六十六号),《中华人民共和国民法总则》已由中华人民共和国第十二届全国人民代表大会第五次会议于2017年3月15日通过,现予公布,自2017年10月1日起施行。

2020年5月28日,第十三届全国人民代表大会第三次会议通过了《中华人民共和国民法典》,自2021年1月1日起施行。

【任务分析】

1.《民法典》规范哪些民事法律行为?

2. 能用《民法典》解决各类民事纠纷。

3.《民法典》在建设工程领域的运用。

任务2.1　民事法律关系与民事法律行为

一、《民法典》简介

(一)《民法典》的组成

《民法典》是中华人民共和国第一部以法典命名的法律,共7编1 260条,各编依次为总则、物权、合同、人格权、婚姻家庭、继承、侵权责任,以及附则。《中华人民共和国婚姻法》《中华人民共和国继承法》《中华人民共和国民法通则》《中华人民共和国收养法》《中华人民共和国担保法》《中华人民共和国合同法》《中华人民共和国物权法》《中华人民共和国侵权责任法》《中华人民共和国民法总则》同时废止。《民法典》是调整平等主体的自然人、法人和非法人组织之间的人身关系(人格权、婚姻家庭、继承)和财产关系(物权、合同)的法律规范总和。

(二)《民法典》的作用、意义

《民法典》在中国特色社会主义法律体系中具有重要地位,是保护民事主体的合法权益、调整民事关系、维护社会和经济秩序、弘扬社会主义核心价值观的基础性法律。它保护民事主体的人身和财产权利,强化规则意识,倡导契约精神,为民事活动提供基本遵循。它将社会主义核心价值观融入法律,确立价值导向,维护公序良俗,引导人们崇德向善。它汲取中华民族5 000多年优秀法律文化(如第一千零四十三条规定:家庭应当树立优良家风,弘扬家庭美德,重视家庭文明建设),具有鲜明中国特色、实践特色。

由于建设工程领域涉及法律主体繁多,法律关系较为复杂,工程建设从业者只有尽快熟悉《民法典》有关建设工程领域的相关规定,做到依法合规经营、权责清晰,才能有效避免或减少建设项目因工程复杂、工期长等客观原因导致的履约纠纷,在"民法典时代"实现高质量发展。

二、民事法律关系

民事法律关系指属于民法典调整的平等主体的自然人、法人和非法人组织之间的权利义务关系(人身关系和财产关系)。

例如,水库的供水活动。水库与用水户存在一定的社会关系,根据《水利工程供水价格管理办法》和各地区的水费计收标准,双方签订供水协议。水库管理单位拥有商品水的经营权,即计收水费的权利,承担供水的义务;用水户拥有商品水的使用权,承担缴纳水费的义务。这种权利义务关系就是平等主体之间的民事法律关系。

(一)民事法律关系的主体

民事法律关系的主体是指参加民事法律关系享受权利或承担义务的人,即民事法律关系的当事人。根据我国《民法典》规定,可以作为民事法律关系主体的有自然人、法人和非法人组织。

1.自然人

自然人作为民事主体的一种,能否通过自己的行为取得民事权利、承担民事义务,取决于其是否具有民事行为能力。所谓民事行为能力,是指民事主体通过自己的行为取得民事权利、承担民事义务的资格。自然人的民事行为能力分为完全民事行为能力、限制民事行为能力、无民事行为能力三种。

1)完全民事行为能力

《民法典》第十七、十八条规定:"十八周岁以上的自然人为成年人。不满十八周岁的自然人为未成年人。""成年人为完全民事行为能力人,可以独立实施民事法律行为。""十六周岁以上的未成年人,以自己的劳动收入为主要生活来源的,视为完全民事行为能力人。"

特别要注意后一种情形,即"十六周岁以上的未成年人……",这是完全民事行为能力人的一种特殊情形。

《劳动法》中规定，劳动者的法定最低就业年龄为十六周岁。除法律另有规定（文艺、体育和特种工艺单位招用未满十六周岁的未成年人，必须遵守国家有关规定，并保障其接受义务教育的权利）外，任何单位不得与未满十六周岁的未成年人发生劳动法律关系。同时，《劳动法》也规定，用人单位应当对未成年工定期进行健康检查。这里的未成年工指的就是这种“十六周岁以上的未成年人，以自己的劳动收入为主要生活来源的”人。

2）限制民事行为能力

《民法典》第十九条规定：“八周岁以上的未成年人为限制民事行为能力人，实施民事法律行为由其法定代理人代理或者经其法定代理人同意、追认；但是，可以独立实施纯获利益的民事法律行为或者与其年龄、智力相适应的民事法律行为。”第二十二条规定：“不能完全辨认自己行为的成年人为限制民事行为能力人，实施民事法律行为由其法定代理人代理或者经其法定代理人同意、追认；但是，可以独立实施纯获利益的民事法律行为或者与其智力、精神健康状况相适应的民事法律行为。”

这里的“八周岁以上”的含义应该是包括“八周岁”的。

3）无民事行为能力

《民法典》第二十条规定：“不满八周岁的未成年人为无民事行为能力人，由其法定代理人代理实施民事法律行为。”第二十一条规定：“不能辨认自己行为的成年人为无民事行为能力人，由其法定代理人代理实施民事法律行为。”“八周岁以上的未成年人不能辨认自己行为的，适用前款规定。”

2. 法人

1）法人概念

《民法典》第五十七条规定：“法人是具有民事权利能力和民事行为能力，依法独立享有民事权利和承担民事义务的组织”。

2）法人成立

不是以生命存在为特征的个人，而是按照法定条件和程序建立起来并取得法律人格的组织。根据《民法典》第五十八条规定：“法人应当依法成立。”“法人应当有自己的名称、组织机构、住所、财产或者经费。法人成立的具体条件和程序，依照法律、行政法规的规定。”

3）法人类型

法人分为营利法人、非营利法人和特别法人。

（1）营利法人。以取得利润并分配给股东等出资人为目的成立的法人，为营利法人。

营利法人包括有限责任公司、股份有限公司和其他企业法人等。

（2）非营利法人。为公益目的或者其他非营利目的成立，不向出资人、设立人或者会员分配所取得利润的法人，为非营利法人。

非营利法人包括事业单位、社会团体、基金会、社会服务机构等。

具备法人条件，为适应经济社会发展需要，提供公益服务设立的事业单位，经依法登记成立，取得事业单位法人资格。

具备法人条件，基于会员共同意愿，为公益目的或者会员共同利益等非营利目的设立的社会团体，经依法登记成立，取得社会团体法人资格；依法不需要办理法人登记的，从成立之日起，具有社会团体法人资格。

具备法人条件,为公益目的以捐助财产设立的基金会、社会服务机构等,经依法登记成立,取得捐助法人资格。

(3)特别法人。机关法人、农村集体经济组织法人、城镇农村合作经济组织法人、基层群众性自治组织法人,为特别法人。

机关法人依据法律、法规、决议、命令等成立,不需要办理法人登记,从成立之日起即具有法人资格。

3. 非法人组织

即其他组织,是不具有法人资格,但是能够依法以自己的名义从事民事活动的组织。包括个人独资企业、合伙企业、不具有法人资格的专业服务机构等。

非法人组织与法人组织的区别:是否具有独立承担民事责任的能力。

【技术指导2-1】 企业法人与项目经理部的法律关系。

(1)项目经理部是施工企业为了完成某项建设工程施工任务而组建的非常设的下属机构,是一次性的具有弹性的现场生产组织机构,不具备法人资格。通常由一个项目经理与技术、生产、材料、成本等管理人员组成的项目管理班子。

由于施工企业同时会有数个、数十个甚至更多的建设工程施工项目在组织实施,每个施工项目必须有一个经企业法人授权的项目经理,对该施工项目全面负责。

(2)由于项目经理部不具备独立的法人资格,无法独立承担民事责任,所以项目经理部行为的法律后果由企业法人承担。而企业法人的法定代表人,其职务行为可以代表企业法人。

(二)民事法律关系的客体

指的是作为法律关系内容的民事权利和民事义务共同指向的对象,也就是民事权利的客体,又称为民事权利的标的,可分为物、行为、智力成果、人身利益四类。

1. 物

物是能满足人的需要,能够被人支配或控制的物质实体或自然力。大多数民事法律关系与物有密切联系,有的以物为客体,如资金、所有权、担保物权等;有的虽以行为为客体,但仍以物为利益体现,如交付物的买卖合同。

2. 行为

作为客体的行为特指能满足债权人利益的行为,通常也称给付。行为主要是债这一民事法律关系的客体,因为债权是请求权,债权人只能就自己的利益请求债务人给付,如交付物、完成工作,而不能对债务人的物或其他财产直接加以支配。

3. 智力成果

智力成果是人脑力劳动创造的精神财富,是知识产权的客体,包括文学、艺术、科技作品、发明、实用新型、外观设计及商标等。知识产权保护的不是智力成果的载体,而是载体上的信息,载体本身属于物权保护对象。

4. 人身利益

人身利益包括生命健康、姓名、肖像、名誉、尊严、荣誉、身份等。人身利益虽然与主体人身不能分离,但并非主体本身,而只是能够满足主体人身需求的客观事物,因此它是人身权关系的客体。

(三)民事法律关系的内容

是民事主体在民事法律关系中享有的权利和承担的义务,亦即当事人之间的民事权利和义务。

三、民事法律行为

(一)概念

民事法律行为是民事主体通过意思表示设立、变更、终止民事法律关系的行为。民事法律行为的上位概念是民事行为;同时,民事法律行为是合法行为,以适法性为特征,不包括无效民事行为、可变更民事行为、可撤销民事行为及效力未定民事行为。

(二)民事法律行为有效的条件

根据《民法典》第一百四十三条规定,民事法律行为有效应当具备下列条件。

1.行为人具有相应的民事行为能力

这里的"相应"强调行为人所实施的民事法律行为应当与其行为能力相匹配。自然人的民事行为能力分三种情况:完全民事行为能力、限制民事行为能力、无民事行为能力。对于完全民事行为能力人,可以从事一切民事法律行为,其行为能力不受限制;对于限制行为能力人,只能实施与其年龄、智力、精神健康状况等相适应的民事法律行为,实施其他行为需要经过法定代理人的同意或者追认;而无行为能力人由于不具备行为能力,其实施的民事法律行为是无效的。

法人的民事行为能力由法人的机关或代表行使。

2.行为人意思表示真实

意思表示真实指的是行为人内心的效果意思与表示意思一致,不存在认识错误、欺诈、胁迫等外在因素,使得表示意思与效果意思不一致。此处的真实还包含了传统民法理论意思表示自由的含义。在意思表示不真实的情况下,民事法律行为不能具备完全有效的效力,即意思表示不真实的行为也不是必然的无效行为,因其导致意思不真实的原因不同,可能会发生无效或者被撤销的法律后果。

3.行为合法

不得违反法律、行政法规的强制性规定,不得违背公序良俗。

4.形式合法

民事法律行为的形式也就是行为人进行意思表示的形式。当事人在法律允许范围选择口头形式、书面形式或者其他形式作为民事法律行为的形式。《民法典》第七百八十九条规定:"建设工程合同应当采用书面形式。"

四、《民法典》里的涉水条款

(一)从事民事活动应当遵循的基本原则

第四~九条规定,民事主体从事民事活动,应当遵循平等、自愿、公平、诚信、守法与公序良俗、节约资源和保护生态环境的基本原则。

(二)关于水流、水利设施所有权、取水权

《民法典》第二百四十七条:"矿藏、水流、海域属于国家所有。"

《民法典》第三百二十五条:“国家实行自然资源有偿使用制度,但是法律另有规定的除外。”

《民法典》第三百二十九条:“依法取得的探矿权、采矿权、取水权和使用水域、滩涂从事养殖、捕捞的权利受法律保护。”

(三)关于相邻关系

《民法典》第二百九十条:“不动产权利人应当为相邻权利人用水、排水提供必要的便利。对自然流水的利用,应当在不动产的相邻权利人之间合理分配。对自然流水的排放,应当尊重自然流向。”

《民法典》第二百九十二条:“不动产权利人因建造、修缮建筑物以及铺设电线、电缆、水管、暖气和燃气管线等必须利用相邻土地、建筑物的,该土地、建筑物的权利人应当提供必要的便利。”

《民法典》第二百九十六条:“不动产权利人因用水、排水、通行、铺设管线等利用相邻不动产的,应当尽量避免对相邻的不动产权利人造成损害。”

(四)关于环境污染和生态破坏责任、建筑物和物件损害责任的规定

《民法典》第一千二百三十四条:“违反国家规定造成生态环境损害,生态环境能够修复的,国家规定的机关或者法律规定的组织有权请求侵权人在合理期限内承担修复责任。侵权人在期限内未修复的,国家规定的机关或者法律规定的组织可以自行或者委托他人进行修复,所需费用由侵权人负担。”

(五)关于征收、征用动产和不动产的有关规定

《民法典》第二百四十五条:“因抢险救灾、疫情防控等紧急需要,依照法律规定的权限和程序可以征用组织、个人的不动产或者动产。被征用的不动产或者动产使用后,应当返还被征用人。组织、个人的不动产或者动产被征用或者征用后毁损、灭失的,应当给予补偿。”

(六)关于供用水合同、建设工程合同的规定

《民法典》第六百五十六条:“供用水、供用气、供用热力合同,参照适用供用电合同的有关规定。”

任务 2.2 建设工程代理制度

建设工程活动中,通过委托代理实施民事法律行为的情形比较常见,如工程招标代理、材料设备采购代理及诉讼代理等。

一、代理的含义

代理人在代理授权范围内,以被代理人(委托人)名义与第三人进行的,确立被代理人和第三人之间的法律关系的法律行为。

代理人在代理授权范围内进行代理的法律后果直接归被代理人,代理人与第三人确立的权利义务关系(甚至于代理的不良后果和损失),均由被代理人承担,从而在被代理人和第三人之间确立了法律关系。

二、代理的类型

代理的类型有委托代理、法定代理。

(一)委托代理

委托代理是指代理人的代理权根据被代理人的委托授权行为而进行的代理。

民事法律行为的委托代理,可以用书面形式,也可以用口头形式。法律规定用书面形式的,应当用书面形式。

书面委托代理的授权委托书应当载明下列事项:代理人的姓名或者名称;代理事项、权限和期间;委托人签名或者盖章。

(二)法定代理

法定代理是指代理人的代理权根据法律规定而产生。

法定代理人的类型主要有监护人、失踪人的财产代管人、清算组。

无民事行为能力人、限制民事行为能力人的监护人是他的法定代理人。是根据被代理人与代理人之间存在血缘关系、婚姻关系或其他亲缘关系而存在。

商事的法定代理是基于被代理人与代理人之间存在特定的组织关系。如股份有限公司的董事对于公司取得法定代理权。法定代理是法律为保护被代理人合法权益而设立的一项法律制度。对法定代理人来说,担任代理人既是法律赋予的民事权利,也是一项民事义务。法定代理人没有充分理由,不得拒绝代理。

注:《民法通则》将代理分为委托代理、法定代理与指定代理。《民法典》制定过程中认为,指定代理只是法定代理的一种特殊形式,与委托代理和法定代理相比,指定代理适用的范围较小,没有必要单独列为一种代理类型。

三、代理人与被代理人的责任承担

(一)授权不明确的责任承担

委托书授权不明的,被代理人应当向第三人承担民事责任,代理人负连带责任。

(二)无权代理的责任承担

没有代理权、超越代理权或者代理权终止后的行为,只有经过被代理人的追认,被代理人才承担民事责任。未经追认的行为,由行为人承担民事责任。本人知道他人以本人名义实施民事行为而不作否认表示的,视为同意。

第三人知道行为人没有代理权、超越代理权或者代理权已终止还与行为人实施民事行为给他人造成损害的,由第三人和行为人负连带责任。

(三)代理人不履行职责的责任承担

代理人不履行职责而给被代理人造成损害的,应当承担民事责任。代理人和第三人串通,损害被代理人利益的,由代理人和第三人负连带责任。

(四)代理事项违法的责任承担

代理人知道被委托代理的事项违法仍然进行代理活动的,或者被代理人知道代理人的代理行为违法不表示反对的,由被代理人和代理人负连带责任。

(五)转托他人代理的责任承担

委托代理人为被代理人的利益需要转托他人代理的,应当事先取得被代理人的同意。事先没有取得被代理人同意的,应当在事后及时告诉被代理人,如果被代理人不同意,由代理人对自己所转托的人的行为负民事责任,但在紧急情况下,为了保护被代理人的利益而转托他人代理的除外。

四、建设工程代理行为的设立

建设工程活动的代理行为不仅要依法实施,有些还受到法律的限制。

(一)不得委托代理的建设工程活动

《民法典》第一百六十一条规定:“依照法律规定、当事人约定或者民事法律行为的性质,应当由本人亲自实施的民事法律行为,不得代理。”

建设工程的承包活动不得委托代理。《中华人民共和国建筑法》规定:“禁止承包单位将其承包的全部建筑工程转包给他人,禁止承包单位将其承包的全部建筑工程肢解以后以分包的名义分别转包给他人。”“施工总承包的,建筑工程主体结构的施工必须由总承包单位自行完成。”

(二)一般代理行为无法定的资格要求

一般代理行为可以由自然人、法人担任代理人,对其资格并无法定的严格要求。即使是诉讼代理人,也不要求必须由具有律师资格的人担任。《民事诉讼法》第六十一条规定,下列人员可以被委托为诉讼代理人:①律师、基层法律服务工作者;②当事人的近亲属或者工作人员;③当事人所在社区、单位以及有关社会团体推荐的公民。

(三)民事法律行为的委托代理

建设工程代理行为多为民事法律行为的委托代理,可以用书面形式,也可以用口头形式。但是,法律规定用书面形式的,应当用书面形式。

五、代理的终止

(一)委托代理终止

有下列情形之一的,委托代理终止:

(1)代理期间届满或者代理事务完成;

(2)被代理人取消委托或者代理人辞去委托;

(3)代理人丧失民事行为能力;

(4)代理人或者被代理人死亡;

(5)作为代理人或者被代理人的法人、非法人组织终止。

(二)法定代理或者指定代理终止

有下列情形之一的,法定代理或者指定代理终止:

(1)被代理人取得或者恢复完全民事行为能力;

(2)代理人丧失民事行为能力;

(3)代理人或者被代理人死亡;

(4)指定代理的人民法院或者指定单位取消指定;

(5)由其他原因引起的代理人和被代理人之间的监护关系消灭。

任务2.3　建设工程担保制度

一、担保概念

(1)担保。是指当事人根据法律规定或者双方约定,为促使债务人履行债务、实现债权人的权利的法律制度。

(2)建设工程合同履行担保。是建设工程合同当事人为全面履行建设工程合同及避免因对方违约遭受损失而设定的保证措施。通过签订担保合同或者在建设工程合同中设立担保条款来实现。

担保合同是从合同,被担保合同是主合同。担保合同将随着被担保合同的履行而消失。而当被担保人不履行其义务且不承担相应责任时,担保人则应承担其担保责任。

二、建设工程合同的担保形式

(一)保证

保证是指保证人与债权人约定,当债务人不履行债务时,由保证人按照约定代为履行或代为承担责任的担保方式。

1. 保证的方式

保证的方式包括一般保证和连带责任保证。当事人在保证合同中对保证方式没有约定或者约定不明确的,按照一般保证承担保证责任。

(1)当事人在保证合同中约定,债务人不能履行债务时,由保证人承担保证责任的,为一般保证。一般保证的保证人在主合同纠纷未经审判或者仲裁,并就债务人财产依法强制执行仍不能履行债务前,有权拒绝向债权人承担保证责任,特殊情形除外。

(2)当事人在保证合同中约定保证人和债务人对债务承担连带责任的,为连带责任保证。连带责任保证的债务人不履行到期债务或者发生当事人约定的情形时,债权人可以请求债务人履行债务,也可以请求保证人在其保证范围内承担保证责任。

2. 保证人

具有代为清偿债务能力的法人、其他组织或者公民,可以作为保证人。

国家机关不得作为保证人,但经国务院批准为使用外国政府或者国际经济组织贷款进行转贷的除外。学校、幼儿园、医院等以公益为目的的事业单位、社会团体不得为保证人。企业法人的分支机构、职能部门不得为保证人。

企业法人的分支机构有法人书面授权的,可以在授权范围内提供保证。已经承担保证责任的保证人,有权向债务人追偿,或者要求承担连带责任的其他保证人清偿其应当承担的份额。

3. 保证合同

保证人与债权人应当以书面形式订立保证合同。保证人与债权人可以就单个主合同分别订立保证合同,也可以协议在最高债权额限度内就一定期间连续发生的借款合同或者某项商品交易合同订立一个保证合同。

保证合同应当包括以下内容:①被保证的主债权种类、数额;②债务人履行债务的期限;③保证的方式;④保证担保的范围;⑤保证的期间;⑥双方认为需要约定的其他事项。保证合同不完全具备前述规定内容的,可以补正。

4. 建设工程保证金的规定

保证是建设工程活动中最为常用的一种担保方式。由于建设工程活动中担保的标的额较大,保证人往往是银行,也有信用较高的其他担保人(如担保公司)。银行出具的书面保证通常称为保函,其他保证人出具的书面保证一般称为保证书。

2017 年 10 月,工业和信息化部、财政部公布《国务院部门涉企保证金目录清单》,包含投标保证金、履约保证金等 23 个项目。其中,同建筑业密切相关的主要有以下 4 种保证金。

1) 投标保证金

征收标准:投标保证金不得超过招标项目估算价的 2%,最高不超过 80 万元。

返还时间:招标人最迟应当在书面合同签订后 5 日内向中标人和未中标的投标人退还投标保证金及银行同期存款利息。

2) 履约保证金

征收标准:履约保证金不超过中标合同金额的 10%,采用最低价中标的工程应当推行高保额履约保函。

返还时间:根据中标合同约定,待中标人履行完合同约定权利义务事项后退还。

3) 工资保证金

连续两年未发生拖欠农民工工资情形的施工企业不用提供农民工工资支付保函。对有拖欠农民工工资记录的施工企业,应纳入建筑市场主体"黑名单",实施失信联合惩戒。

4) 工程质量保证金

征收标准:保证金预留比例由发承包双方自行约定,但不得高于工程价款结算总额的 3%。

征收程序:发包人与承包人在建设工程承包合同中约定,从应付的工程款中预留,可以银行保函方式缴纳工程质量保证金。

采用工程质量担保、工程质量保险等其他保证方式的不得预留工程质量保证金。

在工程项目竣工前,已经缴纳履约保证金的,建设单位不得同时预留工程质量保证金。

返还时间:缺陷责任期结束后,承包人可向发包人提出返还保证金申请。发包人在接到承包人返还保证金申请后,应于 14 天内会同承包人按照合同约定的内容进行核实。如无异议,发包人应当按照约定将保证金返还给承包人。

此外,在招标投标领域全面推行保函(保险)替代现金缴纳投标保证金、履约保证金、工程质量保证金,减少承包方资金占用。工程保函的保费应计入工程造价。

【技术指导 2-2】　工程施工常用的保证担保如表 2-1 所示。

表 2-1　工程施工常用的保证担保

工程施工常用的保证担保	谁对谁的担保
施工投标保证金	投标人→招标人
施工合同履约保证金	中标人→招标人
工程款支付担保	招标人→中标人
预付款担保	承包人→发包人

(二)抵押

抵押是指债务人或者第三人不转移对财产的占有,将该财产作为债权的担保。债务人不履行债务时,债权人有权依照法律规定以该财产折价或者以拍卖、变卖该财产的价款优先受偿。其中,债务人或者第三人为抵押人,债权人为抵押权人,提供担保的财产为抵押物。采用抵押担保时,抵押人和抵押权人应以书面形式订立抵押合同。

抵押物为土地使用权、城市房地产、林木、乡镇企业厂房、航空器、船舶、车辆、企业设备和其他动产的,应当到相关部门办理抵押物登记手续;否则,抵押合同无效。

(三)质押

质押是指债务人或者第三人将其动产或权利移为债权人占有,将该动产或权利作为债权的担保。债务人不履行债务时,债权人有权依照法律规定以该动产或权利折价或者以拍卖、变卖该动产或权利的价款优先受偿。

质权是一种约定的担保物权,以转移占有为特征。债务人或者第三人为出质人,债权人为质权人,移交的动产或权利为质物。

质押分为动产质押和权利质押。动产质押是指债务人或者第三人将其动产移交债权人占有,将该动产作为债权的担保能够用作质押的动产没有限制。权利质押一般是将权利凭证交付质押人的担保。可以质押的权利包括:①汇票支票、本票、债券、存款单、仓单、提单;②依法可以转让的股份、股票;③依法可以转让的商标专用权、专利权、著作权中的财产权;④依法可以质押的其他权利。

(四)定金

定金是合同签订后,但还没有履行前,当事人一方向另一方支付一定数额的金钱或其他有价代替物,以保证合同履行的担保方式。定金的数额由当事人约定;但是,不得超过主合同标的额的百分之二十,超过部分不产生定金的效力。定金担保作用体现在:交付定金的一方不履行合同,则无权要求返还定金;收取定金的一方不履行合同,则应双倍返还定金。

【技术指导 2-3】　定金与订金(预付款)、违约金的区别。

目前,在我国的司法审判实践中,订金一般被视为预付款。

(1)定金与预付款在形式上好像一样,但它们的性质是完全不同的,定金起担保作用,而预付款只是起资助作用。当当事人违约时,定金起着制裁违约方、补偿被违约方的作用,而预付款则无此作用,无论哪一方违约,均不得采取扣留预付款或要求双倍返还预付款的行为。

(2)定金也不同于违约金,定金是合同的一种担保方式,而违约金只是对违约的一种制裁手段,违约金并不事先支付,被违约方只能通过事后请求支付的方式才能真正获得。在建设工程勘察和设计合同中,通常都采用定金这种担保方式。

【以案说法 2-1】 是订金还是定金?购房人亏 5 万元定金买教训。

2021 年 4 月,Q 市一购房人在人民网地方领导留言板上发贴求助投诉开发商违规销售。

据诉求人自诉,今年 5 月 Y 楼盘搞活动,现场气氛营造非常火热,销售人员称所有楼栋清盘在即,并声称此楼盘一年内一定涨到一万五千元每平方米以上,而且其白天看的两套房子其中一套已经被订走,仅剩最后一套,再不交钱就没了,便转账五万元到开发商账户,签署认购合同时,销售人员只指出几个需要签字的地方让其赶紧签字,于是其未仔细阅读认购合同条款就签了字,并且销售人员没有给订金收款收据。

第二天销售拍照发来收款收据,其发现自己交的是定金,感到上当受骗,认为开发商诱骗交钱,并且没有出示五证。5 月 31 日销售人员通知签约,告知其要先付完首付才给看合同签字,诉求人表示无法接受,要求退还订金 5 万元。

诉求人认为自己交的是订金,但收据却是定金,并且他也已经在认购协议上签了字。那么到底是订金还是定金呢?D 县住建局介入调查,并于 8 月 26 日做出详细答复:

Y 楼盘 8 号楼已于 2021 年 4 月 21 日取得预售许可,可进行销售。您于今年 5 月 23 日与开发商签订 8 号楼某单元商品房认购书,并交购房定金 5 万元。5 月 24 日您向销售人员要求提供定金发票和认购书,销售人员通过微信将发票和认购书发送给您,纸质版材料您可到该项目售楼部领取。经查看你们双方签订的商品房认购书,您已对开发商提出的关于商品房合同文件条款表示认同,双方已签字盖章确认并按手印。县住建局已于 2021 年 8 月 17 日就相关事项约谈开发商,要求开发商加强对销售人员职业素质的培训力度,同时派人到现场进行检查。经检查,售楼部现场有按要求对预售证等五证、商品房买卖合同样本和对项目红线内不利因素及项目户型差异化等内容进行的公示,不存在您反映的没有出示预售证等证件的情况。

关于您提出的开发商存在虚假宣传、强迫销售等问题,您可提供有关材料向县市场监督管理局反映。经了解,您已分别于 6 月 21 日和 7 月 9 日通过 Q 市 12345 便民服务平台分别以对楼层为腰线层不满意及家里变故为由,要求开发商退还购房定金一事进行投诉,D 县住建局均已要求开发商与您对接协商并依规进行答复。

鉴于退定金问题为民事合同纠纷,建议双方自行协商解决,若协商不成可通过司法途径解决。

(五)留置

留置是指合同当事人一方依据合同,事先合法占有对方财产,当对方不履行合同时,可对所占有的财产进行留置,并依法将留置财产折价或变卖并从中优先受偿的担保方式。留置这种担保方式只能用于一方已事先合法占有了对方财产的特定情况,常用于仓储、保管合同,来料加工、来件装配、加工定做等承揽合同及货物运输合同中。

建设工程在竣工验收交付使用前,工程由承包方合法看管,《民法典》也规定了建设工程承包方的留置权，即"发包人未按照约定支付价款的，承包人可以催告发包人在合理期限内支付价款。发包人逾期不支付的，除根据建设工程的性质不宜折价、拍卖外，承包人可以与发包人协议将该工程折价，也可以请求人民法院将该工程依法拍卖。建设工程的价款就该工程折价或者拍卖的价款优先受偿。"

【技术指导 2-4】 各种担保方式的概念、区别与联系，如表 2-2 所示。

表 2-2 各种担保方式的概念、区别与联系

名称、要求	保证	抵押	质押	留置	定金
订立形式	书面约定	书面约定	书面约定	法定	书面约定
对象	信用	动产或不动产	动产或权利	动产	货币
第三人	一定有	可能有	可能有	无	无
形式要件	书面合同	登记（不动产等） 书面合同（其他）	移交占有（动产） 登记（权利）	合法占有	交付
职业考点	保证方式 保证人资格	禁止抵押物 抵押物的转让	动产质押合同	适用留置的合同	定金罚则

项目3 劳动法与劳动合同

【知识目标】

1. 理解劳动法与劳动合同法的关系。

2. 掌握劳动者的基本权利和义务。

3. 了解《中华人民共和国劳动法》中关于劳动保护的规定。

4. 掌握劳动合同的类型与基本条款。

5. 掌握劳动合同的订立、履行、变更、解除和终止的规定。

【技能目标】

1. 会用《中华人民共和国劳动法》与《中华人民共和国劳动合同法》的规定保护自身的权益。

2. 掌握与用人单位签订有效劳动合同的能力。

3. 会选用合适的途径解决劳动争议。

【育人目标】

1. 树立尊重劳动、保护劳动者的意识;构建和谐的劳动关系和用工环境,保护弱势群体。

2. 以“合法、公正、及时处理”的原则,预防和化解劳动争议,维护社会稳定,构建和谐社会。

3. 培养“合法、公平、平等自愿、协商一致、诚实信用”的契约精神。

【问题导入】

某公司有3名员工已在该企业工作满十年,需要续签新的劳动合同。但该公司不打算再与其续签劳动合同,该公司人力资源部向3名员工下发了到期不再续签劳动合同的书面通知,但3名员工不服,认为在该公司工作了这么多年,公司不应该这样做,于是他们向有关人员进行咨询。

【任务分析】

1. 该3名员工坚决要求签订劳动合同,并且要求签订无固定期限劳动合同,依据《中华人民共和国劳动合同法》的规定,是否应当签订无固定期限劳动合同?

2. 在公司不同意的情况下,是否可以签订无固定期限劳动合同?

任务3.1 劳动法律关系

为了保护劳动者的合法权益、规范劳动关系,我国在1994年颁布了《中华人民共和国劳动法》(2018年第二次修正),这部法律在中国特色社会主义法律体系中属于社会保障法,在保护劳动者的合法权益、调整劳动关系、构建和发展和谐稳定的劳动关系、促进经济发展和社会进步方面发挥着重要的规范和保障作用。

一、劳动关系

劳动关系是指劳动者与用人单位在实现劳动过程中建立的社会经济关系。

(一)劳动者基本权利

劳动者享有平等就业和选择职业的权利、取得劳动报酬的权利、休息休假的权利、获得劳动安全卫生保护的权利、接受职业技能培训的权利、享受社会保险和福利的权利、提请劳动争议处理的权利以及法律规定的其他劳动权利。

(二)劳动者基本义务

应当完成劳动任务,提高职业技能,执行劳动安全卫生规程,遵守劳动纪律和职业道德。

二、劳动保护的规定

(一)劳动者的工作时间和休息休假

1. 工作时间

《劳动法》第三十六条规定:“国家实行劳动者每日工作时间不超过八小时、平均每周工作时间不超过四十四小时的工时制度。”《劳动法》第三十八条规定:“用人单位应当保证劳动者每周至少休息一日。”

2. 休息休假

《劳动法》第四十条规定,用人单位在下列节日期间应当依法安排劳动者休假:①元旦;②春节;③国际劳动节;④国庆节;⑤法律、法规规定的其他休假节日。

《劳动法》第四十一条规定:“用人单位由于生产经营需要,经与工会和劳动者协商后可以延长工作时间,一般每日不得超过一小时;因特殊原因需要延长工作时间的,在保障劳动者身体健康的条件下延长工作时间每日不得超过三小时,但是每月不得超过三十六小时。”

《劳动法》第四十二条规定,“有下列情形之一的,延长工作时间不受本法第四十一条规定的限制:

“(一)发生自然灾害、事故或者因其他原因,威胁劳动者生命健康和财产安全,需要紧急处理的;

“(二)生产设备、交通运输线路、公共设施发生故障,影响生产和公众利益,必须及时抢修的;

“(三)法律、行政法规规定的其他情形。”

《劳动法》第四十三条规定:“用人单位不得违反本法规定延长劳动者的工作时间。”

《劳动法》第四十五条规定:“国家实行带薪年休假制度。”“劳动者连续工作一年以上的,享受带薪年休假。具体办法由国务院规定。”

(二)劳动者的工资

工资分配应当遵循按劳分配原则,实行同工同酬。工资水平在经济发展的基础上逐步提高。国家对工资总量实行宏观调控。

用人单位根据本单位的生产经营特点和经济效益,依法自主确定本单位的工资分配方式和工资水平。

国家实行最低工资保障制度。最低工资的具体标准由省、自治区、直辖市人民政府规定,报国务院备案。用人单位支付劳动者的工资不得低于当地最低工资标准。工资应当以货币形式按月支付给劳动者本人。不得克扣或者无故拖欠劳动者的工资。

劳动者在法定休假日和婚丧假期间及依法参加社会活动期间,用人单位应当依法支付工资。

有下列情形之一的,用人单位应当按照下列标准支付高于劳动者正常工作时间工资的工资报酬:

(1)安排劳动者延长工作时间的,支付不低于工资的百分之一百五十的工资报酬;

(2)休息日安排劳动者工作又不能安排补休的,支付不低于工资的百分之二百的工资报酬;

(3)法定休假日安排劳动者工作的,支付不低于工资的百分之三百的工资报酬。

(三)劳动安全卫生制度

用人单位必须建立、健全劳动安全卫生制度,严格执行国家劳动安全卫生规程和标准,对劳动者进行劳动安全卫生教育,防止劳动过程中的事故,减少职业危害。

劳动安全卫生设施必须符合国家规定的标准。新建、改建、扩建工程的劳动安全卫生设施必须与主体工程同时设计、同时施工、同时投入生产和使用。

用人单位必须为劳动者提供符合国家规定的劳动安全卫生条件和必要的劳动防护用品,对从事有职业危害作业的劳动者应当定期进行健康检查。

从事特种作业的劳动者必须经过专门培训并取得特种作业资格。

劳动者在劳动过程中必须严格遵守安全操作规程。劳动者对用人单位管理人员违章指挥、强令冒险作业,有权拒绝执行;对危害生命安全和身体健康的行为,有权提出批评、检举和控告。

(四)女职工和未成年工的特殊保护

国家对女职工和未成年工实行特殊劳动保护。

1.女职工的特殊保护

禁止安排女职工从事矿山井下、国家规定的第四级体力劳动强度的劳动和其他禁忌从事的劳动。

不得安排女职工在经期从事高处、低温、冷水作业和国家规定的第三级体力劳动强度的劳动。

不得安排女职工在怀孕期间从事国家规定的第三级体力劳动强度的劳动和孕期禁忌从事的劳动。对怀孕七个月以上的女职工,不得安排其延长工作时间和夜班劳动。

女职工生育享受不少于九十天的产假。

不得安排女职工在哺乳未满一周岁的婴儿期间从事国家规定的第三级体力劳动强度

的劳动和哺乳期禁忌从事的其他劳动,不得安排其延长工作时间和夜班劳动。

2. 未成年工的特殊保护

未成年工是指年满十六周岁未满十八周岁的劳动者。

不得安排未成年工从事矿山井下、有毒有害、国家规定的第四级体力劳动强度的劳动和其他禁忌从事的劳动。

用人单位应当对未成年工定期进行健康检查。

(五)劳动者的社会保险与福利

国家发展社会保险事业,建立社会保险制度,设立社会保险基金,使劳动者在年老、患病、工伤、失业、生育等情况下获得帮助和补偿。《中华人民共和国社会保险法》规定,国家建立基本养老保险、基本医疗保险、工伤保险、失业保险、生育保险等社会保险制度,保障公民在年老、疾病、工伤、失业、生育等情况下依法从国家和社会获得物质帮助的权利。

用人单位和劳动者必须依法参加社会保险,缴纳社会保险费。

劳动者在下列情形下,依法享受社会保险待遇:①退休;②患病、负伤;③因工伤残或者患职业病;④失业;⑤生育。

三、劳动争议的解决

《劳动法》第七十七条规定:"用人单位与劳动者发生劳动争议,当事人可以依法申请调解、仲裁、提起诉讼,也可以协商解决。""调解原则适用于仲裁和诉讼程序。"

劳动争议发生后,当事人可以向本单位劳动争议调解委员会申请调解;调解不成,当事人一方要求仲裁的,可以向劳动争议仲裁委员会申请仲裁。当事人一方也可以直接向劳动争议仲裁委员会申请仲裁。对仲裁裁决不服的,可以向人民法院提起诉讼。

(一)协商

协商是指劳动者与用人单位就争议的问题直接进行协商,寻找纠纷解决的具体方案。

(二)调解

《劳动法》规定,在用人单位内,可以设立劳动争议调解委员会。劳动争议调解委员会由职工代表、用人单位代表和工会代表组成。

(三)仲裁

仲裁程序是劳动纠纷的一方当事人将纠纷提交劳动争议仲裁委员会进行处理的程序。申请劳动仲裁是解决劳动争议的选择程序之一,也是提起诉讼的前置程序,员工不能直接向人民法院提起诉讼,必须先经过劳动争议仲裁程序。

(四)诉讼

《劳动法》第八十三条规定:"劳动争议当事人对仲裁裁决不服的,可以自收到仲裁裁决书之日起十五日内向人民法院提起诉讼。一方当事人在法定期限内不起诉又不履行仲裁裁决的,另一方当事人可以申请人民法院强制执行。"

【技术指导 3-1】 劳动争议的解决流程如图 3-1 所示。

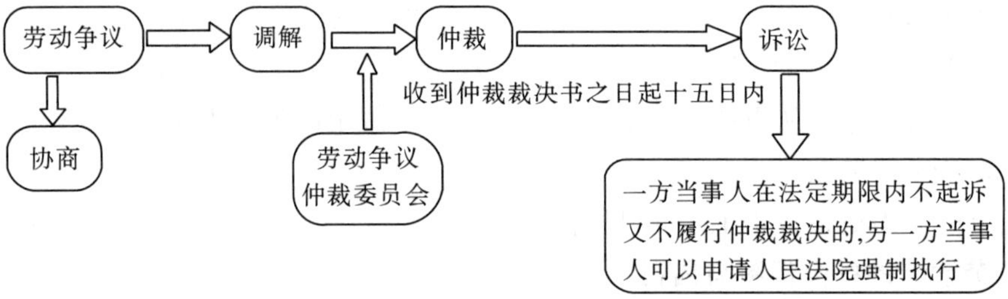

图 3-1 劳动争议的解决流程

四、新型用工方式——劳务派遣

劳务派遣又称人才派遣、人才租赁、劳动派遣,是指由依法设立的劳务派遣单位与被派遣劳动者订立劳动合同,依据与接受劳务派遣单位(实际用工单位)订立的劳务派遣协议,将劳动者派遣到实际用工单位工作,由派遣单位向劳动者支付工资、福利及社保,实际用工单位提供劳动条件并按照劳务派遣协议支付用工费的一种新型用工方式。

劳务派遣一般在临时性、辅助性或者替代性的工作岗位上实施。临时性工作岗位是指存续时间不超过六个月的岗位;辅助性工作岗位是指为主营业务岗位提供服务的非主营业务岗位;替代性工作岗位是指用工单位的劳动者因脱产学习、休假等原因无法工作的一定期间内,可以由其他劳动者替代工作的岗位。

(一)劳务派遣单位

应当依照公司法的有关规定设立,注册资本不得少于 200 万元。劳务派遣单位派遣劳动者应当与实际用工单位订立劳务派遣协议。劳务派遣协议应当约定派遣岗位和人员数量、派遣期限、劳动报酬和社会保险费的数额与支付方式以及违反协议的责任。劳务派遣单位与劳动者订立劳动合同。劳务派遣单位应当将劳务派遣协议的内容告知被派遣劳动者。劳务派遣单位不得克扣用工单位按照劳务派遣协议支付给被派遣劳动者的劳动报酬。

(二)实际用工单位

实际用工单位应当履行下列义务:

(1)执行国家劳动标准,提供相应的劳动条件和劳动保护。

(2)告知被派遣劳动者的工作要求和劳动报酬。

(3)支付加班费、绩效奖金,提供与工作岗位相关的福利待遇。

(4)对在岗被派遣劳动者进行工作岗位所必需的培训。

(5)连续用工的,实行正常的工资调整机制。

用工单位应当根据工作岗位的实际需要与劳务派遣单位确定派遣期限,不得将连续用工期限分割订立数个短期劳务派遣协议。用工单位不得将被派遣劳动者再派遣到其他用人单位。

(三)被派遣劳动者

被派遣劳动者享有与用工单位的劳动者同工同酬的权利。用工单位无同类岗位劳动者的,参照用工单位所在地相同或者相近岗位劳动者的劳动报酬确定。被派遣劳动者有权在劳务派遣单位或者用工单位依法参加或者组织工会,维护自身的合法权益。

【技术指导 3-2】　劳务派遣单位、实际用工单位、劳动者三者的关系如图 3-2 所示。

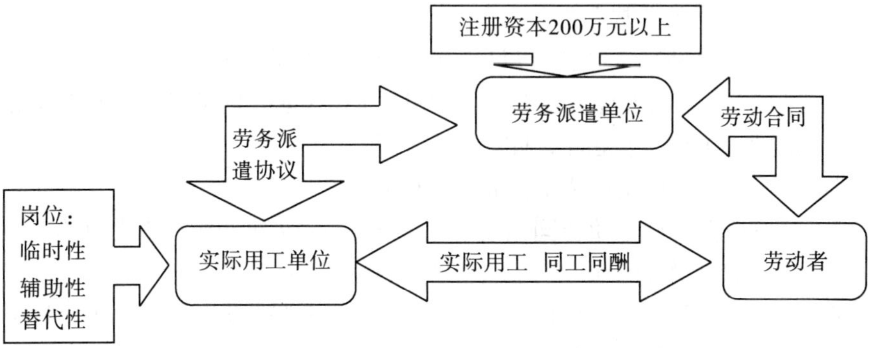

图 3-2　劳务派遣单位、实际用工单位、劳动者三者的关系

任务 3.2　劳动合同

为了完善劳动合同制度,明确劳动合同双方当事人的权利和义务,保护劳动者的合法权益,构建和发展和谐稳定的劳动关系,2007 年 6 月 29 日,第十届全国人民代表大会常务委员会第二十八次会议通过《中华人民共和国劳动合同法》,2008 年 1 月 1 日起施行。《劳动合同法》是规范劳动关系的一部重要法律,在我国法律体系中属于社会保障法。

《劳动法》与《劳动合同法》的关系:属于一般法和特别法的关系。

一、订立劳动合同应当遵守的原则

劳动合同是劳动者与用人单位确立劳动关系、明确双方权利和义务的协议。

订立劳动合同应当遵循合法、公平、平等自愿、协商一致、诚实信用的原则。

用人单位招用劳动者,不得扣押劳动者的居民身份证和其他证件,不得要求劳动者提供担保或者以其他名义向劳动者收取财物。

二、劳动合同的种类

《劳动合同法》规定:"劳动合同分为固定期限劳动合同、无固定期限劳动合同和以完成一定工作任务为期限的劳动合同。"

(一)固定期限劳动合同

固定期限劳动合同,是指用人单位与劳动者约定合同终止时间的劳动合同,即劳动合同双方当事人在劳动合同中明确规定了合同效力的起始和终止的时间。劳动合同期限届满,劳动关系即告终止。

固定期限劳动合同可以是一年、二年，也可以是五年、十年，甚至更长时间。

（二）无固定期限劳动合同

无固定期限劳动合同，是指用人单位与劳动者约定无确定终止时间的劳动合同。无确定终止时间的劳动合同并不是没有终止时间，一旦出现了法定的解除情形（如到了法定退休年龄）或者双方协商一致解除的，无固定期限劳动合同同样可以解除。

劳动合同期限由用人单位和劳动者协商确定，是劳动合同的一项重要内容。劳动合同期限是劳动合同存在的前提条件。

用人单位与劳动者协商一致，可以订立无固定期限劳动合同。

有下列情形之一，劳动者提出或者同意续订、订立劳动合同的，除劳动者提出订立固定期限劳动合同外，应当订立无固定期限劳动合同：

(1)劳动者在该用人单位连续工作满十年的；

(2)用人单位初次实行劳动合同制度或者国有企业改制重新订立劳动合同时，劳动者在该用人单位连续工作满十年且距法定退休年龄不足十年的；

(3)连续订立二次固定期限劳动合同，且劳动者没有《劳动合同法》第三十九条和第四十条第一项、第二项规定的情形，续订劳动合同的。

需要注意的是，《劳动合同法》规定，用人单位自用工之日起满一年不与劳动者订立书面劳动合同的，则视为用人单位与劳动者已订立无固定期限劳动合同。

（三）以完成一定工作任务为期限的劳动合同

以完成一定工作任务为期限的劳动合同，是指用人单位与劳动者约定以某项工作的完成为合同期限的劳动合同。

【技术指导 3-3】 劳动合同试用期的具体规定如表 3-1 所示。

表 3-1 劳动合同试用期的具体规定

劳动合同期限	试用期
三个月以上，不满一年的	不大于一个月
一年以上，不满三年的	不大于二个月
三年以上固定期限和无固定期限的劳动合同	不大于六个月

【以案说法 3-1】 关于无固定期限劳动合同订立。

1. 背景

背景见本项目的问题导入。

2. 以案析法

(1)依据《劳动合同法》第十四条第二款的规定，劳动者在该用人单位连续工作满十年的，劳动者提出或者同意续订、订立劳动合同的，应当订立无固定期限劳动合同。本案中，3 名员工已经在该公司工作了十年，依据《劳动合同法》的规定，该公司必须与 3 名员工续签无固定期限劳动合同。

(2)3 名员工要求续签无固定期限劳动合同，尽管公司单方面不同意，依据上述规定，公司也必须与其续签无固定期限劳动合同，否则将构成违法。

三、劳动合同的基本条款

劳动合同应当具备以下条款:①用人单位的名称、住所和法定代表人或者主要负责人;②劳动者的姓名、住址和居民身份证或者其他有效身份证件号码;③劳动合同期限;④工作内容和工作地点;⑤工作时间和休息休假;⑥劳动报酬;⑦社会保险;⑧劳动保护、劳动条件和职业危害防护;⑨法律、法规规定应当纳入劳动合同的其他事项。

劳动合同除上述规定的必备条款外,用人单位与劳动者可以约定试用期、培训、保守秘密、补充保险和福利待遇等其他事项。

四、订立劳动合同应当注意的事项

(一)建立劳动关系即应订立劳动合同

《劳动合同法》规定,用人单位自用工之日起即与劳动者建立劳动关系。建立劳动关系,应当订立书面劳动合同。已建立劳动关系,未同时订立书面劳动合同的,应当自用工之日起一个月内订立书面劳动合同。用人单位与劳动者在用工前订立劳动合同的,劳动关系自用工之日起建立。

合同有书面形式、口头形式和其他形式。按照《劳动合同法》的规定,除了非全日制工(是指以小时计酬为主,劳动者在同一用人单位一般平均每日工作时间不超过四小时,每周工作时间累计不超过二十四小时的用工形式)可以订立口头协议外,建立劳动关系应当订立书面劳动合同。如果没有订立书面合同,不订立书面合同的一方将要承担相应的法律后果。劳动合同文本由用人单位和劳动者各执一份。

(二)劳动报酬和试用期

《劳动合同法》规定,劳动合同对劳动报酬和劳动条件等标准约定不明确,引发争议的,用人单位与劳动者可以重新协商;协商不成的,适用集体合同规定;没有集体合同或者集体合同未规定劳动报酬的,实行同工同酬;没有集体合同或者集体合同未规定劳动条件等标准的,适用国家有关规定。

劳动合同期限三个月以上不满一年的,试用期不得超过一个月;劳动合同期限一年以上不满三年的,试用期不得超过二个月;三年以上固定期限和无固定期限的劳动合同,试用期不得超过六个月。

同一用人单位与同一劳动者只能约定一次试用期。

以完成一定工作任务为期限的劳动合同或者劳动合同期限不满三个月的,不得约定试用期。

试用期包含在劳动合同期限内。劳动合同仅约定试用期的,试用期不成立,该期限为劳动合同期限。

劳动者在试用期的工资不得低于本单位相同岗位最低档工资或者劳动合同约定工资的百分之八十,并不得低于用人单位所在地的最低工资标准。

在试用期中,除劳动者有《劳动合同法》第三十九条和第四十条第一项、第二项规定的情形外,用人单位不得解除劳动合同。

【以案说法 3-2】 关于“同工同酬”。

1. 背景

某建筑公司的一位老会计因故离职，该建筑公司聘请徐女士于 2012 年 9 月 15 日接替了原会计的工作。9 月 30 日，徐女士与该建筑公司签订了劳动合同。由于徐女士的会计职称级别与原会计相同，双方在商签劳动合同时对工资数额发生分歧，便在劳动合同中约定徐女士工资暂定每月 3 000 元，待年底视公司效益情况，再酌情给予一定的奖励。2012 年年底，徐女士要求公司按照约定向其发放奖金，但公司说效益不好，不能发给徐女士奖金。后徐女士提出，劳动合同中对其工资的约定不明确，应当按照同样工作岗位的员工工资补齐其差额部分，并应补发其劳动合同签订前自 9 月 15 日至 9 月 29 日的工资。

2. 问题

(1) 徐女士的要求是否合法？

(2) 该建筑公司今后应当注意或者改进哪些做法？

3. 分析

(1) 徐女士的要求是合法的。《劳动合同法》第七条规定：“用人单位自用工之日起即与劳动者建立劳动关系。”徐女士在 9 月 15 日虽然还没有和公司签订书面劳动合同，但从这一天起，徐女士就已经同该公司建立了劳动关系，用人单位应当以建立劳动关系的时间为工资发放的起始时间，即向徐女士补发劳动合同签订前自 9 月 15 日至 9 月 29 日的工资。

《劳动法》第四十六条规定：“工资分配应当遵循按劳分配原则，实行同工同酬。”《劳动合同法》第十一条规定：“用人单位未在用工的同时订立书面劳动合同，与劳动者约定的劳动报酬不明确的，新招用的劳动者的劳动报酬按照集体合同规定的标准执行；没有集体合同或者集体合同未规定的，实行同工同酬。”据此，由于徐女士与该公司在劳动合同中关于工资待遇的规定不明确，作为同会计职称级别的徐女士，应当享受原会计或者该公司同岗位人员的工资报酬待遇。

(2) 该建筑公司应当认真学习和严格执行《劳动合同法》的相关规定，在聘用员工后应立即签订书面劳动合同，并在劳动合同中将各项条款规定明确具体；在劳动合同履行过程中，不得少付甚至克扣劳动者的任何工资和福利待遇，否则将可能招致劳动争议或纠纷，甚至成为被告。

(三) 劳动合同的生效与无效

劳动合同由用人单位与劳动者协商一致，并经用人单位与劳动者在劳动合同文本上签字或者盖章生效。双方当事人签字或者盖章时间不一致的，以最后一方签字或者盖章的时间为准；如果一方没有写签字时间，则另一方写明的签字时间就是合同生效时间。

《劳动合同法》第二十六条规定，下列劳动合同无效或者部分无效：

(1) 以欺诈、胁迫的手段或者乘人之危，使对方在违背真实意思的情况下订立或者变更劳动合同的；

(2) 用人单位免除自己的法定责任、排除劳动者权利的；

(3) 违反法律、行政法规强制性规定的。

劳动合同部分无效，不影响其他部分效力的，其他部分仍然有效。

劳动合同被确认无效，劳动者已付出劳动的，用人单位应当向劳动者支付劳动报酬。劳动报酬的数额，参照本单位相同或者相近岗位劳动者的劳动报酬确定。

对劳动合同的无效或者部分无效有争议的，由劳动争议仲裁机构或者人民法院确认。

五、劳动合同的履行和变更

劳动合同一经依法订立便具有法律效力，用人单位与劳动者应当按照劳动合同的约定，全面履行各自的义务。当事人双方既不能只履行部分义务，也不能擅自变更合同，更不能任意不履行合同或者解除合同，否则将承担相应的法律责任。

(1)用人单位应当履行向劳动者支付劳动报酬的义务。

劳动报酬通常包括三个部分：①货币工资，包括工资、奖金、津贴、补贴等；②实物报酬，指用人单位以免费或低于成本价提供给劳动者的各种物品和服务等；③社会保险，即用人单位为劳动者支付的医疗、失业、养老、工伤等保险金。

(2)依法限制用人单位安排劳动者加班。

(3)劳动者有权拒绝违章指挥、冒险作业。

(4)用人单位变更名称、法定代表人、主要负责人或者投资者等事项，不影响劳动合同的履行。

用人单位发生合并或者分立等情况，原劳动合同继续有效，劳动合同由继承其权利和义务的用人单位继续履行。

六、劳动合同的解除和终止

(一)劳动合同的解除

劳动合同的解除，即当事人双方提前终止劳动合同、解除双方权利义务关系的法律行为。

(1)劳动者单方解除劳动合同。

劳动者提前三十日以书面形式通知用人单位(试用期内提前三日)解除劳动合同的，为通知解除劳动合同。劳动者通知解除劳动合同的情形：

①未按照劳动合同约定提供劳动保护或者劳动条件的；

②未及时足额支付劳动报酬的；

③未依法为劳动者缴纳社会保险费的；

④用人单位的规章制度违反法律、法规的规定，损害劳动者权益的；

⑤因《劳动合同法》第二十六条第一款规定的情形致使劳动合同无效的；

⑥法律、行政法规规定劳动者可以解除劳动合同的其他情形。

用人单位以暴力、威胁或者非法限制人身自由的手段强迫劳动者劳动的，或者用人单位违章指挥、强令冒险作业危及劳动者人身安全的，劳动者可以立即解除劳动合同，不需事先告知用人单位。

(2)用人单位单方解除劳动合同。

劳动者有下列情形之一的，用人单位可以解除劳动合同的情形：

①在试用期间被证明不符合录用条件的；

②严重违反用人单位的规章制度的；

③严重失职，营私舞弊，给用人单位造成重大损害的；

④劳动者同时与其他用人单位建立劳动关系，对完成本单位的工作任务造成严重影响，或者经用人单位提出，拒不改正的；

⑤因《劳动合同法》第二十六条第一款第一项规定的情形致使劳动合同无效的；

⑥被依法追究刑事责任的。

(3)用人单位提前三十日以书面形式通知劳动者本人或者额外支付劳动者一个月工资后，可以解除劳动合同的情形：

①劳动者患病或者非因工负伤，在规定的医疗期满后不能从事原工作，也不能从事由用人单位另行安排的工作的；

②劳动者不能胜任工作，经过培训或者调整工作岗位，仍不能胜任工作的；

③劳动合同订立时所依据的客观情况发生重大变化，致使劳动合同无法履行，经用人单位与劳动者协商，未能就变更劳动合同内容达成协议的。

(4)用人单位经济性裁员解除劳动合同。

经济性裁员是指用人单位由于经营不善等经济原因，一次性辞退部分劳动者的情形。属于用人单位单方解除劳动合同。

裁减人员时，应当优先留用下列人员：

①与本单位订立较长期限的固定期限劳动合同的；

②与本单位订立无固定期限劳动合同的；

③家庭无其他就业人员，有需要扶养的老人或者未成年人的。

用人单位经济性裁员，在六个月内重新招用人员的，应当通知被裁减的人员，并在同等条件下优先招用被裁减的人员。

用人单位单方解除劳动合同，应当事先将理由通知工会。

(5)用人单位不得解除劳动合同的情形：

①从事接触职业病危害作业的劳动者未进行离岗前职业健康检查，或者疑似职业病病人在诊断或者医学观察期间的；

②在本单位患职业病或者因工负伤并被确认丧失或者部分丧失劳动能力的；

③患病或者非因工负伤，在规定的医疗期内的；

④女职工在孕期、产期、哺乳期的；

⑤在本单位连续工作满十五年，且距法定退休年龄不足五年的；

⑥法律、行政法规规定的其他情形。

(二)劳动合同的终止

劳动合同的终止，指劳动合同期满或者出现法定情形以及当事人约定的情形，而导致劳动合同的效力消灭。

《劳动合同法》第四十四条规定了劳动合同终止的情形：

(1)劳动合同期满的；

(2)劳动者开始依法享受基本养老保险待遇的；

(3)劳动者死亡，或者被人民法院宣告死亡或者宣告失踪的；

(4)用人单位被依法宣告破产的；

(5)用人单位被吊销营业执照、责令关闭、撤销或者用人单位决定提前解散的；

(6)法律、行政法规规定的其他情形。

项目 4 解决建设工程纠纷的法律途径

【知识目标】

1. 了解建设工程纠纷的主要类型。

2. 掌握民事纠纷的法律解决途径;了解民事诉讼时效的类型。

3. 掌握行政争议的法律解决途径。

【技能目标】

1. 熟悉民事纠纷的四种解决途径。

2. 会判别行政争议并熟悉行政争议的两种解决途径和程序。

【育人目标】

1. 用"文明、和谐、平等、公正、法治、诚信、友善"社会主义核心价值观化解工程纠纷。

2. 公正司法维护人民权益,让公平正义渗透到工作生活的各个方面。

【问题导入】

在水利水电工程建设中,建设单位(项目法人)和设计、施工、监理、材料供应单位等平等主体之间发生的合同纠纷属于什么纠纷?如何处理、解决?

【任务分析】

1. 平等主体之间发生的民事纠纷有哪些解决途径?

2. 行政争议如何解决?

任务 4.1 建设工程法律纠纷的类型

法律纠纷是指公民、法人、其他组织之间因人身、财产或其他法律关系所发生的对抗冲突(或者争议),主要包括民事纠纷、行政纠纷(争议)、刑事纠纷。民事纠纷是平等主体的自然人、法人或其他组织之间的有关人身、财产权的纠纷。行政纠纷(争议)是行政机关之间或行政机关同公民、法人和其他组织之间由于具体行政行为而产生的纠纷。刑事纠纷是因犯罪而产生的纠纷。

建设工程项目通常具有投资大、建造周期长、技术要求高、协作关系复杂和政府监管严格等特点,因而在建设工程领域里常见的是民事纠纷和行政争议。

一、建设工程民事纠纷

建设工程民事纠纷是在建设工程活动中平等主体之间发生的以民事权利义务法律关系为内容的争议。分为两大类:一类是财产关系方面的民事纠纷,如合同纠纷等;另一类是人身关系的民事纠纷,如名誉权纠纷、继承权纠纷等。

(1)合同纠纷,是指因合同的生效、解释、履行、变更、终止等行为而引起的合同当事人之间的所有争议。建设工程合同纠纷主要有工程总承包合同纠纷、工程勘察合同纠纷、工程设计合同纠纷、工程施工合同纠纷、工程监理合同纠纷、工程分包合同纠纷、材料设备采购合同纠纷以及劳动合同纠纷等。发包人和承包人就有关工期、质量、造价等产生的建设工程合同争议,是建设工程领域最常见的民事纠纷。

(2)侵权纠纷,是指一方当事人对另一方侵权而产生的纠纷。在建设工程领域也易发生侵权纠纷,如施工单位在施工中未采取相应防范措施造成对他方损害而产生的侵权纠纷,未经许可使用他方的专利、工法等而造成的知识产权侵权纠纷等。

在水利工程建设中,项目法人和设计、施工、监理、材料供应单位等之间发生的法律关系大多为民事法律关系,这些主体都是平等的,以项目法人为主体,通过履行设计合同、施工合同、监理合同、材料供应合同等为项目法人提供建设服务,双方享有各自的权利,也承担相应的义务。

二、建设工程行政争议

建设工程行政争议是在建设工程活动中行政机关之间或行政机关同公民、法人和其他组织之间由于具体行政行为而引起的争议,即民与官之间的纠纷。例如,前期工作各阶段成果的审批、立项审批,投资计划审批、下达等。

在各种行政争议中,既有因行政机关超越职权、滥用职权、行政不作为、违反法定程序、事实认定错误、适用法律错误等所引起的纠纷,也有公民、法人或其他组织逃避监督管理、非法抗拒监督管理或误解法律规定等而产生的纠纷。

(一)行政争议的构成要件

(1)争议的一方必须是实施具体行政行为的行政机关。

(2)争议的对象必须是行政机关实施的具体行政行为。

(3)争议要解决的问题是确定具体行政行为是否合法(包括适当)。

(二)建设工程领域中引发行政纠纷的具体行政行为

(1)行政许可,即行政机关根据公民、法人或者其他组织的申请,经依法审查,准予其从事特定活动的行政管理行为,如施工许可、企业资质等级核准、安全生产许可等。

行政许可易引发的行政纠纷通常是行政机关的行政不作为、违反法定程序等。

(2)行政处罚,即行政机关或其他行政主体依照法定职权、程序对于违法但尚未构成犯罪的相对人给予行政制裁的具体行政行为。常见的行政处罚为警告、罚款、没收违法所得、取消投标资格、责令停止施工、责令停业整顿、降低资质等级、吊销资质证书等。

行政处罚易导致的行政纠纷,通常是行政处罚超越职权、滥用职权、违反法定程序、事实认定错误、适用法律错误等。

(3)行政强制,包括行政强制措施和行政强制执行。行政强制措施是指行政机关在行政管理过程中,为制止违法行为、防止证据损毁、避免危害发生、控制危险扩大等情形,依法对公民的人身自由实施暂时性限制,或者对公民、法人或者其他组织的财物实施暂时性控制的行政行为。行政强制执行是指行政机关或者行政机关申请人民法院,对不履行行政决定的公民、法人或者其他组织,依法强制履行义务的行政行为。

行政强制易导致的行政纠纷,通常是行政强制超越职权、滥用职权、违反法定程序、事实认定错误、适用法律错误等。

(4)行政裁决,即行政机关或法定授权的组织,依照法律授权,对平等主体之间发生的与行政管理活动密切相关的、特定的民事纠纷进行审查,并作出裁决的具体行政行为,如对特定的侵权纠纷、损害赔偿纠纷、权属纠纷、国有资产产权纠纷以及劳动工资经济补偿纠纷等的裁决。

行政裁决易引发的行政纠纷,通常是行政裁决违反法定程序、事实认定错误、适用法律错误等。

任务 4.2 建设工程法律纠纷的解决途径

一、民事纠纷的法律解决途径

《民法典》第十条规定:"处理民事纠纷,应当依照法律;法律没有规定的,可以适用习惯,但是不得违背公序良俗。"

建设工程民事纠纷的处理方式主要有四种:和解、调解、仲裁及诉讼。

当事人可以通过和解或者调解解决建设工程合同纠纷。当事人不愿和解、调解或者和解、调解不成的,可以根据仲裁协议向仲裁机构申请仲裁。当事人没有订立仲裁协议或者仲裁协议无效的,可以向人民法院起诉。当事人应当履行发生法律效力的判决、仲裁裁决、调解书;拒不履行的,对方可以请求人民法院执行。

(一)和解

和解是指发生民事纠纷的当事人在自愿互谅的基础上,通过协商、谈判等方式,自行解决纠纷的一种方式。如甲公司与乙公司在履行合同过程中发生纠纷。甲、乙两公司在纠纷发生后,通过双方协商,达成和解协议,合同得以顺利履行。和解达成的协议不具有强制执行的效力。

和解的适用情况:①未经仲裁和诉讼的和解;②申请仲裁后的和解;③诉讼后的和解;④执行中的和解。

(二)调解

调解是指双方当事人以外的第三者,以国家法律、法规和政策及社会公德为依据,对纠纷双方进行疏导、劝说,促使他们相互谅解,进行协商,自愿达成协议,解决纠纷的一种方式。根据主持调解的第三人身份的不同,分为以下四种调解。

1. 法院调解

法院调解,又称诉讼内调解。是当事人用于协商解决纠纷、结束诉讼、维护自己的合法权益,审结民事案件、经济纠纷案件的制度。诉讼中的调解是人民法院和当事人进行的诉讼行为,其调解协议经法院确认,即具有法律上的效力。

2. 人民调解

人民调解,又称诉讼外调解。是指在人民调解委员会主持下进行的调解活动。人民调解委员会是村民委员会和居民委员会下设的调解民间纠纷的群众性自治组织,在基层人民政府和基层人民法院指导下进行工作。

3. 仲裁调解

《中华人民共和国仲裁法》第五十一条:“仲裁庭在做出裁决前,可以先行调解。当事人自愿调解的,仲裁庭应当调解。调解不成的,应当及时做出裁决。

“调解达成协议的,仲裁庭应当制作调解书或者根据协议的结果制作裁决书。调解书与裁决书具有同等法律效力。”

《中华人民共和国仲裁法》第五十二条:“调解书经双方当事人签收后,即发生法律效力。”

4. 行政调解

行政调解,是指在有关行政机关的主持下,依据相关法律、法规、规章及政策处理行政纠纷的一种方式。行政调解达成的协议也不具有强制约束力。

和解与调解不同:和解是当事人之间自愿协商达成协议,没有第三者参加;调解是在第三者(可能是群众或者群众组织,也可能是人民法院)主持下成立的。

(三)仲裁

仲裁是指平等主体之间的公民、法人或其他组织在发生合同纠纷或其他财产权益纠纷时,依双方达成的仲裁协议,自愿将纠纷提交协议约定的仲裁委员会裁决的一种争议解决方式。

《中华人民共和国仲裁法》规定,仲裁调整的范围仅限于民商事,下列纠纷不能仲裁解决:

(1)婚姻、收养、监护、扶养、继承等身份关系的纠纷;

(2)依法应当由行政机关处理的行政争议。

(四)民事诉讼

民事诉讼是平等主体之间的公民、法人或其他组织在发生民事纠纷后,向人民法院提出解决纠纷的请求,人民法院在当事人和其他诉讼参与人的参加下,依法审理和解决民事纠纷的活动。

1. 民事诉讼解决的纠纷范围

《中华人民共和国民事诉讼法》第三条规定:“人民法院受理公民之间、法人之间、其他组织之间以及他们相互之间因财产关系和人身关系提起的民事诉讼,适用本法的规定。”

2. 民事纠纷四种解决方式的关系

上述的民事纠纷解决方式并不是孤立存在的,而是既存在可能向递进式方向发展,又存在相互间的交错。前者如当事人无法达成和解,可以通过第三人进行调解,或者提起诉讼等;后者如仲裁、诉讼程序中亦有和解、调解环节。根据《中华人民共和国仲裁法》的相关规定,当事人申请仲裁过程中,可以自行和解。达成和解协议的,可以请求仲裁庭根据和解协议作出裁决书,也可以撤回仲裁申请。仲裁过程中,仲裁庭征得仲裁当事人的共同同意,可以主持调解,达成调解协议的,仲裁庭制作调解书或依据调解协议制作裁决书。在诉讼过程中,当事人自行达成和解协议或者在法院主持下达成调解协议的,人民法院应予制作调解书。不管是仲裁庭制作的调解书或裁决书或者人民法院制作的调解书,均具有强制执行的法律效力。

3. 诉讼时效

诉讼时效是指民事权利受到侵害的权利人在法定的时效期间内不行使权利，该期间届满后，发生义务人可以拒绝履行其给付义务效果的法律制度。在法律规定的诉讼时效期间内，权利人提出请求的，人民法院强制义务人履行所承担的义务。而在法定的诉讼时效期间届满之后，权利人行使请求权的，人民法院不再予以保护。

注：诉讼时效届满后，义务人虽可拒绝履行其义务，权利人请求权的行使仅发生障碍，权利本身及请求权并不消灭。

1）诉讼时效的种类

（1）普通诉讼时效、最长权利保护期间。《民法典》第一百八十八条规定："向人民法院请求保护民事权利的诉讼时效期间为三年。法律另有规定的，依照其规定。

"诉讼时效期间自权利人知道或者应当知道权利受到损害以及义务人之日起计算。法律另有规定的，依照其规定。但是，自权利受到损害之日起超过二十年的，人民法院不予保护，有特殊情况的，人民法院可以根据权利人的申请决定延长。"

（2）分期履行债务的诉讼时效。《民法典》第一百八十九条规定："当事人约定同一债务分期履行的，诉讼时效期间自最后一期履行期限届满之日起计算。"

（3）对法定代理人请求权的诉讼时效。《民法典》第一百九十条规定："无民事行为能力人或者限制民事行为能力人对其法定代理人的请求权的诉讼时效期间，自该法定代理终止之日起计算。"

（4）受性侵未成年人赔偿请求权的诉讼时效。《民法典》第一百九十一条规定："未成年人遭受性侵害的损害赔偿请求权的诉讼时效期间，自受害人年满十八周岁之日起计算。"

2）诉讼时效期间届满的法律效果

《民法典》第一百九十二条规定："诉讼时效期间届满的，义务人可以提出不履行义务的抗辩。诉讼时效期间届满后，义务人同意履行的，不得以诉讼时效期间届满为由抗辩；义务人已经自愿履行的，不得请求返还。"

3）不适用诉讼时效的规定

《民法典》第一百九十六条规定，"下列请求权不适用诉讼时效的规定：

"（一）请求停止侵害、排除妨碍、消除危险；

"（二）不动产物权和登记的动产物权的权利人请求返还财产；

"（三）请求支付抚养费、赡养费或者扶养费；

"（四）依法不适用诉讼时效的其他请求权。"

4）诉讼时效中止与中断

（1）诉讼时效中止。

《民法典》第一百九十四条规定，"在诉讼时效期间的最后六个月内，因下列障碍，不能行使请求权的，诉讼时效中止：

"（一）不可抗力；

"（二）无民事行为能力人或者限制民事行为能力人没有法定代理人，或者法定代理人死亡、丧失民事行为能力、丧失代理权；

"(三)继承开始后未确定继承人或者遗产管理人;

"(四)权利人被义务人或者其他人控制;

"(五)其他导致权利人不能行使请求权的障碍。

"自中止时效的原因消除之日起满六个月,诉讼时效期间届满。"

诉讼时效中止有两个条件:一是该事由发生的时间处于诉讼时效期间的最后六个月(如果发生在诉讼时效期间的最后六个月之前,只有该事件持续到最后六个月内才产生中止时效的效果);二是当事人客观上不能行使请求权,其后果是自诉讼时效的原因消除之日起诉讼时效期间继续计算。

(2)诉讼时效中断。

《民法典》第一百九十五条规定,"有下列情形之一的,诉讼时效中断,从中断、有关程序终结时起,诉讼时效期间重新计算:

"(一)权利人向义务人提出履行请求;

"(二)义务人同意履行义务;

"(三)权利人提起诉讼或者申请仲裁;

"(四)与提起诉讼或者申请仲裁具有同等效力的其他情形。"

(3)诉讼时效中止与中断的区别。

引起诉讼时效中止的事件发生时间必须处于诉讼时效期间的最后六个月,而诉讼时效的中断则只要处于诉讼时效期间就可以。

诉讼时效中止后,前面经过的时间依然有效,计算后面的诉讼时效期间的时间要将前面的时间减去。诉讼时效中断后,前面经过的时间统归无效,计算后面的诉讼时效期间的时间,从零开始。

二、行政争议的法律解决途径

(一)行政复议

行政复议是公民、法人或其他组织(作为行政相对人)认为行政机关的具体行政行为侵犯其合法权益,依法请求法定的行政复议机关审查该具体行政行为的合法性、适当性,该复议机关依照法定程序对该具体行政行为进行审查,并作出行政复议决定的法律制度。

行政复议只解决行政争议而不包括解决民事或其他争议。

行政复议的结论一经作出即具有法律效力。只要法律(仅指全国人民代表大会及全国人民代表大会常务委员会制定的法律)未规定复议决定为终局裁决的,当事人对复议决定不服的,仍可以按《中华人民共和国行政诉讼法》的规定,向人民法院提请诉讼。

(二)行政诉讼

1. 概念

行政诉讼是指公民、法人或者其他组织认为行使国家行政权的机关和组织及其工作人员所实施的具体行政行为侵犯了其合法权利,依法向人民法院起诉,人民法院在当事人及其他诉讼参与人的参加下,依法对被诉具体行政行为进行审查并作出裁判,从而解决行政争议的制度。它对保障一个国家依法行政,建立法治政府,确保公民、法人和其他组织合法权利免受行政权力的侵害,具有十分重大的意义。

《中华人民共和国行政诉讼法》第二条规定:“公民、法人或者其他组织认为行政机关和行政机关工作人员的行政行为侵犯其合法权益,有权依照本法向人民法院提起诉讼。”

行政诉讼为公民、法人或其他组织提供法律救济的同时,具有监督行政机关依法行政的功能。行政诉讼的被告只能是行政机关,原告则是作为行政行为相对人的公民、法人或其他组织,而不可能互易诉讼身份。

2. 行政诉讼受案范围

《中华人民共和国行政诉讼法》第十二条规定,“人民法院受理公民、法人或者其他组织提起的下列诉讼:

“(一)对行政拘留、暂扣或者吊销许可证和执照、责令停产停业、没收违法所得、没收非法财物、罚款、警告等行政处罚不服的;

“(二)对限制人身自由或者对财产的查封、扣押、冻结等行政强制措施和行政强制执行不服的;

“(三)申请行政许可,行政机关拒绝或者在法定期限内不予答复,或者对行政机关作出的有关行政许可的其他决定不服的;

“(四)对行政机关作出的关于确认土地、矿藏、水流、森林、山岭、草原、荒地、滩涂、海域等自然资源的所有权或者使用权的决定不服的;

“(五)对征收、征用决定及其补偿决定不服的;

“(六)申请行政机关履行保护人身权、财产权等合法权益的法定职责,行政机关拒绝履行或者不予答复的;

“(七)认为行政机关侵犯其经营自主权或者农村土地承包经营权、农村土地经营权的;

“(八)认为行政机关滥用行政权力排除或者限制竞争的;

“(九)认为行政机关违法集资、摊派费用或者违法要求履行其他义务的;

“(十)认为行政机关没有依法支付抚恤金、最低生活保障待遇或者社会保险待遇的;

“(十一)认为行政机关不依法履行、未按照约定履行或者违法变更、解除政府特许经营协议、土地房屋征收补偿协议等协议的;

“(十二)认为行政机关侵犯其他人身权、财产权等合法权益的。

“除前款规定外,人民法院受理法律、法规规定可以提起诉讼的其他行政案件。”

3. 不受理的事项

《中华人民共和国行政诉讼法》第十三条规定,“人民法院不受理公民、法人或者其他组织对下列事项提起的诉讼:

“(一)国防、外交等国家行为;

“(二)行政法规、规章或者行政机关制定、发布的具有普遍约束力的决定、命令;

“(三)行政机关对行政机关工作人员的奖惩、任免等决定;

“(四)法律规定由行政机关最终裁决的行政行为。”

【技术指导4-1】 行政复议和行政诉讼的区别如表4-1所示。

表4-1 行政复议和行政诉讼的区别

	行政复议	行政诉讼
1. 审理机关不同	由作出具体行政行为的行政机关的上级行政机关审理	由作出具体行政行为的行政机关所在地的人民法院审理
2. 法律依据不同	《中华人民共和国行政复议法》及《中华人民共和国行政复议法实施条例》	《中华人民共和国行政诉讼法》
3. 程序不同	只有一级;实行行政首长负责制	一般均可公开审理,且具有交换证据、法庭调查、质证、辩论等程序;实行合议制
4. 结案方式不同	可以由行政机关为申请人和被申请人调解,申请人与被申请人也可自愿达成和解	不适用调解
5. 审理内容不同	要审查具体行政行为的合法性和适当性	原则上只审查具体行政行为的合法性,一般不就具体行政行为的适当性作出裁决
6. 是否收费	不收费	要收费

模块思考与练习

一、单选题

1. 我国民事诉讼的一般诉讼时效为(　　)年。

A. 2　　B. 3　　C. 5　　D. 20

2. 关于法的形式,下列说法正确的是(　　)。

A. 宪法由全国人民代表大会常务委员会制定或修改

B. 地方性法规的效力高于行政法规

C. 地方政府规章的效力低于同级地方性法规

D. 部门规章的效力高于地方性法规

3. 某建筑公司南方分公司是依法设立并领取了营业执照,但它不是法人的根本原因是(　　)。

A. 没有自己的经费　　B. 没有固定的经营场所

C. 不能独立承担民事责任　　D. 没有自己的组织机构

4. 根据法的效力等级,《建设工程质量管理条例》属于(　　)。

A. 法律　　B. 部门规章　　C. 行政法规　　D. 单行条例

5. 某建设单位长期拖欠施工单位工程进度款，则拖欠进度款项是工程建设法律关系的(　　)。

A. 主体　　B. 客体　　C. 义务　　D. 内容

6. 根据《民法典》，下列财产中，仅能属于国家所有的是(　　)。

A. 森林　　B. 山岭　　C. 滩涂　　D. 海域

7. 关于法人的说法，正确的是(　　)。

A. 建设单位必须具有法人资格

B. 法人不具有民事权利能力和民事行为能力

C. 法人是多个自然人在法律上的人格化

D. 法人能够独立承担民事责任

8. 相邻的两个标段，分别由甲、乙两家施工企业施工，甲的供应商丙误将通用建筑材料交付给了乙，丙要求乙返还该建筑材料的依据是(　　)。

A. 合同　　B. 侵权　　C. 不当得利　　D. 无因管理

9. 关于建设工程代理行为的说法，正确的是(　　)。

A. 材料设备采购不得代理实施　　B. 被代理人取消委托，委托代理终止

C. 代理行为应当采取书面形式　　D. 建设工程活动不涉及诉讼代理

10. 根据《民法典》，当事人在保证合同中对保证方式没有约定或者约定不明确的，保证责任的承担方式是(　　)。

A. 按份保证　　B. 连带责任保证　　C. 一般保证　　D. 最高额保证

11. 根据《民法典》，下列主体属于法人的是(　　)。

A. 甲施工企业的项目经理部　　B. 乙基金会

C. 丙公司的分公司　　D. 企业负责人丁

12. 关于民事代理的说法，正确的是(　　)。

A. 民事法律行为均可以代理

B. 代理人的代理权限不受限制

C. 代理人是以自己的名义实施民事法律行为

D. 代理行为的法律后果属于被代理人

13. 根据《民法典》，关于保证合同的说法，正确的是(　　)。

A. 保证合同是主合同的从合同　　B. 保证合同只能是有偿合同

C. 保证合同是物的担保方式　　D. 保证合同是非典型合同

14. 用人单位与劳动者建立劳动关系的开始时间为(　　)。

A. 订立劳动合同之日　　B. 发出录用通知之日

C. 用工之日　　D. 办理入职手续之日

15. 行政法规之间对同一事项的新的一般规定与旧的特别规定不一致，不能确定如何适用时，由(　　)裁决。

A. 最高人民法院　　B. 国务院

C. 人民代表大会　　D. 全国人民代表大会常务委员会

二、简答题

1. 请分别简述我国法律体系、法的形式及法的适用原则。
2. 简述民事法律关系的构成要素。
3. 简述施工企业法人与项目经理部的法律关系。
4. 简述有效民事法律行为的构成要件。
5. 简述代理的类型、代理人与被代理人的责任划分。
6. 建设工程合同的担保形式有哪些？分别适用于什么情形？
7. 简述劳动者的基本权利和义务。
8. 简述劳动合同的类型和劳动合同的基本条款。
9. 简述解决劳动争议的途径。
10. 简述工程纠纷的类型。
11. 简述解决民事纠纷的途径。
12. 简述解决行政纠纷的法律途径。

模块2　涉水法律制度

项目5　水法与水资源管理制度

【知识目标】

1. 了解水法的主要构成。
2. 掌握水资源规划、水资源开发利用、水资源配置与节约使用的相关规定。
3. 掌握取水许可和有偿使用制度。
4. 掌握最严格水资源管理制度内容。
5. 掌握当前治水新思路。

【技能目标】

1. 熟悉水资源规划、开发利用、配置与节约使用等相关法规的使用。
2. 熟悉取水许可证申领条件和程序。
3. 熟悉最严格水资源管理制度中"三条红线、四项制度"的具体要求。

【育人目标】

1. 树立生态优先、绿色发展理念。

2. 牢记习近平总书记"节水优先、空间均衡、系统治理、两手发力"的治水思路和"以水四定"的原则。

3. 筑牢国家安全屏障,防范和化解影响防洪安全、供水安全、水生态安全的风险,守住水利安全底线。

4. 领悟水利法规在实现生态文明建设、乡村振兴等重大国家战略,在建设"富强民主文明和谐美丽的社会主义现代化强国"中的保障作用。

【情境导入】

2019年,有群众举报L市新区某农庄自2016年2月起,未经批准取用地下水用于农庄经营。市水利局水政监察支队调查核实后,发现举报信息属实,对该农庄下发责令整改通知,要求其停止违法取水并限期办理取水许可证。该农庄在收到责令整改通知后,逾期仍未整改,未申请办理取水许可证。市水利局责令其补办取水许可证,并处罚款4万元。目前,该农庄已缴纳罚款及滞纳金,并办理了取水许可证。

【任务分析】

1. 单位和个人直接从江河、湖泊或者地下取用水资源的需要办哪些手续?

2. 本案例中，水行政执法及处罚的依据是什么？

任务5.1 水资源管理法规体系

水是生命之源、生产之要、生态之基。水资源时空分布不均是我国的基本水情。当前，我国还存在“水资源供需矛盾突出，旱涝灾害频繁，水资源污染和水资源浪费并存，开发利用程度不均衡，水土流失严重，水生态环境恶化”等问题，如何合理开发利用和保护水资源，实现水资源的可持续利用，任重而道远。

当前，我国经济发展进入新常态，全面贯彻新发展理念，加快构建新发展格局，统筹发展和安全，统筹水灾害、水资源、水生态、水环境系统治理，落实习近平总书记“节水优先、空间均衡、系统治理、两手发力”的治水思路，推动新阶段水利高质量发展。水资源管理方式实现从粗放用水向节约用水转变，从供水管理向需水管理转变，从局部治理向系统治理转变，从注重行政推动向坚持两手发力、实施创新驱动转变，为全面建设社会主义现代化国家提供有力的水安全保障。

党中央重视完善水法规体系，运用法治思维和法治方式解决水资源管理问题，现行的水资源管理法律法规主要有以下几个方面。

一、法律

(1)《中华人民共和国水法》。2002年8月颁布的《水法》是开发、利用、节约、保护、管理水资源、防治水灾害，实现水资源的可持续利用的基本法律。

(2)《中华人民共和国长江保护法》《中华人民共和国黄河保护法》。为了加强各流域生态保护和修复，推进水资源节约集约合理利用，实现高质量发展，针对不同流域的具体水情，2020年12月26日第十三届全国人民代表大会常务委员会第二十四次会议通过了《中华人民共和国长江保护法》、2022年10月30日第十三届全国人民代表大会常务委员会第三十七次会议通过了《中华人民共和国黄河保护法》，在长江流域、黄河流域开展生态环境保护和修复以及各类生产生活、开发建设活动，分别适用各流域保护法。(特别法优于一般法原则)

(3)《中华人民共和国水污染防治法》(详见项目6)。

二、行政法规和法规性文件

为了加强水资源开发、节约利用和水资源、水利工程保护，国务院制定了《取水许可和水资源费征收管理条例》《地下水管理条例》《城市供水条例》《农田水利条例》《国务院关于实行最严格水资源管理制度的意见》等行政法规和法规性文件。

三、地方性法规

为了加强水资源节约集约利用，促进生态文明建设和经济社会高质量发展，根据《水法》等法律、行政法规，各省结合本省实际水情，制定了适用于本省的水资源管理条例，如《四川省水资源条例》《福建省水资源条例》《山东省水资源条例》《山东省节约用水条例》等。

四、部门规章

为促进水资源优化配置,合理开发、利用和节约、保护水资源,根据《水法》等法律、行政法规,水利部制定了《水行政许可实施办法》《水量分配暂行办法》《水权交易管理暂行办法》《水利工程供水价格管理办法》《建设项目水资源论证管理办法》等办法。

任务5.2 水资源规划

水资源规划是指在掌握水资源的时空分布特征、地区条件、国民经济对水资源需求的基础上,协调各种矛盾,对水资源进行统筹安排,制定出最佳开发利用方案及相应工程措施的规划。它是水资源管理的一个重要部分。

党的二十大报告指出,要构建优势互补、高质量发展的区域经济布局和国土空间体系。水是生命之源,水资源承载力是反映水资源与社会经济、生态环境之间是否协调的重要指标,反映的是区域水资源支撑区域高质量发展的能力和持续程度。坚持“空间均衡”原则,强化水资源承载力的刚性约束,将国土资源和水资源在流域和区域上进行科学合理配置。

一、水资源规划的原则与分类

(一)原则

《水法》第四条:“开发、利用、节约、保护水资源和防治水害,应当全面规划、统筹兼顾、标本兼治、综合利用、讲求效益,发挥水资源的多种功能,协调好生活、生产经营和生态环境用水。”即,水资源规划的制定需遵循因地制宜、综合利用、人工调节与经济合理等基本原则。

(二)分类

制定全国水资源战略规划。开发、利用、节约、保护水资源和防治水害,应当按照流域、区域统一制定规划。规划分为流域规划和区域规划。流域规划包括流域综合规划和流域专业规划;区域规划包括区域综合规划和区域专业规划。

(1)综合规划。是指根据经济社会发展需要和水资源开发利用现状编制的开发、利用、节约、保护水资源和防治水害的总体部署。

(2)专业规划。是指防洪、治涝、灌溉、航运、供水、水力发电、竹木流放、渔业、水资源保护、水土保持、防沙治沙、节约用水等规划。

(三)水资源规划与其他规划的关系

(1)流域范围内的区域规划应当服从流域规划,专业规划应当服从综合规划。

(2)流域综合规划和区域综合规划及与土地利用关系密切的专业规划,应当与国民经济和社会发展规划及土地利用总体规划、城市总体规划和环境保护规划相协调,兼顾各地区、各行业的需要。

【技术指导5-1】 水情与国土空间规划。

水资源时空分布不均、水资源短缺是我国诸多城市发展的重大制约因素之一。2014年，习近平总书记指出“城市发展要坚持以水定城、以水定地、以水定人、以水定产的原则”，为城市发展指明方向。国土空间规划强调了水资源作为资源环境底线约束的重要性，并提出在国土空间布局上要充分尊重水环境、水生态、水安全。

二、水资源调查与评价

《水法》第十六条规定，制定规划，必须进行水资源综合科学考察和调查评价。水资源综合科学考察和调查评价，由县级以上人民政府水行政主管部门会同同级有关部门组织进行。

县级以上人民政府应当加强水文、水资源信息系统建设。县级以上人民政府水行政主管部门和流域管理机构应当加强对水资源的动态监测。

基本水文资料应当按照国家有关规定予以公开。

三、水资源规划的编制与审批

国家制定全国水资源战略规划。开发、利用、节约、保护水资源和防治水害，应当按照流域、区域统一制定规划。

(1)重要江河、湖泊的流域综合规划。由国务院水行政主管部门会同国务院有关部门和有关省、自治区、直辖市人民政府编制，报国务院批准。

(2)跨省、自治区、直辖市的其他江河、湖泊的流域综合规划和区域综合规划。由有关流域管理机构会同江河、湖泊所在地的省、自治区、直辖市人民政府水行政主管部门和有关部门编制，分别经有关省、自治区、直辖市人民政府审查提出意见后，报国务院水行政主管部门审核。

(3)其他江河、湖泊的流域综合规划和区域综合规划。由县级以上地方人民政府水行政主管部门会同同级有关部门和有关地方人民政府编制，报本级人民政府或者其授权的部门批准，并报上一级水行政主管部门备案。

(4)专业规划。由县级以上人民政府有关部门编制，征求同级其他有关部门意见后，报本级人民政府批准。其中，防洪规划、水土保持规划的编制、批准，依照防洪法、水土保持法的有关规定执行。

四、水资源规划的执行

(1)规划一经批准，必须严格执行。

经批准的规划需要修改时，必须按照规划编制程序经原批准机关批准。

(2)建设水工程，必须符合流域综合规划。

①在国家确定的重要江河、湖泊和跨省、自治区、直辖市的江河、湖泊上建设水工程，未取得有关流域管理机构签署的符合流域综合规划要求的规划同意书的，建设单位不得开工建设。

②在其他江河、湖泊上建设水工程，未取得县级以上地方人民政府水行政主管部门按

照管理权限签署的符合流域综合规划要求的规划同意书的,建设单位不得开工建设。

③水工程建设涉及防洪的,依照《中华人民共和国防洪法》的有关规定执行;涉及其他地区和行业的,建设单位应当事先征求有关地区和部门的意见。

【知识拓展5-1】 解码“水利规划”如何为水利高质量发展提供有力支撑,扫码5-1进行学习。

码5-1 带你解码“水利规划”

任务5.3 水资源开发利用、配置与节约使用

一、水资源开发利用

(一)鼓励综合开发利用与保护水资源并重

开发利用的权利和保护水资源的义务相结合。《水法》第六条明确规定:“国家鼓励单位和个人依法开发、利用水资源,并保护其合法权益。开发、利用水资源的单位和个人有依法保护水资源的义务。”

(二)水资源开发利用的原则及应注意的问题

(1)水资源开发利用的原则。①开发利用水资源,应当坚持兴利与除害相结合,兼顾上下游、左右岸和有关地区之间的利益,充分发挥水资源的综合效益,并服从防洪的总体安排。②按照地表水与地下水统一调度开发、开源与节流相结合、节流优先和污水处理再利用的原则。

(2)加强水资源开发的前期论证工作。国民经济和社会发展规划以及城市总体规划的编制、重大建设项目的布局,应当与当地水资源条件和防洪要求相适应,并进行科学论证;在水资源不足的地区,应当对城市规模和建设耗水量大的工业、农业和服务业项目加以限制。

水资源论证包括两个方面:一是水资源的承载能力;二是水环境的承载能力。

(3)开发利用水资源的顺序。应当首先满足城乡居民生活用水,并兼顾农业、工业、生态环境用水及航运等需要。在干旱和半干旱地区开发、利用水资源,应当充分考虑生态环境用水需要。

(4)跨流域调水,应当进行全面规划和科学论证,统筹兼顾调出和调入流域的用水需要,防止对生态环境造成破坏。

(5)加强非传统水资源的开发利用。在水资源短缺的地区,国家鼓励对雨水和微咸水的收集、开发、利用和对海水的利用、淡化。

二、水资源配置

水资源配置指在水资源总体规划与管理过程中，充分协调水与社会、经济、生态、环境等要素的关系，提高水资源与之相适应的匹配程度，实现水资源合理利用，促进社会经济可持续发展。

当前，我国通过实施国家水网重大工程，立足流域整体和水资源空间均衡配置，科学谋划“纲”“目”“结”工程布局，构建“系统完备、安全可靠，集约高效、绿色智能，循环通畅、调控有序”的国家水网，提升水资源优化配置能力、供水保障能力、战略储备能力。

（一）水资源中长期供求规划的管理

（1）制定原则。水资源中长期供求规划应当依据水的供求现状、国民经济和社会发展规划、流域规划、区域规划，按照水资源供需协调、综合平衡、保护生态、厉行节约、合理开源的原则制定。

（2）主管部门、审批程序及审批机关。①国务院水行政主管部门负责全国水资源的宏观调配。②全国的和跨省、自治区、直辖市的水中长期供求规划，由国务院水行政主管部门会同有关部门制订，经国务院发展计划主管部门审查批准后执行。③地方的水中长期供求规划，由县级以上地方人民政府水行政主管部门会同同级有关部门依据上一级水中长期供求规划和本地区的实际情况制定，经本级人民政府发展计划主管部门审查批准后执行。

（二）水量分配方案、水量调度预案的制定

（1）调蓄径流和分配水量，应当依据流域规划和水中长期供求规划，以流域为单元制定水量分配方案。

（2）跨省、自治区、直辖市的水量分配方案和旱情紧急情况下的水量调度预案，由流域管理机构商有关省、自治区、直辖市人民政府制定，报国务院或者其授权的部门批准后执行。其他跨行政区域的水量分配方案和旱情紧急情况下的水量调度预案，由共同的上一级人民政府水行政主管部门商有关地方人民政府制定，报本级人民政府批准后执行。

（3）水量分配方案和旱情紧急情况下的水量调度预案经批准后，有关地方人民政府必须执行。

（4）在不同行政区域之间的边界河流上建设水资源开发、利用项目，应当符合该流域经批准的水量分配方案，由有关县级以上地方人民政府报共同的上一级人民政府水行政主管部门或者有关流域管理机构批准。

（5）县级以上地方人民政府水行政主管部门或者流域管理机构应当根据批准的水量分配方案和年度预测来水量，制定年度水量分配方案和调度计划，实施水量统一调度；有关地方人民政府必须服从。国家确定的重要江河、湖泊的年度水量分配方案，应当纳入国家的国民经济和社会发展年度计划。

三、水资源节约使用

当前，我国正全面推进节水型社会建设，落实“节水优先”方针，坚持“以水定城、以水定地、以水定人、以水定产”，完善节水政策和标准体系，强化计划用水和定额管理，落实节水激励政策。

《水法》对水资源节约使用做了明确规定:

(1)国家对用水实行总量控制和定额管理相结合的制度。

(2)用水应当计量,并按照批准的用水计划用水。用水实行计量收费和超定额累进加价制度。

(3)各级人民政府应当推行节水灌溉方式和节水技术,对农业蓄水、输水工程采取必要的防渗漏措施,提高农业用水效率。

(4)工业用水应当采用先进技术、工艺和设备,增加循环用水次数,提高水的重复利用率。

(5)国家逐步淘汰落后的、耗水量高的工艺、设备和产品。生产者、销售者或者生产经营中的使用者应当在规定的时间内停止生产、销售或者使用列入名录的工艺、设备和产品。

(6)城市人民政府应当因地制宜采取有效措施,推广节水型生活用水器具,降低城市供水管网漏失率,提高生活用水效率;加强城市污水集中处理,鼓励使用再生水,提高污水再生利用率。

(7)新建、扩建、改建建设项目,应当制定节水措施方案,配套建设节水设施。节水设施应当与主体工程同时设计、同时施工、同时投产。

(8)供水企业和自建供水设施的单位应当加强供水设施的维护管理,减少水的漏失。

【技术指导 5-2】 新建项目的节水设施未达到国家规定的要求,会承担什么法律责任?

答:根据《中华人民共和国水法》第五十三条、第七十一条规定,新建、扩建、改建建设项目,应当制订节水措施方案,配套建设节水设施。节水设施应当与主体工程同时设计、同时施工、同时投产。建设项目的节水设施没有建成或者没有达到国家规定的要求,擅自投入使用的,由县级以上人民政府有关部门或者流域管理机构依据职权,责令停止使用,限期改正,处五万元以上十万元以下的罚款。

任务 5.4 水资源取水许可和有偿使用制度

《水法》第七条规定:“国家对水资源依法实行取水许可和有偿使用制度。”国务院在 2006 年 1 月通过了《取水许可和水资源费征收管理条例》,水利部在 2008 年 4 月公布了《取水许可管理办法》。

一、取水许可制度

取水许可制度是指直接从地下或者江河、湖泊取水的用水单位,必须向审批取水申请的机关提出取水申请,经审查批准,获得取水许可证或者其他形式的批准文件后方可取水的制度。

(一)应当申领取水许可证的情形

《水法》第四十八条规定:“直接从江河、湖泊或者地下取用水资源的单位和个人,应当按照国家取水许可制度和水资源有偿使用制度的规定,向水行政主管部门或者流域管理机构申请领取取水许可证，并缴纳水资源费，取得取水权。但是，家庭生活和零星散养、圈养畜禽饮用等少量取水的除外。”

《取水许可和水资源费征收管理条例》第二条规定：“取用水资源的单位和个人，除本条例第四条规定的情形外，都应当申请领取取水许可证，并缴纳水资源费。”

（二）不需要申请领取取水许可证的情形

《取水许可和水资源费征收管理条例》第四条规定，下列情形不需要申请领取取水许可证：

（1）农村集体经济组织及其成员使用本集体经济组织的水塘、水库中的水的；

（2）家庭生活和零星散养、圈养畜禽饮用等少量取水的；

（3）为保障矿井等地下工程施工安全和生产安全必须进行临时应急取（排）水的；

（4）为消除对公共安全或者公共利益的危害临时应急取水的；

（5）为农业抗旱和维护生态与环境必须临时应急取水的。

（三）取水申请和受理

1. 申请

申请人应当向具有审批权限的审批机关提出申请。申请利用多种水源，且各种水源的取水审批机关不同的，应当向其中最高一级审批机关提出申请。

申请取水并需要设置入河排污口的，申请人在提出取水申请的同时，应当按照《入河排污口监督管理办法》的有关规定一并提出入河排污口设置申请。

2. 受理

县级以上地方人民政府水行政主管部门，应当自收到取水申请之日起5个工作日内对申请材料进行审查，并根据下列不同情形分别作出处理：

（1）申请材料齐全、符合法定形式、属于本机关受理范围的，予以受理；

（2）提交的材料不完备或者申请书内容填注不明的，通知申请人补正；

（3）不属于本机关受理范围的，告知申请人向有受理权限的机关提出申请。

初审意见应当包括建议审批水量、取水和退水的水质指标要求，以及申请取水项目所在水系本行政区域已审批取水许可总量、水功能区水质状况等内容。

3. 取水许可证包括的内容

（1）取水单位或者个人的名称（姓名）；

（2）取水期限；

（3）取水量和取水用途；

（4）水源类型；

（5）取水、退水地点及退水方式、退水量。

4. 取水许可证有效期

取水许可证有效期一般为5年，最长不超过10年。有效期届满，需要延续的，取水单位或者个人应当在有效期届满45日前向原审批机关提出申请，原审批机关应当在有效期届满前，作出是否延续的决定。

二、水资源有偿使用制度

《取水许可和水资源费征收管理条例》第二十八条规定：“取水单位或者个人应当缴

纳水资源费。取水单位或者个人应当按照经批准的年度取水计划取水。超计划或者超定额取水的,对超计划或者超定额部分累进收取水资源费。”

制定水资源费征收标准,应当遵循下列原则:

(1)促进水资源的合理开发、利用、节约和保护;

(2)与当地水资源条件和经济社会发展水平相适应;

(3)统筹地表水和地下水的合理开发利用,防止地下水过量开采;

(4)充分考虑不同产业和行业的差别。

【知识拓展 5-2】 《取水许可和水资源费征收管理条例》扫码 5-2 学习。

码 5-2 《取水许可和水资源费征收管理条例》

【知识拓展 5-3】 《地下水管理条例》(节选)扫码 5-3 学习。

码 5-3 《地下水管理条例》(节选)

【知识拓展 5-4】 《城市供水条例》扫码 5-4 学习。

码 5-4 《城市供水条例》

【知识拓展 5-5】 《农田水利条例》扫码 5-5 学习。

码 5-5 《农田水利条例》

【以案说法 5-1】 某电站非法取水案。

2003 年 7 月至 2004 年 8 月,湖北省鹤峰县水利局多次口头、书面通知肖家台一级电站业主速到县水利局办理取水许可证,并缴纳 2003 年度水资源费,该电站业主既不前来办理取水许可证,也不缴纳 2003 年度水资源费,县水利局经研究决定对肖家台一级电站立案查处。

2004 年 9 月 1 日,县水政监察大队的 3 位执法人员前往肖家台一级电站实地调查了解。

县水政监察大队就电站非法取水进行询问调查时,2位业主充分认识到错误,表示马上办理取水许可证,缴纳运行期间水资源费。鉴于其积极表现,县水利局决定不予追究其行政处罚。

2004年9月13日,该电站业主缴纳了所欠水资源费,取水许可证在办理中。

案件评析:

《中华人民共和国水法》第四十八条规定:"直接从江河、湖泊或者地下取用水资源的单位和个人,应当按照国家取水许可制度和水资源有偿使用制度的规定,向水行政主管部门或者流域管理机构申请领取取水许可证,并缴纳水资源费,取得取水权。"《取水许可制度实施办法》第二条规定:"本办法所称取水,是指利用水工程或者机械提水设施直接从江河、湖泊或者地下取水。一切取水单位和个人,都应当依照本办法申请取水许可证,并依照规定取水。所称水工程包括闸(不含船闸)、坝、跨河流的引水式水电站、渠道、人工河流、虹吸管等取水、引水工程。"

【以案说法5-2】 企业违法开采地下水案。

2017年8月8日,D市水政监察支队接到群众举报,某有限公司未经水行政主管部门批准取得取水许可证,擅自在公司内打了六口井,违法开采地下水。

处理过程:

接到举报后,市水政监察支队迅速派人员到现场勘验、调查取证。查实该公司从2016年初开始违法抽取地下水,日取水量达180立方米左右,影响地下水位,容易造成不可估计的地质灾害。据此,执法人员依据《中华人民共和国水法》《取水许可和水资源费征收管理条例》有关规定向某有限公司下达了《停止违法行为通知书》,责令其立即停止违法行为,听候处理。由于该公司负责人对其违法行为认识不足,态度消极,据此执法人员以事实和法律为依据,多次对其进行说服教育和政策法规的宣传,使其认识了违法偷取地下水的危害,并承认了错误和违法事实,主动配合工作,并自行拆除了取水设施,封堵了井口。8月22日,执法人员向该公司送达了《水利局行政处罚告知书》,并于8月29日又向该公司下达了《水利局行政处罚决定书》,限其于2017年9月5日前自行拆除取水设施,封堵井口,逾期不拆除,由本机关强行拆除,费用由其承担,并处以4.5万元的罚款。

该公司接到《水利局行政处罚决定书》后,表示接受处理,并于2017年9月3日自行拆除了取水设施,封堵了井口。

任务5.5 最严格水资源管理制度

水是生命之源、生产之要、生态之基,人多水少、水资源时空分布不均是我国的基本国情和水情。当前我国水资源面临的形势十分严峻,水资源短缺、水污染严重、水生态环境恶化等问题日益突出,已成为制约经济社会可持续发展的主要瓶颈。

一、最严格水资源管理制度的提出

针对中央关于水资源管理的战略决策,国务院于2012年1月12日,发布了《国务院关于实行最严格水资源管理制度的意见》，于2013年1月2日发布了《实行最严格水资源管理制度考核办法》。《中共中央关于制定国民经济和社会发展第十三个五年规划的建议》明确提出："实行最严格的水资源管理制度，以水定产、以水定城，建设节水型社会。"

二、最严格水资源管理制度的主要内容

（一）三条红线

（1）确立水资源开发利用控制红线，到2030年全国用水总量控制在7 000亿立方米以内。

（2）确立用水效率控制红线，到2030年用水效率达到或接近世界先进水平，万元工业增加值用水量（以2000年不变价计）降低到40立方米以下，农田灌溉水有效利用系数提高到0.6以上。

（3）确立水功能区限制纳污红线，到2030年主要污染物入河湖总量控制在水功能区纳污能力范围之内，水功能区水质达标率提高到95%以上。

（二）四项制度

1. 用水总量控制制度

加强水资源开发利用控制红线管理，严格实行用水总量控制，包括以下内容：

（1）严格规划管理和水资源论证。

（2）严格控制流域和区域取用水总量。

（3）严格实施取水许可。

（4）严格水资源有偿使用。

（5）严格地下水管理和保护。

（6）强化水资源统一调度。

2. 用水效率控制制度

加强用水效率控制红线管理，全面推进节水型社会建设，包括以下内容：

（1）全面加强节约用水管理。

（2）强化用水定额管理。

（3）加快推进节水技术改造。

3. 水功能区限制纳污制度

加强水功能区限制纳污红线管理，严格控制入河湖排污总量，包括以下内容：

（1）严格水功能区监督管理。

（2）加强饮用水水源保护。

（3）推进水生态系统保护与修复。

4. 水资源管理责任和考核制度

将水资源开发利用、节约和保护的主要指标纳入地方经济社会发展综合评价体系，县级以上人民政府主要负责人对本行政区域水资源管理和保护工作负总责，包括以下内容：

（1）建立水资源管理责任和考核制度。

（2）健全水资源监控体系。

(3)完善水资源管理体制。

(4)完善水资源管理投入机制。

(5)健全政策法规和社会监督机制。

【技术指导5-3】 最严格水资源管理制度的核心要点见图5-1。

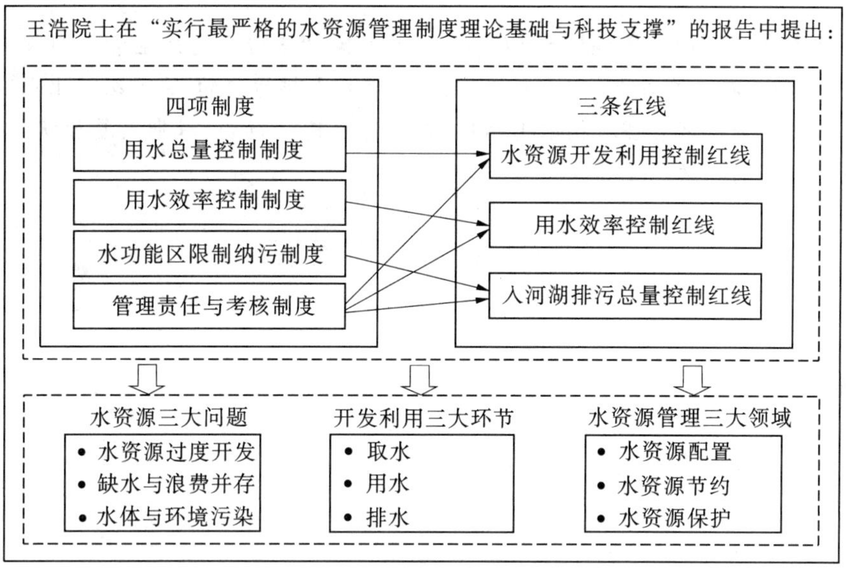

图5-1　最严格水资源管理制度的核心要点

三、实行最严格的水资源管理制度意义

(一)解决我国水资源短缺问题的根本途径

我国人均水资源占有量仅为世界平均水平的28%,正常年份全国缺水量达500多亿立方米,近2/3城市存在不同程度的缺水。从根本上破解水资源短缺的瓶颈制约,必须实行最严格的水资源管理制度,全面建设节水型社会,以水资源的节约使用、可持续利用保障经济社会的可持续发展。

(二)适应和引领经济发展新常态的迫切需要

水资源是经济发展的约束性、先导性、控制性要素。当前,我国经济发展进入新常态,需要加快转变高消费的发展方式,更加强调节约集约利用资源。适应和引领经济发展新常态,必须实行最严格的水资源管理制度,充分发挥水资源管理红线的倒逼机制,推进产业结构调整和区域经济布局优化,实现经济社会发展与水资源和水环境承载能力相协调。

(三)加快推进生态文明建设的重要举措

水生态文明是生态文明的重要内涵和组成部分。当前,我国部分地区水资源开发已经接近或超出水资源和水环境承载能力,引发河道断流、湖泊干涸、湿地萎缩、绿洲退化、地面沉降等生态问题。加快推进生态文明建设、建设美丽中国,必须实行最严格的水资源管理制度,保障环境用水,维护河湖健康生命,为人民群众提供良好的水环境。

(四)国家水治理领域的深刻革命

推进水治理体系和治理能力现代化,必须实行最严格的水资源管理制度,加快实现从供水管理向需水管理转变,从粗放用水方式向高效用水方式转变,从过度开发水资源向主动保护水资源转变,切实把绿色发展理念融入水资源开发、利用、治理、配置、节约、保护各个领域。

【技术指导5-4】 未经水行政主管部门同意,擅自在湖泊中新建排污口,会承担怎样的法律责任?

答:《中华人民共和国水法》第六十七条第二款规定:“未经水行政主管部门或者流域管理机构审查同意,擅自在江河、湖泊新建、改建或者扩大排污口的,由县级以上人民政府水行政主管部门或者流域管理机构依据职权,责令停止违法行为,限期恢复原状,处五万元以上十万元以下的罚款。”

项目6 水污染防治法与河湖水环境保护制度

【知识目标】

1. 了解新《中华人民共和国水污染防治法》新增条款。

2. 掌握各类水污染的防治措施，熟悉《中华人民共和国水污染防治法》中的禁止行为。

3. 掌握《中华人民共和国水污染防治法》关于饮用水水源保护的规定。

4. 掌握河长制的主要任务。

【技能目标】

1. 熟悉《中华人民共和国水污染防治法》中的禁止行为，掌握各类水污染防治措施，保护河湖健康。

2. 熟悉饮用水水源保护的措施及禁止行为。

3. 能胜任民间河(湖)长的工作。

【育人目标】

1. 树立“绿色、生态、文明、和谐”的治水理念。

2. 牢记水利工作在生态文明建设中的责任、担当与使命。

3. 树立“节水优先、空间均衡、系统治理、两手发力”治水思路。

【情境导入】

南方某市突降大雨，环保局执法人员巡查发现市区某路段有大面积的积水，便及时上报该局。不久，市政部门派人来疏通管道，从管道中清出大量的泥沙、水泥块，还发现井口内有一个非市政部门设置的排水口，其方向紧靠某工地一侧。经执法人员调查确认，该工地的排水管道是工地施工打桩时铺设，工地内没有任何污水处理设施，其施工废水直接排放到工地外，工地的排污口通向该路段一侧的雨水井。

【任务分析】

1. 施工单位向道路雨水井排放施工废水的行为是否构成水污染违法行为？

2. 施工单位向道路雨水井排放施工废水的行为应受到何种处罚？

任务6.1 水污染防治与水环境保护的法规体系

2022年1~9月，全国3 641个地表水国控断面中，Ⅰ~Ⅲ类断面比例为86.3%，同比增加4.5个百分点；劣Ⅴ类水体比例为0.9%，同比下降0.3个百分点(扣除自然因素影响后，劣Ⅴ类水体比例为0.5%)，全国水环境质量总体持续改善。与此同时，全国水生态环境不平衡不协调的问题依然突出，局部地区城乡环境基础设施存在明显短板，个别城市治理完成的黑臭水体出现反弹,少数重点湖库总氮升高问题不容忽视。

党中央、国务院向来高度重视河湖水环境问题,习近平总书记在党的二十大报告中指出:“必须牢固树立和践行绿水青山就是金山银山的理念,站在人与自然和谐共生的高度谋划发展。”加快发展方式绿色转型是全面建设社会主义现代化国家的重大举措,推动经济社会发展绿色化、低碳化是实现高质量发展的关键环节。国家先后出台了一系列有效促进水资源保护、水域岸线管理、水污染防治、水环境治理的法律、行政法规、地方性法规和部门规章。

一、水污染防治与水环境保护的法规体系

(1)法律。主要有《水法》《水污染防治法》《环境保护法》《长江保护法》《黄河保护法》等。

在长江流域开展生态环境保护和修复以及长江流域各类生产生活、开发建设活动,应当遵守《中华人民共和国长江保护法》。该法所称长江流域,是指由长江干流、支流和湖泊形成的集水区域所涉及的青海省、四川省、西藏自治区、云南省、重庆市、湖北省、湖南省、江西省、安徽省、江苏省、上海市,以及甘肃省、陕西省、河南省、贵州省、广西壮族自治区、广东省、浙江省、福建省的相关县级行政区域。

黄河流域生态保护和高质量发展各类活动,适用《中华人民共和国黄河保护法》。该法所称黄河流域,是指黄河干流、支流和湖泊的集水区域所涉及的青海省、四川省、甘肃省、宁夏回族自治区、内蒙古自治区、山西省、陕西省、河南省、山东省的相关县级行政区域。

(2)行政法规和法规性文件。如《太湖流域管理条例》、《地下水管理条例》、《排污许可管理条例》(中华人民共和国国务院令第 736 号)、《城镇排水与污水处理条例》、《关于全面推行河长制的意见》、《关于在湖泊实施湖长制的指导意见》等。

(3)地方性法规。如《山东省水污染防治条例》《山东省湖泊保护条例》《福建省流域水环境保护条例》《浙江省水污染防治条例》等。

(4)部门规章及规范性文件。如《饮用水水源保护区污染防治管理规定》《关于加强河湖安全保护工作的意见》等。

二、新《中华人民共和国水污染防治法》重要条款解读

水污染就是水体因某种物质的介入,而导致其化学、物理、生物或者放射性等方面特性的改变,从而影响水的有效利用,危害人体健康或者破坏生态环境,造成水质恶化的现象。

为了保护和改善环境,防治水污染,保护水生态,保障饮用水安全,维护公众健康,推进生态文明建设,促进经济社会可持续发展,2017 年 6 月第十二届全国人民代表大会常务委员会第二十八次会议修订了《中华人民共和国水污染防治法》。新修订的《水污染防治法》于 2018 年 1 月 1 日起开始施行。

第一条立法宗旨新增了“保护水生态”“维护公众健康,推进生态文明建设”的文字,呼应国家加强“生态文明”建设的基本国策。而“保障饮用水安全”是《水污染防治法》一直以来的重要要求,显示出饮用水安全保障是水环境保护和水污染防治的核心任务之一。

第四条“县级以上人民政府应当将水环境保护工作纳入国民经济和社会发展规划。”“地方各级人民政府对本行政区域的水环境质量负责,应当及时采取措施防治水污染。”强调了地方人民政府是水污染防治工作的责任主体。

第五条“省、市、县、乡建立河长制,分级分段组织领导本行政区域内江河、湖泊的水资源保护、水域岸线管理、水污染防治、水环境治理等工作。”“河长制”是我国在治理水环境问题实践中形成的一种创新管理机制,是强化地方政府责任、落实首长负责制、强化考核问责的具体措施,此次将其上升到法律效力层次。

这条规定反映了水环境治理与保护不是水利部门或环保部门的事,而是要按照习近平总书记提出的十六字治水思路中“系统治理”的原则综合治理流域水环境问题。

第三十二条“国务院环境保护主管部门应当会同国务院卫生主管部门,根据对公众健康和生态环境的危害和影响程度,公布有毒有害水污染物名录,实行风险管理。”新增该条款,重点要求排污企业事业单位和其他生产经营者,应当履行水质监测、风险评估、隐患排查等工作,还必须公开有关信息。这就给供水企业、公众以及媒体督促有关排污企业和主管部门提供了法律依据。

第六十九条“县级以上地方人民政府应当组织环境保护等部门,对饮用水水源保护区、地下水型饮用水源的补给区及供水单位周边区域的环境状况和污染风险进行调查评估,筛查可能存在的污染风险因素,并采取相应的风险防范措施。”新增了水源保护区、补给区和供水单位周边区域进行调查评估的要求。

第七十一条“饮用水供水单位应当做好取水口和出水口的水质检测工作。”本条规定以法律的形式将对供水单位的要求确定下来,是对饮用水安全保障工作的重视和强化。

第七十二条“县级以上地方人民政府应当组织有关部门监测、评估本行政区域内饮用水水源、供水单位供水和用户水龙头出水的水质等饮用水安全状况。”一般来说,环保部门负责饮用水源地的水质监测,卫生监督部门负责出厂水和龙头水的水质监测,住建部门和供水企业则从生产需要出发对饮用水源、出厂水和龙头水都进行监测。

第七十六条“各级人民政府及其有关部门,可能发生水污染事故的企业事业单位,应当依照《中华人民共和国突发事件应对法》的规定,做好突发水污染事故的应急准备、应急处置和事后恢复等工作。”

值得注意的是,这个要求同样适用于供水单位。

第七十九条“市、县级人民政府应当组织编制饮用水安全突发事件应急预案。”这是一条新增要求,此前的《突发事件应对法》《国家突发事件总体应急预案》《环境总体应急预案》中有涉及供水的一些内容,此次《水污染防治法》是把这些要求以法律条文的形式固定下来,不仅针对供水单位,也对市、县级人民政府提出了要求,是对供水应急工作的高度重视。

第九十二条“饮用水供水单位供水水质不符合国家规定标准的,由所在地市、县级人民政府供水主管部门责令改正,处二万元以上二十万元以下的罚款;情节严重的,报经有批准权的人民政府批准,可以责令停业整顿,对直接负责的主管人员和其他直接责任人员依法给予处分。”新增对供水企业和责任人员的处罚,加大了供水企业和从业人员的法律责任,有利于供水企业加强运行管理,提升水质保证率。

【技术指导 6-1】 水污染防治的基本制度有哪些?

答:主要包括河长制、目标责任制和考评制度、水环境生态保护补偿机制、水环境质量改善目标限期达标制度、水污染防治设施“三同时制度”、重点水污染物排放总量控制制度和区域限批制度、约谈制度、排污许可制度、环境监测制度、饮用水水源保护区制度、重要水体保护制度等。

【知识拓展 6-1】 《中华人民共和国长江保护法》扫码 6-1 学习。

码 6-1 《中华人民共和国长江保护法》

【知识拓展 6-2】 《中华人民共和国黄河保护法》扫码 6-2 学习。

码 6-2 《中华人民共和国黄河保护法》

【知识拓展 6-3】 一图读懂《地下水管理条例》扫码 6-3 学习。

码 6-3 一图读懂《地下水管理条例》

【知识拓展 6-4】 《地下水管理条例》解读扫码 6-4 学习。

码 6-4 《地下水管理条例》解读

任务6.2 水污染防治措施

一、一般规定

国务院环境保护主管部门应当会同国务院卫生主管部门,根据对公众健康和生态环境的危害和影响程度,公布有毒有害水污染物名录,实行风险管理。

名录中所列有毒有害水污染物的企业事业单位和其他生产经营者,应当对排污口和周边环境进行监测,评估环境风险,排查环境安全隐患,并公开有毒有害水污染物信息,采取有效措施防范环境风险。

(1)禁止向水体排放油类、酸液、碱液或者剧毒废液。禁止在水体清洗装贮过油类或者有毒污染物的车辆和容器。

(2)禁止向水体排放、倾倒放射性固体废物或者含有高放射性和中放射性物质的废水。向水体排放含低放射性物质的废水,应当符合国家有关放射性污染防治的规定和标准。

(3)向水体排放含热废水,应当采取措施,保证水体的水温符合水环境质量标准。

(4)含病原体的污水应当经过消毒处理;符合国家有关标准后,方可排放。

(5)禁止向水体排放、倾倒工业废渣、城镇垃圾和其他废弃物。禁止将含有汞、镉、砷、铬、铅、氰化物、黄磷等的可溶性剧毒废渣向水体排放、倾倒或者直接埋入地下。存放可溶性剧毒废渣的场所,应当采取防水、防渗漏、防流失的措施。

(6)禁止在江河、湖泊、运河、渠道、水库最高水位线以下的滩地和岸坡堆放、存贮固体废弃物和其他污染物。

(7)禁止利用渗井、渗坑、裂隙、溶洞,私设暗管,篡改、伪造监测数据,或者不正常运行水污染防治设施等逃避监管的方式排放水污染物。

(8)禁止利用无防渗漏措施的沟渠、坑塘等输送或者存贮含有毒污染物的废水、含病原体的污水和其他废弃物。

(9)多层地下水的含水层水质差异大的,应当分层开采;对已受污染的潜水和承压水,不得混合开采。

(10)兴建地下工程设施或者进行地下勘探、采矿等活动,应当采取防护性措施,防止地下水污染。报废矿井、钻井或取水井等,应当实施封井回填。

(11)人工回灌补给地下水,不得恶化地下水质。

二、工业水污染防治

(1)国务院有关部门和县级以上地方人民政府应当合理规划工业布局,要求造成水污染的企业进行技术改造,采取综合防治措施,提高水的重复利用率,减少废水和污染物排放量。

(2)排放工业废水的企业应当采取有效措施,收集和处理产生的全部废水,防止污染环境。含有毒有害水污染物的工业废水应当分类收集和处理,不得稀释排放。工业集聚区应当配套建设相应的污水集中处理设施,安装自动监测设备,与环境保护主管部门的监控设备联网,并保证监测设备正常运行。向污水集中处理设施排放工业废水的,应当按照国家有关规定进行预处理,达到集中处理设施处理工艺要求后方可排放。

(3)国家对严重污染水环境的落后工艺和设备实行淘汰制度。被淘汰的设备,不得转让给他人使用。

(4)国家禁止新建不符合国家产业政策的小型造纸、制革、印染、染料、炼焦、炼硫、炼砷、炼汞、炼油、电镀、农药、石棉、水泥、玻璃、钢铁、火电以及其他严重污染水环境的生产项目。

(5)企业应当采用原材料利用效率高、污染物排放量少的清洁工艺,并加强管理,减少水污染物的产生。

三、城镇水污染防治

(1)城镇污水应当集中处理。县级以上地方人民政府应当通过财政预算和其他渠道筹集资金,统筹安排建设城镇污水集中处理设施及配套管网,提高本行政区域城镇污水的收集率和处理率。

(2)向城镇污水集中处理设施排放水污染物,应当符合国家或者地方规定的水污染物排放标准。城镇污水集中处理设施的运营单位,应当对城镇污水集中处理设施的出水水质负责。环境保护主管部门应当对城镇污水集中处理设施的出水水质和水量进行监督检查。

(3)城镇污水集中处理设施的运营单位或者污泥处理处置单位应当安全处理处置污泥,保证处理处置后的污泥符合国家标准,并对污泥的去向等进行记录。

四、农业和农村水污染防治

(1)国家支持农村污水、垃圾处理设施的建设,推进农村污水、垃圾集中处理。地方各级人民政府应当统筹规划建设农村污水、垃圾处理设施,并保障其正常运行。

(2)制定化肥、农药等产品的质量标准和使用标准,应当适应水环境保护要求。

(3)使用农药,应当符合国家有关农药安全使用的规定和标准。运输、存贮农药和处置过期失效农药,应当加强管理,防止造成水污染。

(4)县级以上地方人民政府农业主管部门和其他有关部门,应当采取措施,指导农业生产者科学、合理地施用化肥和农药,推广测土配方施肥技术和高效低毒低残留农药,控制化肥和农药的过量使用,防止造成水污染。

(5)国家支持畜禽养殖场、养殖小区建设畜禽粪便、废水的综合利用或者无害化处理设施。畜禽养殖场、养殖小区应当保证其畜禽粪便、废水的综合利用或者无害化处理设施正常运转,保证污水达标排放,防止污染水环境。畜禽散养密集区所在地县、乡级人民政府应当组织对畜禽粪便污水进行分户收集、集中处理利用。

(6)从事水产养殖应当保护水域生态环境,科学确定养殖密度,合理投饵和使用药物,防止污染水环境。

(7)农田灌溉用水应当符合相应的水质标准,防止污染土壤、地下水和农产品。禁止向农田灌溉渠道排放工业废水或者医疗污水。向农田灌溉渠道排放城镇污水以及未综合利用的畜禽养殖废水、农产品加工废水的,应当保证其下游最近的灌溉取水点的水质符合农田灌溉水质标准。

【技术指导 6-2】 水污染防治的原则和措施主要有哪些?

答:水污染防治应当坚持预防为主、保护优先、防治结合、综合治理的原则,优先保护饮用水水源,严格控制工业污染、城镇生活污染,防治农业面源污染,积极推进生态治理工程建设,预防、控制和减少水环境污染和生态破坏。

【以案说法 6-1】 施工单位向雨水井排放施工废水的行为。

1. 背景

见本项目情景导入。

2. 问题

见本项目任务分析。

3. 分析

(1)《水污染防治法》第三十七条规定:"禁止向水体排放、倾倒工业废渣、城镇垃圾和其他废弃物。"

本案中的施工单位向雨水井中排放的施工废水中含有大量的泥沙、水泥块等废弃物。因此,施工单位向道路雨水井排放施工废水的行为构成了水污染违法行为。

(2)根据《水污染防治法》第八十五条第四款的规定,由市环保局责令该施工单位停止违法行为,限期拆除私自设置的排污口,并对该施工单位处二万元以上二十万元以下的罚款;逾期不拆除的,强制拆除,所需费用由违法者承担;情节严重的,可以责令停产整治。

【以案说法 6-2】 某工业污水处理厂污染物超标排放案。

1. 背景

2021 年 1 月 8 日,SR 市生态环境局巡查至该市某工业污水处理厂时发现该厂污水总排口有大量未经处理的污水外排到丰溪河,经调查询问,原因是水量突然增大来不及抽水导致污水从溢流口流出继而通过污水总排口外排入河,SR 市生态环境局现场采样后经监测部门检测显示总排口外排污水总磷排放值为 6.25 mg/L,而废水在线监控设备显示总磷排放值为 0.323 2 mg/L。经执法人员确认,该厂违法事实有:①总排口总磷排放值超过国家规定的标准 3 倍以上;②废水在线监控设备未按规定正常运行。

2. 处理结果

2021 年 1 月 11 日 SR 市生态环境局对该案件予以立案。2021 年 1 月 12 日 SR 市生态环境局下达行政处罚听证告知书,告知当事人享有陈述申辩权利和听证权利。当日执法人员将行政处罚听证告知书送达当事人。当事人在法定规定的期限内,未提起听证和陈述申辩申请。1 月 25 日 SR 市生态环境局下达行政处罚决定书,责令当事人立即采取有效措施确保废水达标排放,并处罚款人民币 88 万元。当日行政处罚决定书送达当事人。2 月 5 日,案件结案。

3. 法律依据

(1)《中华人民共和国水污染防治法》第十条“排放水污染物,不得超过国家或者地方规定的水污染物排放标准和重点水污染物排放总量控制指标。”和第二十三条“实行排污许可管理的企业事业单位和其他生产经营者应当按照国家有关规定和监测规范,对所排放的水污染物自行监测,并保存原始监测记录。重点排污单位还应当安装水污染物排放自动监测设备,与环境保护主管部门的监控设备联网,并保证监测设备正常运行。具体办法由国务院环境保护主管部门规定。”

(2)《中华人民共和国水污染防治法》第八十二条“违反本法规定,有下列行为之一的,由县级以上人民政府环境保护主管部门责令限期改正,处二万元以上二十万元以下的罚款;逾期不改正的,责令停产整治:

“(二)未按照规定安装水污染物排放自动监测设备,未按照规定与环境保护主管部门的监控设备联网,或者未保证监测设备正常运行的;……”

第八十三条“违反本法规定,有下列行为之一的,由县级以上人民政府环境保护主管部门责令改正或者责令限制生产、停产整治,并处十万元以上一百万元以下的罚款;情节严重的,报经有批准权的人民政府批准,责令停业、关闭:

“(二)超过水污染物排放标准或者超过重点水污染物排放总量控制指标排放水污染物的;……”

任务 6.3 饮用水水源保护

保障城市供水安全是水污染防治的首要目标之一,《水污染防治法》专门设置“第五章 饮用水水源和其他特殊水体保护”。

(1)国家建立饮用水水源保护区制度。饮用水水源保护区分为一级保护区和二级保护区;必要时,可以在饮用水水源保护区外围划定一定的区域作为准保护区。

(2)环境状况和污染风险调查评估规定。

县级以上地方人民政府应当组织环境保护等部门,对饮用水水源保护区、地下水型饮用水水源的补给区及供水单位周边区域的环境状况和污染风险进行调查评估,筛查可能存在的污染风险因素,并采取相应的风险防范措施。

(3)建设应急水源或者备用水源。

单一水源供水城市的人民政府应当建设应急水源或者备用水源,有条件的地区可以开展区域联网供水。

(4)取水口和出水口水质检测。

饮用水供水单位应当做好取水口和出水口的水质检测工作。饮用水供水单位应当对供水水质负责,确保供水设施安全可靠运行,保证供水水质符合国家有关标准。

(5)饮用水水源保护区内的禁止行为如下:

①禁止设置排污口。

②禁止在饮用水水源一级保护区内新建、改建、扩建与供水设施和保护水源无关的建

设项目；已建成的与供水设施和保护水源无关的建设项目，由县级以上人民政府责令拆除或者关闭。

③禁止在饮用水水源一级保护区内从事网箱养殖、旅游、游泳、垂钓或者其他可能污染饮用水水体的活动。

④禁止在饮用水水源二级保护区内新建、改建、扩建排放污染物的建设项目；已建成的排放污染物的建设项目，由县级以上人民政府责令拆除或者关闭。

在饮用水水源二级保护区内从事网箱养殖、旅游等活动的，应当按照规定采取措施，防止污染饮用水水体。

⑤禁止在饮用水水源准保护区内新建、扩建对水体污染严重的建设项目；改建建设项目，不得增加排污量。

【技术指导 6-3】 我国水环境标准体系主要有哪些？

答：我国水环境标准体系由水环境质量标准、水污染物排放标准、水环境监测规范构成。

(1)水环境质量标准是以保障人群健康、维护生态环境和保障社会物质财富为目的，基于环境风险判断，对水环境中污染物(有害因素)浓度(量)所做出的限制规定。参见：中华人民共和国生态环境部—生态环境标准—水环境质量标准 https://www.mee.gov.cn/ywgz/fgbz/bz/bzwb/shjbh/shjzlbz/。

(2)水污染物排放标准是法律允许的水环境污染物排放活动应遵循的行为规范，依法具有强制效力，是控制污染物排放的基本法律手段。参见：中华人民共和国生态环境部—生态环境标准—水污染物排放标准 https://www.mee.gov.cn/ywgz/fgbz/bz/bzwb/shjbh/swrwpfbz/。

(3)水环境监测规范主要包括水环境监测分析方法标准、水环境标准样品以及水环境监测技术规范等。参见：水环境监测标准查询 http://gjkj.mwr.gov.cn/jsjd1/bzcx/。

【以案说法 6-3】 某水库饮用水水源污染案。

1. 案情

×灌区小(2)型反调节水库，承担着333.31公顷农田灌溉及×镇5万余人生活饮用水供水任务。2008年6月，该镇居民张某和陈某与水库管理单位签订了库区水面养殖协议，从事水产养殖活动。张某和陈某为提高水面养殖产量，擅自在水库大坝管理范围内修建养猪厂养猪200余头，利用猪粪等作为饲料对水库中的鱼类进行人工喂养。该行为导致水库水体水质恶化，饮用水水源污染严重，水质检测指标远远低于国家规定的饮用水标准，从而直接影响该镇5万多居民的生活饮用水供应。2010年7月6日，该县政府出台《关于印发×县×镇等7个建制镇集中式饮用水源保护区划定方案的通知》，确定该水库为全县乡镇集镇区居民主要饮用水水源地之一。×县水利局全程负责事件处理。

2. 水行政部门处理过程

(1)受理。2010年9月15日，×县水政监察大队接到群众举报电话，反映该水库有人利用猪的粪便和其他添加剂喂鱼，导致水体发黑腥臭难闻，由于镇自来水厂从该水库取水，周边居民不敢使用该厂的供水。×县水务局立即决定受理此案，并指派水政监察大队邀请县环保局工作人员于当日赶赴现场。经现场查勘和初步了解,该镇居民张某和陈某于2009年4月擅自在水库大坝迎水侧修建养猪场,所饲养的生猪粪便及养殖污水等全部流入该水库。

(2)立案。2010年9月18日,×县水务局召开局长办公会议认为,该案发生在县水务局行政管辖范围内,违法事实清楚,因涉及城镇供水安全,性质严重,决定予以立案。按照水事案件立案程序及时将《×县水事违法案件立案审批表》报×县法制办签署审核意见。

(3)调查取证。9月18日下午,×县水政监察人员及受邀请的县环保局监察员,对张某和陈某进行调查取证。一是送达《×县水行政执法询问调查通知书》;二是请县环保局专业技术人员在水库内抽取水样,送检验室进行水质化验分析。9月19日上午,在指定地点分别对张某、陈某的水事违法行为进行了询问,并制定了《×县水行政执法询问调查笔录》,2人均在调查笔录上签字确认。水政监察人员在询问现场给予了说服、批评和教育,并当场下达了《×县水行政执法责令改正通知书》并要求:①立即停止违法行为;②于9月25日下午6时前,自行拆除违法建设的养猪场;③等待进一步行政处罚。2010年9月19日,县环保局提供化验结果,水质化验报告显示,该水库水质为劣V类。

(4)行政处罚。2010年9月21日,水政监察大队向县水务局领导汇报了立案调查情况。县水务局依据《重大水事案件集体讨论制度》和《重大案件汇报制度》的规定,及时将案情调查情况及处理意见向县政府作了汇报,建议县政府拟对违法在饮用水水源保护区内设置的排污口进行强行拆除并给予当事人罚款处罚,县政府领导批示同意县水务局处理意见。

9月23日下午,对张某和陈某下达《×县水行政处罚事先告知书》,拟对当事人张某和陈某的违法行为进行行政处罚的具体措施:①罚款3万元;②拆除违法建筑(养猪场),恢复工程原貌,拆除恢复工作所需费用由张某和陈某负担。同时,下达了《×县水行政处罚听证告知书》,明确要求听证期限为3日内。当事人在规定时间内没有提出听证要求。

9月27日上午,该县水政监察大队人员前往案件现场查看,当事人并没有按要求自行拆除违法所建的养猪场。9月28日上午,县水务局召开案件处置会,决定对违法当事人给予行政处罚。

9月28日下午,《×县水行政处罚决定书》正式下达,决定书主要内容:①罚款3万元;②强行拆除违法养猪场,所需费用由当事人张某和陈某负担;③当事人对本行政处罚决定不服的,可以在决定书送达之日起7日内,向上一级水行政机关申请行政复议或者向人民法院提起行政诉讼。

(5)强制执行。处罚决定书送达后,当事人逾期没有申请行政复议和向人民法院提起行政诉讼,且当事人张某和陈某仍不履行义务。2010年10月8日,×县水务局以《行政处罚强制执行申请书》申请×县人民法院强制拆除该养猪场。10月16日当事人张某和陈某缴纳了3万元的罚款和强行拆除费用。

(6)结案。2010年10月16日,鉴于当事人履行了所有义务,本案处理结束。2010年10月18日,肥西县水务局收集本案件相关材料,编目装订,立卷归档,并填写了《×县水行政处罚案件结案报告》,报县政府法制办审核同意,本案结案。

案例点评:

(1)下达《×县水行政执法责令改正通知书》的主要依据:①《中华人民共和国水法》第三十四条“禁止在饮用水水源保护区内设置排污口”;②《安徽省水工程管理和保护条例》第二十六条第三项“在水工程管理范围内,禁止从事倾倒、堆放、排放影响水工程安全运行或污染水体的废弃物,禁止从事在堤身、护堤地和水库大坝、渠道、水闸、电站管理范围内建房、放牧、开渠、打井、爆破、挖窖、挖塘、葬坟、采石、取土、扒口、开采地下资源以及开展集市贸易”。

(2)下达《×县水行政处罚决定书》,主要依据《中华人民共和国水法》第六十七条“在饮用水水源保护区内设置排污口的,由县级以上地方人民政府责令限期拆除、恢复原貌;逾期不拆除、不恢复原状的,强行拆除、恢复原状,并处五万元以上十万元以下的罚款”。

特别提醒:本案若是发生在2018年1月1日以后,适用新的《水污染防治法》,依据第六十五条“禁止在饮用水水源一级保护区内从事网箱养殖、旅游、游泳、垂钓或者其他可能污染饮用水水体的活动。”和第六十六条“在饮用水水源二级保护区内从事网箱养殖、旅游等活动的,应当按照规定采取措施,防止污染饮用水水体。”违法事实清楚,可由生态环境局执法部门进行违法处理。

任务6.4 关于全面推行河长制的意见

为了加强河湖综合治理与保护,复苏河湖生态环境,维护河湖健康生命,落实属地责任,健全长效机制,中共中央办公厅、国务院办公厅于2016年12月11日印发并实施《关于全面推行河长制的意见》。

全面推行河长制是落实绿色发展理念、推进生态文明建设的内在要求,是解决我国复杂水问题、维护河湖健康生命的有效举措,是完善水治理体系、保障国家水安全的制度创新。

一、指导思想

紧紧围绕统筹推进“五位一体”总体布局和协调推进“四个全面”战略布局,牢固树立新发展理念,认真落实党中央、国务院决策部署,坚持节水优先、空间均衡、系统治理、两手发力,以保护水资源、防治水污染、改善水环境、修复水生态为主要任务,在全国江河湖泊全面推行河长制,构建责任明确、协调有序、监管严格、保护有力的河湖管理保护机制,为维护河湖健康生命、实现河湖功能永续利用提供制度保障。

二、基本原则

(1)坚持生态优先、绿色发展。牢固树立尊重自然、顺应自然、保护自然的理念,处理好河湖管理保护与开发利用的关系,强化规划约束,促进河湖休养生息、维护河湖生态功能。

(2)坚持党政领导、部门联动。建立健全以党政领导负责制为核心的责任体系,明确各级河长职责，强化工作措施，协调各方力量，形成一级抓一级、层层抓落实的工作格局。

(3)坚持问题导向、因地制宜。立足不同地区不同河湖实际，统筹上下游、左右岸，实行一河一策、一湖一策，解决好河湖管理保护的突出问题。

(4)坚持强化监督、严格考核。依法治水管水，建立健全河湖管理保护监督考核和责任追究制度，拓展公众参与渠道，营造全社会共同关心和保护河湖的良好氛围。

三、组织形式

全面建立省、市、县、乡四级河长体系。各省(自治区、直辖市)设立总河长，由党委或政府主要负责同志担任；各省(自治区、直辖市)行政区域内主要河湖设立河长，由省级负责同志担任；各河湖所在市、县、乡均分级分段设立河长，由同级负责同志担任。县级及以上河长设置相应的河长制办公室，具体组成由各地根据实际确定。

四、工作职责

(1)各级河长的工作职责。各级河长负责组织领导相应河湖的管理和保护工作，包括水资源保护、水域岸线管理、水污染防治、水环境治理等，牵头组织对侵占河道、围垦湖泊、超标排污、非法采砂、破坏航道、电毒炸鱼等突出问题依法进行清理整治，协调解决重大问题；对跨行政区域的河湖明晰管理责任，协调上下游、左右岸实行联防联控；对相关部门和下一级河长履职情况进行督导，对目标任务完成情况进行考核，强化激励问责。

(2)河长制办公室。承担河长制组织实施具体工作，落实河长确定的事项。

(3)各有关部门和单位。按照职责分工，协同推进各项工作。

五、主要任务

(1)加强水资源保护。落实最严格水资源管理制度，严守水资源开发利用控制、用水效率控制、水功能区限制纳污三条红线，强化地方各级政府责任，严格考核评估和监督。严格水功能区管理监督，根据水功能区划确定的河流水域纳污容量和限制排污总量，落实污染物达标排放要求，切实监管入河湖排污口，严格控制入河湖排污总量。

(2)加强河湖水域岸线管理保护。严格水域岸线等水生态空间管控，依法划定河湖管理范围。落实规划岸线分区管理要求，强化岸线保护和节约集约利用。

(3)加强水污染防治。落实《水污染防治行动计划》，明确河湖水污染防治目标和任务，统筹水上、岸上污染治理，完善入河湖排污管控机制和考核体系。

(4)加强水环境治理。强化水环境质量目标管理，按照水功能区确定各类水体的水质保护目标。切实保障饮用水水源安全，开展饮用水水源规范化建设，依法清理饮用水水源保护区内违法建筑和排污口。加强河湖水环境综合整治，推进水环境治理网格化和信息化建设，建立健全水环境风险评估排查、预警预报与响应机制。结合城市总体规划，因地制宜建设亲水生态岸线，加大黑臭水体治理力度，实现河湖环境整洁优美、水清岸绿。以生活污水处理、生活垃圾处理为重点，综合整治农村水环境，推进美丽乡村建设。

(5)加强水生态修复。推进河湖生态修复和保护,禁止侵占自然河湖、湿地等水源涵养空间。在规划的基础上稳步实施退田还湖还湿、退渔还湖,恢复河湖水系的自然连通,加强水生生物资源养护,提高水生生物多样性。开展河湖健康评估。强化山水林田湖系统治理,加大江河源头区、水源涵养区、生态敏感区保护力度,对三江源区、南水北调水源区等重要生态保护区实行更严格的保护。积极推进建立生态保护补偿机制,加强水土流失预防监督和综合整治,建设生态清洁型小流域,维护河湖生态环境。

(6)加强执法监管。建立健全法规制度,加大河湖管理保护监管力度,建立健全部门联合执法机制,完善行政执法与刑事司法衔接机制。

【技术指导6-4】 河长制的主要任务是什么?

答:根据《关于全面推行河长制的意见》,河长制的主要任务是加强水资源保护、加强河湖水域岸线管理保护、加强水污染防治、加强水环境治理、加强水生态修复、加强执法监管。

项目7 防洪法与防汛抗洪规定

【知识目标】

1. 了解防洪工作的基本原则。
2. 了解防洪规划的内容。
3. 掌握防洪工程设施的管理。
4. 掌握河道管理范围及涉河的禁止行为。
5. 了解河道采砂管理制度。
6. 了解水库大坝安全管理制度。
7. 熟悉防汛准备和抢险要求。

【技能目标】

1. 防洪工程设施的建设与管理要求。
2. 熟悉河道管理范围及涉河禁止行为。
3. 熟悉水库大坝安全运行管理要求。
4. 掌握水利工程管理从业人员行为准则。

【育人目标】

1. 牢记"人民至上,生命至上"的防汛救灾理念。
2. 树立"居安思危、有备无患"的底线思维。
3. 弘扬"风雨同舟、众志成城"的抗洪精神。
4. 培养"爱岗敬业、精通业务、安全至上、服从调度、规范管理、精心养护"的水利工程管理岗位职业准则。

【问题导入】

2022年1月5日,某市河长办收到水利部12314涉水问题监督举报事件转办单,反映该市布溪街道办事处资江大桥底端存在一处违建楼房,影响资江防洪安全。市河长办、市水利局高度重视,迅速抽组技术专家赴现场核查,对影响河道行洪情况进行分析并予以交办。

【任务分析】

1. 河道管理范围如何认定?
2.《中华人民共和国防洪法》和《中华人民共和国河道管理条例》如何保护防洪工程与防洪设施,从而保护人民群众的生命与财产安全?

任务7.1 防洪法

为了防治洪水,防御、减轻洪涝灾害,维护人民的生命财产安全,保障社会主义现代化建设顺利进行,1997年8月29日第八届全国人民代表大会常务委员会第二十七次会议通过了《中华人民共和国防洪法》,并于2009年、2015年和2016年进行修正。

一、防洪工作的基本原则

(1)防洪工作实行全面规划、统筹兼顾、预防为主、综合治理、局部利益服从全局利益的原则。

(2)开发利用和保护水资源,应当服从防洪总体安排,实行兴利与除害相结合的原则。江河、湖泊治理以及防洪工程设施建设,应当符合流域综合规划,与流域水资源的综合开发相结合。

(3)防洪工作按照流域或者区域实行统一规划、分级实施和流域管理与行政区域管理相结合的制度。

二、防洪规划

防洪规划是指为防治某一流域、河段或者区域的洪涝灾害而制定的总体部署,包括国家确定的重要江河、湖泊的流域防洪规划,其他江河、河段、湖泊的防洪规划以及区域防洪规划。

(一)编制防洪规划的原则和作用

1. 编制防洪规划的原则

(1)防洪规划应当服从所在流域、区域的综合规划。

(2)区域防洪规划应当服从所在流域的流域防洪规划。

(3)编制防洪规划,应当遵循确保重点、兼顾一般,以及防汛和抗旱相结合、工程措施和非工程措施相结合的原则,充分考虑洪涝规律和上下游、左右岸的关系以及国民经济对防洪的要求,并与国土规划和土地利用总体规划相协调。

2. 作用

防洪规划是江河、湖泊治理和防洪工程设施建设的基本依据。

(二)防洪规划的内容与要求

(1)确定防护对象、治理目标和任务、防洪措施和实施方案,划定洪泛区、蓄滞洪区和防洪保护区的范围,规定蓄滞洪区的使用原则。

(2)受风暴潮威胁的沿海地区,应当把防御风暴潮纳入本地区的防洪规划,加强海堤(海塘)、挡潮闸和沿海防护林等防御风暴潮工程体系建设,监督建筑物、构筑物的设计和施工符合防御风暴潮的需要。

(3)山洪可能诱发山体滑坡、崩塌和泥石流的地区以及其他山洪多发地区的县级以上地方人民政府,应当组织负责地质矿产管理工作的部门、水行政主管部门和其他有关部门对山体滑坡、崩塌和泥石流隐患进行全面调查,划定重点防治区,采取防治措施。城市、村镇和其他居民点以及工厂、矿山、铁路和公路干线的布局，应当避开山洪威胁；已经建在受山洪威胁的地方的，应当采取防御措施。

(4)平原、洼地、水网圩区、山谷、盆地等易涝地区的有关地方人民政府，应当制定除涝治涝规划，组织有关部门、单位采取相应的治理措施，完善排水系统，发展耐涝农作物种类和品种，开展洪涝、干旱、盐碱综合治理。加强对城区排涝管网、泵站的建设和管理。

(5)入海河口围海造地，应当符合河口整治规划。

(6)防洪规划确定的河道整治计划用地和规划建设的堤防用地范围内的土地，经核定批准后，可以划定为规划保留区。规划保留区划定后应当公告。

规划保留区内不得建设与防洪无关的工矿工程设施；在特殊情况下，国家工矿建设项目确需占用前款规划保留区内的土地的，应当按照国家规定的基本建设程序报请批准，并征求有关水行政主管部门的意见。

(7)防洪规划确定的扩大或者开辟的人工排洪道用地范围内的土地，经省级以上人民政府土地管理部门和水行政主管部门会同有关部门、有关地区核定，报省级以上人民政府按照国务院规定的权限批准后，可以划定为规划保留区。

(8)在江河、湖泊上建设防洪工程和其他水工程、水电站等，应当符合防洪规划的要求；水库应当按照防洪规划的要求留足防洪库容。

(9)防洪工程和其他水工程、水电站未取得有关水行政主管部门签署的符合防洪规划要求的规划同意书的，建设单位不得开工建设。

(三)防洪规划编制和审批

(1)国家确定的重要江河、湖泊的防洪规划，由国务院水行政主管部门依据该江河、湖泊的流域综合规划，会同有关部门和有关省、自治区、直辖市人民政府编制，报国务院批准。

(2)其他江河、河段、湖泊的防洪规划或者区域防洪规划，由县级以上地方人民政府水行政主管部门分别依据流域综合规划、区域综合规划，会同有关部门和有关地区编制，报本级人民政府批准，并报上一级人民政府水行政主管部门备案。

(3)跨省、自治区、直辖市的江河、河段、湖泊的防洪规划由有关流域管理机构会同江河、河段、湖泊所在地的省、自治区、直辖市人民政府水行政主管部门、有关主管部门拟定，分别经有关省、自治区、直辖市人民政府审查提出意见后，报国务院水行政主管部门批准。

(4)城市防洪规划，由城市人民政府组织水行政主管部门、建设行政主管部门和其他有关部门依据流域防洪规划、上一级人民政府区域防洪规划编制，按照国务院规定的审批程序批准后纳入城市总体规划。

(5)修改防洪规划，应当报经原批准机关批准。

三、防洪区和防洪工程设施的管理

(一)防洪区的范围

防洪区是指洪水泛滥可能淹及的地区，分为洪泛区、蓄滞洪区和防洪保护区。洪泛区是指尚无工程设施保护的洪水泛滥所及的地区。蓄滞洪区是指包括分洪口在内的河堤背水面以外临时贮存洪水的低洼地区及湖泊等。防洪保护区是指在防洪标准内受防洪工程设施保护的地区。

洪泛区、蓄滞洪区和防洪保护区的范围，在防洪规划或者防御洪水方案中划定，并报请省级以上人民政府按照国务院规定的权限批准后予以公告。

(二)防洪区和防洪工程设施的管理

(1)在洪泛区、蓄滞洪区内建设非防洪建设项目，应当就洪水对建设项目可能产生的影响和建设项目对防洪可能产生的影响作出评价，编制洪水影响评价报告，提出防御措施。洪水影响评价报告未经有关水行政主管部门审查批准的，建设单位不得开工建设。

(2)在蓄滞洪区内建设的油田、铁路、公路、矿山、电厂、电信设施和管道，其洪水影响评价报告应当包括建设单位自行安排的防洪避洪方案。建设项目投入生产或者使用时，其防洪工程设施应当经水行政主管部门验收。

(3)在蓄滞洪区内建造房屋应当采用平顶式结构。

(4)大中城市，重要的铁路、公路干线，大型骨干企业，应当列为防洪重点，确保安全。受洪水威胁的城市、经济开发区、工矿区和国家重要的农业生产基地等，应当重点保护，建设必要的防洪工程设施。

(5)属于国家所有的防洪工程设施，应当按照经批准的设计，在竣工验收前由县级以上人民政府按照国家规定，划定管理和保护范围。

(6)在防洪工程设施保护范围内，禁止进行爆破、打井、采石、取土等危害防洪工程设施安全的活动。

(7)各级人民政府应当组织有关部门加强对水库大坝的定期检查和监督管理。对未达到设计洪水标准、抗震设防要求或者有严重质量缺陷的险坝，大坝主管部门应当组织有关单位采取除险加固措施，限期消除危险或者重建，有关人民政府应当优先安排所需资金。对可能出现垮坝的水库，应当事先制定应急抢险和居民临时撤离方案。

(8)任何单位和个人不得破坏、侵占、毁损水库大坝、堤防、水闸、护岸、抽水站、排水渠系等防洪工程和水文、通信设施以及防汛备用的器材、物料等。

(9)洪泛区、蓄滞洪区所在地的省、自治区、直辖市人民政府应当组织有关地区和部门，按照防洪规划的要求，制定洪泛区、蓄滞洪区安全建设计划，控制蓄滞洪区人口增长，对居住在经常使用的蓄滞洪区的居民，有计划地组织外迁，并采取其他必要的安全保护措施。

(三)对蓄滞洪区补偿和救助制度

因蓄滞洪区而直接受益的地区和单位，应当对蓄滞洪区承担国家规定的补偿、救助义务。国务院和有关的省、自治区、直辖市人民政府应当建立对蓄滞洪区的扶持和补偿、救助制度。

国务院和有关的省、自治区、直辖市人民政府可以制定洪泛区、蓄滞洪区安全建设管理办法以及对蓄滞洪区的扶持和补偿、救助办法。

四、法律责任

法律责任参见《中华人民共和国防洪法》第七章。

【技术指导 7-1】　侵占或损毁堤防、水闸等防洪工程或防汛器材等违法行为会承担什么法律责任?

答:根据《中华人民共和国防洪法》第六十条规定,破坏、侵占、毁损堤防、水闸、护岸、抽水站、排水渠系等防洪工程和水文、通信设施以及防汛备用的器材、物料的,责令停止违法行为,采取补救措施,可以处五万元以下的罚款;造成损坏的,依法承担民事责任;应当给予治安管理处罚的,依照治安管理处罚法的规定处罚;构成犯罪的,依法追究刑事责任。

【技术指导 7-2】 市民可以在裸露的河堤上围地种菜吗?

答:不可以。根据《中华人民共和国防洪法》第五十六条规定,在河道管理范围内,围湖造地、围垦河道的,责令停止违法行为,恢复原状或者采取其他补救措施,可以处五万元以下的罚款;既不恢复原状也不采取其他补救措施的,代为恢复原状或者采取其他补救措施,所需费用由违法者承担。

任务 7.2 河道管理

广义的河道包括江河、湖泊、水库、人工水道及行洪区、蓄洪区、滞洪区等。

现行关于河道管理的法律法规有《中华人民共和国水法》《中华人民共和国防洪法》《中华人民共和国河道管理条例》以及地方性法规(如《福建省河道采砂管理办法》)等。

一、河道管理基本原则

(1)国家对河道实行按水系统一管理和分级管理相结合(现行的河长制)的原则。

(2)开发利用江河湖泊水资源和防治水害,应当全面规划、统筹兼顾、综合利用、讲求效益,服从防洪的总体安排,促进各项事业的发展。

(3)河道防汛和清障工作实行地方人民政府行政首长负责制。

二、河道整治与建设

(一)符合规划要求

(1)河道的整治与建设,应当服从流域综合规划,符合国家规定的防洪标准、通航标准和其他有关技术要求,维护堤防安全,保持河势稳定和行洪、航运通畅。

(2)整治河道和修建控制引导河水流向、保护堤岸等工程,应当兼顾上下游、左右岸的关系,按照规划治导线实施,不得任意改变河水流向。

(3)城镇建设和发展不得占用河道滩地。城镇规划的临河界限,由河道主管机关会同城镇规划等有关部门确定。沿河城镇在编制和审查城镇规划时,应当事先征求河道主管机关的意见。

(二)涉河建设项目的审批

(1)修建开发水利、防治水害、整治河道的各类工程和跨河、穿河、穿堤、临河的桥梁、码头、道路、渡口、管道、缆线等建筑物及设施,建设单位必须按照河道管理权限,将工程建设方案报送河道主管机关审查同意。未经河道主管机关审查同意的,建设单位不得开工建设。建设项目经批准后,建设单位应当将施工安排告知河道主管机关。

(2)修建桥梁、码头和其他设施,必须按照国家规定的防洪标准所确定的河宽进行,不得缩窄行洪通道。桥梁和栈桥的梁底必须高于设计洪水位，并按照防洪和航运的要求，留有一定的超高。设计洪水位由河道主管机关根据防洪规划确定。跨越河道的管道、线路的净空高度必须符合防洪和航运的要求。

【技术指导7-3】 什么是涉河建设项目？

答：涉河建设项目指在河道管理范围内新建、改建、扩建的非防洪类建设项目。

【技术指导7-4】 未经审批建设涉河项目，会承担什么法律责任？

答：依据《中华人民共和国防洪法》第二十七条和第五十七条规定，未经水行政主管部门对其工程建设方案审查同意或者未按照有关水行政主管部门审查批准的位置、界限，在河道、湖泊管理范围内从事工程设施建设活动的，责令停止违法行为，补办审查同意或者审查批准手续；工程设施建设严重影响防洪的，责令限期拆除，逾期不拆除的，强行拆除，所需费用由建设单位承担；影响行洪但尚可采取补救措施的，责令限期采取补救措施，可以处一万元以上十万元以下的罚款。

三、河道保护

(一)河道管理范围

(1)有堤防的河道、湖泊，其管理范围为两岸堤防之间的水域、沙洲、滩地(包括可耕地)、行洪区、两岸堤防及护堤地。

(2)无堤防的河道、湖泊，其管理范围为历史最高洪水位或者设计洪水位之间的水域、沙洲、滩地和行洪区。

(二)河道管理权限

(1)国家确定的重要江河、湖泊的主要河段，跨省、自治区、直辖市的重要河段、湖泊，省、自治区、直辖市之间的省界河道、湖泊以及国(边)界河道、湖泊，由流域管理机构和江河、湖泊所在地的省、自治区、直辖市人民政府水行政主管部门按照国务院水行政主管部门的划定依法实施管理。

(2)其他河道、湖泊，由县级以上地方人民政府水行政主管部门按照国务院水行政主管部门或者国务院水行政主管部门授权的机构的划定依法实施管理。

(三)河道保护与清障

(1)禁止损毁堤防、护岸、闸坝等水工程建筑物和防汛设施、水文监测和测量设施、河岸地质监测设施以及通信照明等设施。

(2)在河道管理范围内，禁止修建围堤、阻水渠道、阻水道路；禁止种植高秆农作物、芦苇、杞柳、荻柴和树木(堤防防护林除外)；禁止设置拦河渔具；禁止弃置矿渣、石渣、煤灰、泥土、垃圾等。

(3)对河道管理范围内的阻水障碍物，按照“谁设障，谁清除”的原则，由河道主管机关提出清障计划和实施方案，由防汛指挥部责令设障者在规定的期限内清除。逾期不清除的，由防汛指挥部组织强行清除，并由设障者负担全部清障费用。

(4)护堤护岸的林木，由河道、湖泊管理机构组织营造和管理。护堤护岸林木，不得任意砍伐。采伐护堤护岸林木的，须经河道、湖泊管理机构同意后，依法办理采伐许可手续，并完成规定的更新补种任务。

(5)对壅水、阻水严重的桥梁、引道、码头和其他跨河工程设施,根据防洪标准,有关水行政主管部门可以报请县级以上人民政府按照国务院规定的权限责令建设单位限期改建或者拆除。

(6)禁止在江河、湖泊、水库、运河、渠道内弃置、堆放阻碍行洪的物体和种植阻碍行洪的林木及高秆作物。

(7)禁止围湖造地。已经围垦的,应当按照国家规定的防洪标准有计划地退地还湖。

(8)禁止围垦河道。确需围垦的,应当经过科学论证,经省、自治区、直辖市人民政府水行政主管部门或者国务院水行政主管部门同意后,报本级人民政府批准。

【技术指导7-5】 在河道管理范围内,不得从事哪些活动?

答:在河道管理范围内,不得从事下列活动:

(1)围垦、耕种;

(2)堆放、倾倒余泥渣土、垃圾及其他固体废弃物或者设置阻碍行洪物;

(3)倾倒、排放泥浆、粪渣等污染水体的物质;

(4)挖砂、抽砂、取土;

(5)网、电、炸、毒鱼虾等水生动物;

(6)其他破坏河道水环境或者防洪安全的活动。

四、河道管理与交通等部门管理的协调关系

(1)交通部门进行航道整治,应当符合防洪安全要求,并事先征求河道主管机关对有关设计和计划的意见。

(2)水利部门进行河道整治,涉及航道的,应当兼顾航运的需要,并事先征求交通部门对有关设计和计划的意见。

(3)在国家规定可以流放竹木的河流和重要的渔业水域进行河道、航道整治,建设单位应当兼顾竹木水运和渔业发展的需要,并事先将有关设计和计划送同级林业、渔业主管部门征求意见。

(4)在汛期,船舶的行驶和停靠必须遵守防汛指挥部的规定。

(5)山区河道有山体滑坡、崩岸、泥石流等自然灾害的河段,河道主管机关应当会同地质、交通等部门加强监测。在上述河段,禁止从事开山采石、采矿、开荒等危及山体稳定的活动。

(6)在河道中流放竹木,不得影响行洪、航运和水工程安全,并服从当地河道主管机关的安全管理。

五、河道采砂管理

河道采砂是指在河道管理范围内采挖砂、石、土等活动。河道采砂依法实行“规划制度和采砂许可制度”。按照“统一管理、全面规划、总量控制、科学采挖”的原则进行。

(一)河道采砂规划制度

(1)设区的市人民政府水行政主管部门应当组织编制本行政区域内一、二、三级河道采砂规划。

(2)县(市、区)人民政府水行政主管部门应当组织编制本行政区域内四、五级河道采砂规划,并征求同级人民政府交通行政主管部门和国土资源行政主管部门的意见后,报设区的市人民政府水行政主管部门批准。

河道采砂规划一经批准,水行政主管部门应当将河道采砂禁采区、可采区及时公告,并设立明显标志。

(3)河道采砂规划的内容:禁采区和可采区;禁采期和可采期;年度采砂控制总量;可采区内采砂船只的控制数量;沿河两岸堆砂场的控制数量及布局。

(二)河道采砂许可制度

(1)采砂申请。①从事河道采砂活动的单位和个人应当向县级人民政府水行政主管部门提出申请,提交河道采砂申请书。②在通航水域进行河道采砂的,申请人应当依法到海事管理机构办理水上、水下施工作业许可证后,方可作业。

(2)符合条件的河道采砂申请,由水行政主管部门审批、发放河道采砂许可证。

(3)从事河道采砂活动的单位和个人应当按照河道采砂许可证规定的开采地点、开采期限、开采范围、年度采砂控制总量、作业方式、作业工具及其数量进行采砂,并及时清除砂石弃碴;在进行采砂时,应当对所开采范围设置标识。

(4)禁采区和禁采期。在河道管理范围内采砂,影响河势稳定或者危及堤防安全的,有关县级以上人民政府水行政主管部门应当划定禁采区和规定禁采期,并予以公告。禁止任何单位和个人在禁采期或者禁采区进行河道采砂活动。

【技术指导7-6】 河道沿岸村民个人自用少量砂石需要到可采区采砂的,免办河道采砂许可证。

(三)河道采砂管理涉及的部门协调关系

(1)省水利厅对河道采砂影响防洪安全、河势稳定、堤防安全负责。

(2)省自然资源厅对保障河道内砂石资源合理开发利用负责。

(3)省交通运输厅对河道采砂影响通航安全负责。

【知识拓展7-1】 《中华人民共和国河道管理条例》(节选)扫码7-1学习。

码7-1 《中华人民共和国河道管理条例》(节选)

【以案说法7-1】 非法采砂处罚案。

案情简介:2018年8月7日晚,江西某县水务局接到群众举报,反映水口乡青山村北岭组村民邱某在水口乡哲里组七门大桥下游500米附近河段非法偷采砂石混合料。县水政监察大队执法人员立即赶往现场,制止了邱某等人的违法行为,并要求其次日到县水务局做询问笔录。

经调查,邱某通过偷采砂石售卖获取非法利益,7日晚间共偷采砂石4车,合计运输砂石混合料约50立方米,邱某未办理河道采砂许可证擅自开采砂石,违法事实成立。

办理结果:当事人擅自在水口乡哲里组七门大桥下游500米附近河段内偷采砂石的

行为，违反了《江西省河道采砂管理条例》第十七条的规定“江西省河道采砂实行许可制度。未取得县级以上人民政府水行政主管部门颁发的河道采砂许可证，不得从事河道采砂活动”。按照《江西省河道采砂管理条例》第四十一条“违反本条例规定，未经许可河道采砂的，由县级以上人民政府水行政主管部门责令停止违法行为，查封、扣押采砂船舶(机具)，没收违法所得和非法财物，并处一万元以上十万元以下的罚款”的规定，给予当事人如下行政处罚：①责令停止违法行为；②处罚人民币壹万元整。

【以案说法 7-2】 非法采砂民事公益诉讼案。

基本案情：2016 年 6 月至 8 月，夏某等 15 人为牟取非法利益，分别驾驶九江采 158 号、沅江采 1168 号采砂船、江苏籍 999 号采砂船至洞庭湖下塞湖区域非规划采区非法采砂。夏某等 15 人分工负责，共同实施非法采砂行为，获利总额为 2 243.33 万元。经鉴定：夏某等 15 人的非法采砂行为对采砂区域的生态环境造成的影响分为水环境质量受损、河床结构受损、水源涵养受损和水生生物资源受损，其中水生生物资源损失为 2.65 万元，修复水生生物资源受损和河床结构与水源涵养受损所需的费用，分别为 7.97 万元和 865.61 万元，合计 873.58 万元。夏某等人非法采矿罪已经另案刑事生效判决予以认定。2019 年 7 月，湖南省益阳市人民检察院提起民事公益诉讼，请求夏某等 15 人对其非法采砂行为所造成的生态环境损害承担连带赔偿责任，并赔礼道歉。

判决结果：湖南省益阳市中级人民法院一审认为，夏某等 15 人未依法取得采砂许可证，私自开采国家矿产资源，构成非法采砂，因此对采砂区域的生态环境造成损害，应予赔偿。一审判决夏某对因非法采砂造成的采砂水域生态环境修复费用 873.58 万元承担赔偿责任，夏某等 14 人依据其具体侵权行为分别在 824 万元至 3.80 万元不等范围内承担连带责任，并在国家级媒体上公开赔礼道歉。湖南省高级人民法院二审维持原判。

任务 7.3　水库大坝安全管理

水库大坝包括永久性挡水建筑物以及与其配合运用的泄洪、输水和过船建筑物等。

水库大坝修建在河道上，属于涉河项目，为了加强水库大坝安全管理，保障人民生命财产安全，1991 年 3 月，国务院颁布了《水库大坝安全管理条例》。

一、管理体制

(1)国务院水行政主管部门会同国务院有关主管部门对全国的大坝安全实施监督。县级以上地方人民政府水行政主管部门会同有关主管部门对本行政区域内的大坝安全实施监督。

(2)各级水利、能源、建设、交通、农业等有关部门，是其所管辖的大坝的主管部门。

(3)各级人民政府及其大坝主管部门对其所管辖的大坝的安全实行行政领导负责制。

二、大坝的建设和管理

大坝的建设和管理应当贯彻“安全第一”的方针。

(一)大坝建设

(1)兴建大坝必须符合由国务院水行政主管部门会同有关大坝主管部门制定的大坝安全技术标准。

(2)大坝的工程设计必须由具有相应资格证书的单位承担。

(3)大坝施工必须由具有相应资格证书的单位承担。大坝施工单位按照施工承包合同规定的设计文件、图纸要求和有关技术标准进行施工。

(4)大坝开工后,大坝主管部门应当组建大坝管理单位,由其按照工程基本建设验收规程参与质量检查以及大坝分部、分项验收和蓄水验收工作。

(5)大坝竣工后,建设单位应当申请大坝主管部门组织验收。

(二)大坝管理

1. 保护大坝及其设施的禁止行为

(1)禁止在大坝管理和保护范围内进行爆破、打井、采石、采矿、挖沙、取土、修坟等危害大坝安全的活动。

(2)非大坝管理人员不得操作大坝的泄洪闸门、输水闸门以及其他设施,大坝管理人员操作时应当遵守有关的规章制度。禁止任何单位和个人干扰大坝的正常管理工作。

(3)禁止在大坝的集水区域内乱伐林木、陡坡开荒等导致水库淤积的活动。禁止在库区内围垦和进行采石、取土等危及山体的活动。

(4)禁止在坝体修建码头、渠道、堆放杂物、晾晒粮草。

2. 大坝安全管理

(1)大坝主管部门应当配备具有相应业务水平的大坝安全管理人员。大坝管理单位建立、健全安全管理规章制度。

(2)大坝管理单位按照有关技术标准,对大坝进行安全监测和检查;对监测资料及时整理分析,随时掌握大坝运行状况。

(3)大坝管理单位必须做好大坝的养护修理工作,保证大坝和闸门启闭设备完好。

(4)大坝管理单位应当根据批准的计划和大坝主管部门的指令进行水库的调度运用。

(5)大坝主管部门应当建立大坝定期安全检查、鉴定制度。

(6)大坝主管部门对其所管辖的大坝应当按期注册登记,建立技术档案。

(7)大坝管理单位和有关部门应当做好防汛抢险物料的准备和气象水情预报,并保证水情传递、报警以及大坝管理单位与大坝主管部门、上级防汛指挥机构之间联系通畅。

(8)大坝出现险情征兆时,大坝管理单位应当立即报告大坝主管部门和上级防汛指挥机构,并采取抢救措施;有垮坝危险时,应当采取一切措施向预计的垮坝淹没地区发出警报,做好转移工作。

三、险坝处理

(1)对尚未达到设计洪水标准、抗震设防标准或者有严重质量缺陷的险坝,大坝主管部门应当组织有关单位进行分类,采取除险加固等措施,或者废弃重建。

(2)在险坝加固前,大坝管理单位应当制定保坝应急措施;经论证必须改变原设计运行方式的,应当报请大坝主管部门审批。

(3)大坝主管部门应当对其所管辖的需要加固的险坝制定加固计划,限期消除危险;有关人民政府应当优先安排所需资金和物料。

(4)险坝加固必须由具有相应设计资格证书的单位作出加固设计,经审批后组织实施。险坝加固竣工后,由大坝主管部门组织验收。

(5)大坝主管部门应当组织有关单位,对险坝可能出现的垮坝方式、淹没范围作出预估,并制定应急方案,报防汛指挥机构批准。

四、罚则

(1)有下列行为之一的,由大坝主管部门责令其停止违法行为,赔偿损失,采取补救措施,可以并处罚款;应当给予治安管理处罚的,由公安机关依照《中华人民共和国治安管理处罚法》的规定处罚;构成犯罪的,依法追究刑事责任:

①毁坏大坝或者其观测、通信、动力、照明、交通、消防等管理设施的;

②在大坝管理和保护范围内进行爆破、打井、采石、采矿、取土、挖沙、修坟等危害大坝安全活动的;

③擅自操作大坝的泄洪闸门、输水闸门以及其他设施,破坏大坝正常运行的;

④在库区内围垦的;

⑤在坝体修建码头、渠道或者堆放杂物、晾晒粮草的;

⑥擅自在大坝管理和保护范围内修建码头、鱼塘的。

(2)盗窃或者抢夺大坝工程设施、器材的,依照刑法规定追究刑事责任。

(3)由于勘测设计失误、施工质量低劣、调度运用不当以及滥用职权,玩忽职守,导致大坝事故的,由其所在单位或者上级主管机关对责任人员给予行政处分;构成犯罪的,依法追究刑事责任。

【知识拓展7-2】 《水库大坝安全管理条例》扫码7-2学习。

码7-2 《水库大坝安全管理条例》

【以案说法7-3】 集市变"汪洋" 摊位被冲走:"擅自开闸放水"当追刑责(扫码7-3学习)。

码7-3 集市变"汪洋" 摊位被冲走

任务7.4 防汛抗洪抢险

我国关于防汛抗洪的法律有《中华人民共和国防洪法》,行政法规主要有《中华人民共和国防汛条例》《中华人民共和国河道管理条例》《中华人民共和国水文条例》《国家防汛抗旱应急预案》,以及地方性法规如《江苏省防洪条例》等。

一、防汛工作的基本原则

党的二十大报告中指出:"必须坚定不移贯彻总体国家安全观,坚持以人民安全为宗旨"。针对防汛抗旱救灾,习近平总书记多次指示,要"坚持人民至上、生命至上,加强汛情监测,及时排查风险隐患,抓细抓实各项防汛救灾措施,妥善安置受灾群众,确保人民群众生命安全""各有关地区都要做好预案准备、队伍准备、物资准备、蓄滞洪区运用准备,宁可备而不用,不可用时无备"。

《中华人民共和国防洪条例》指出,防洪工作的基本原则如下:

(1)防汛工作实行"安全第一,常备不懈,以防为主,全力抢险"的方针,遵循团结协作和局部利益服从全局利益的原则。

(2)防汛工作实行各级人民政府行政首长负责制,实行统一指挥,分级分部门负责。各有关部门实行防汛岗位责任制。

二、防汛组织机构

(一)国家防汛抗旱总指挥部

国务院设立国家防汛抗旱总指挥部,负责组织领导全国的防汛抗洪工作,其办公室设在应急管理部,承担总指挥部日常工作。(注:根据《国务院办公厅关于调整国家防汛抗旱总指挥部组成人员的通知》(国办发〔2019〕12号),国家防汛抗旱总指挥部办公室设在应急管理部)

(二)各流域管理机构防汛指挥机构

(1)长江和黄河,可以设立由有关省、自治区、直辖市人民政府和该江河的流域管理机构(简称流域机构)负责人等组成的防汛指挥机构,负责指挥所辖范围的防汛抗洪工作,其办事机构设在流域机构。长江和黄河的重大防汛抗洪事项须经国家防汛总指挥部批准后执行。

(2)国务院水行政主管部门所属的淮河、海河、珠江、松花江、辽河、太湖等流域机构,设立防汛办事机构,负责协调本流域的防汛日常工作。

(三)地方防汛指挥部

有防汛任务的县级以上地方人民政府设立防汛指挥部,由有关部门、当地驻军、人民武装部负责人组成,由各级人民政府首长担任指挥。

三、防汛准备

(1)制定防御洪水方案。有防汛任务的县级以上人民政府,应当根据流域综合规划、防洪工程实际状况和国家规定的防洪标准，制定防御洪水方案（包括对特大洪水的处置措施）。

（2）制定洪水调度方案。有防汛任务的地方，应当根据经批准的防御洪水方案制定洪水调度方案。

（3）制定汛期调度运用计划。水库、水电站、拦河闸坝等工程的管理部门，应当根据工程规划设计、经批准的防御洪水方案和洪水调度方案以及工程实际状况，在兴利服从防洪，保证安全的前提下，制定汛期调度运用计划，经上级主管部门审查批准后，报有管辖权的人民政府防汛指挥部备案，并接受其监督。

（4）组织防洪设施汛前检查。各级防汛指挥部应当在汛前对各类防洪设施组织检查，发现影响防洪安全的问题，责成责任单位在规定的期限内处理，不得贻误防汛抗洪工作。

（5）各级地方人民政府必须对所管辖的蓄滞洪区的通信、预报警报、避洪、撤退道路等安全设施，以及紧急撤离和救生的准备工作进行汛前检查，发现影响安全的问题，及时处理。

（6）山洪监测、检查。山洪、泥石流易发地区，当地有关部门应当指定预防监测员及时监测。雨季到来之前，当地人民政府防汛指挥部应当组织有关单位进行安全检查，对险情征兆明显的地区，应当及时把群众撤离险区。

（7）风暴潮易发地区，当地有关部门应当加强对水库、海堤、闸坝、高压电线等设施和房屋的安全检查，发现影响安全的问题，及时处理。

（8）有防汛任务的地方人民政府应当建设和完善江河堤防、水库、蓄滞洪区等防洪设施，以及该地区的防汛通信、预报警报系统。

（9）各级防汛指挥部应当储备一定数量的防汛抢险物资。

【技术指导 7-7】 什么是汛期调度运用计划？

答：汛期调度运用计划也称汛期调度运用方案，是对水利水电工程当年汛期调度运行方式的安排计划，明确了水库汛期的防洪任务、防洪标准、运行控制水位、防洪调度方式以及调度权限等。每年审批通过的汛期调度运用计划（方案）是水利水电工程当年汛期调度运行的重要依据。

四、防汛与抢险

（1）省级人民政府防汛指挥部，可以根据当地的洪水规律，规定汛期起止日期。当江河、湖泊、水库的水情接近保证水位或者安全流量时，或者防洪工程设施发生重大险情，情况紧急时，县级以上地方人民政府可以宣布进入紧急防汛期，并报告上级人民政府防汛指挥部。

（2）防汛期内，各级防汛指挥部必须有负责人主持工作。有关责任人员必须坚守岗位，及时掌握汛情，并按照防御洪水方案和汛期调度运用计划进行调度。

（3）在汛期，水利、电力、气象、海洋、农林等部门的水文站、雨量站，必须及时准确地向各级防汛指挥部提供实时水文信息；气象部门必须及时向各级防汛指挥部提供有关天气预报和实时气象信息；水文部门必须及时向各级防汛指挥部提供有关水文预报；海洋部门必须及时向沿海地区防汛指挥部提供风暴潮预报。

(4)在汛期,河道、水库、闸坝、水运设施等水工程管理单位及其主管部门在执行汛期调度运用计划时,必须服从有管辖权的人民政府防汛指挥部的统一调度指挥或者监督。

(5)在汛期,河道、水库、水电站、闸坝等水工程管理单位必须按照规定对水工程进行巡查,发现险情,必须立即采取抢护措施,并及时向防汛指挥部和上级主管部门报告。其他任何单位和个人发现水工程设施出现险情,应当立即向防汛指挥部和水工程管理单位报告。

(6)在汛期,公路、铁路、航运、民航等部门应当及时运送防汛抢险人员和物资;电力部门应当保证防汛用电。

(7)电视、广播、新闻单位应当根据人民政府防汛指挥部提供的汛情,及时向公众发布防汛信息。

(8)在紧急防汛期,所有单位和个人必须听从指挥,承担人民政府防汛指挥部分配的抗洪抢险任务。公安部门加强治安管理和安全保卫工作。必要时须由有关部门依法实行陆地和水面交通管制。为了防汛抢险需要,防汛指挥部有权在其管辖范围内,调用物资、设备、交通运输工具和人力,事后应当及时归还或者给予适当补偿。因抢险需要取土占地、砍伐林木、清除阻水障碍物的,任何单位和个人不得阻拦。

(9)当河道水位或者流量达到规定的分洪、滞洪标准时,有管辖权的人民政府防汛指挥部有权根据经批准的分洪、滞洪方案,采取分洪、滞洪措施。

(10)在非常情况下,为保护国家确定的重点地区和大局安全,必须作出局部牺牲时,在报经有管辖权的上级人民政府防汛指挥部批准后,当地人民政府防汛指挥部可以采取非常紧急措施。

(11)当洪水威胁群众安全时,当地人民政府应当及时组织群众撤离至安全地带,并做好生活安排。

【技术指导 7-8】 《国家防汛抗旱应急预案》扫码 7-4 学习。

码 7-4 《国家防汛抗旱应急预案》

五、善后工作

(1)在发生洪水灾害的地区,物资、商业、供销、农业、公路、铁路、航运、民航等部门应当做好抢险救灾物资的供应和运输;民政、卫生、教育等部门应当做好灾区群众的生活供给、医疗防疫、学校复课以及恢复生产等救灾工作;水利、电力、邮电、公路等部门应当做好所管辖的水毁工程的修复工作。

(2)地方各级人民政府防汛指挥部,应当按照国家统计部门批准的洪涝灾害统计报表的要求,核实和统计所管辖范围的洪涝灾情,报上级主管部门和同级统计部门,有关单位和个人不得虚报、瞒报、伪造、篡改。

(3)洪水灾害发生后,各级人民政府防汛指挥部应当积极组织和帮助灾区群众恢复和发展生产。

六、防汛经费

(1)由财政部门安排的防汛经费,按照分级管理的原则,分别列入中央财政和地方财政预算。

(2)在汛期,有防汛任务的地区的单位和个人应当承担一定的防汛抢险的劳务和费用,具体办法由省、自治区、直辖市人民政府制定。

【知识拓展7-3】 《中华人民共和国防汛条例》扫码7-5学习。

码7-5 《中华人民共和国防汛条例》

【知识拓展7-4】 《中华人民共和国抗旱条例》扫码7-6学习。

码7-6 《中华人民共和国抗旱条例》

【知识拓展7-5】 《中华人民共和国水文条例》扫码7-7学习。

码7-7 《中华人民共和国水文条例》

项目8 水土保持法与生态保护修复制度

【知识目标】

1. 了解水土保持法的基本内容。
2. 掌握水土保持规划的内容。
3. 掌握预防水土流失的相关规定。
4. 掌握水土流失治理的措施。

【技能目标】

1. 掌握预防水土流失的方法与措施。
2. 掌握水土流失治理的措施。

【育人目标】

1. 领会水土保持工作在生态文明和建设“富强民主文明和谐美丽的社会主义现代化强国”中的作用。
2. 牢固树立“山水林田湖草是生命共同体”的理念和“统筹山水林田湖草系统治理”的治水思维。
3. 牢记“预防为主、保护优先、全面规划、综合治理、因地制宜、突出重点、科学管理、注重效益”的水土保持工作方针。

【问题导入】

2018年3月28日，某县水务局对该县某公司的陶瓷土开采项目进行水土保持监督执法检查，发现该项目在水土保持方案确定的存放地以外的区域倾倒弃土(渣)。经县水务局执法人员现场勘验，堆放在水土保持方案确定的专门存放地以外的弃土弃渣量为1 035立方米。

【任务分析】

1. 生产建设单位未按水土保持方案采取相应水土保护措施、擅自在水土保持方案确定的存放地以外区域倾倒弃土(渣)的行为违反了哪些规定?
2. 生产建设项目水土保持技术工作应当做什么?
3. 生产建设项目水土流失防治基本规定。

任务8.1 水土保持规划与水土流失预防

党的十八大以来，习近平总书记从生态文明建设的整体视野提出“山水林田湖草是生命共同体”的论断，指出“人的命脉在田，田的命脉在水，水的命脉在山，山的命脉在土，土的命脉在树”，强调“统筹山水林田湖草系统治理，全方位、全地域、全过程开展生态文明建设”。党的二十大将人与自然和谐共生列为中国式现代化的本质内涵，推进生态文明建设，需要符合生态的系统性，坚持系统思维、协同推进。

我国预防和治理水土流失的法律法规有：《中华人民共和国水土保持法》（1991 年发布，2009 年修正，2010 年修订）、《水土保持法实施条例》（1993 年发布，2010 年修订）。2023 年 1 月 3 日，中共中央办公厅、国务院办公厅印发了《关于加强新时代水土保持工作的意见》。2023 年 1 月 17 日水利部第 53 号令颁布《生产建设项目水土保持方案管理办法》。此外，我国的《环境保护法》《土地管理法》《水法》《森林法》《草原法》《农业法》《长江保护法》《黄河保护法》等法律均有一些关于水土流失防治和生态保护与修复的条款。

一、《水土保持法》一般规定

水土保持是指对自然因素和人为活动造成水土流失所采取的预防和治理措施，是生态系统保护与修复的重要措施。

（一）水土保持工作方针

《水土保持法》规定，水土保持工作实行预防为主、保护优先、全面规划、综合治理、因地制宜、突出重点、科学管理、注重效益的方针。

（二）水土保持工作的主管部门及其职责

（1）国务院水行政主管部门主管全国的水土保持工作，定期组织全国水土流失调查并公告调查结果。

（2）重要江河、湖泊设立的流域管理机构（简称流域管理机构），依法承担所管辖范围内的水土保持监督管理职责。

（3）省、自治区、直辖市人民政府水行政主管部门负责本行政区域的水土流失调查并公告调查结果，公告前应当将调查结果报国务院水行政主管部门备案。

（4）县级以上地方人民政府水行政主管部门主管本行政区域的水土保持工作，县级以上人民政府应当依据水土流失调查结果划定并公告水土流失重点预防区和重点治理区。

（5）县级以上人民政府林业、农业、国土资源等有关部门按照各自职责，做好有关的水土流失预防和治理工作。

二、水土保持规划

（一）编制水土保持规划的原则

水土保持规划应当在水土流失调查结果及水土流失重点预防区和重点治理区划定的基础上，遵循统筹协调、分类指导的原则编制。应当与土地利用总体规划、水资源规划、城乡规划和环境保护规划等相协调。

（二）水土保持规划的内容

水土保持规划的内容应当包括水土流失状况、水土流失类型区划分、水土流失防治目标、任务和措施等。

水土保持规划包括对流域或者区域预防和治理水土流失、保护和合理利用水土资源作出的整体部署以及根据整体部署对水土保持专项工作或者特定区域预防和治理水土流失作出的专项部署。

有关基础设施建设、矿产资源开发、城镇建设、公共服务设施建设等方面的规划,在实施过程中可能造成水土流失的,规划的组织编制机关应当在规划中提出水土流失预防和治理的对策和措施,并在规划报请审批前征求本级人民政府水行政主管部门的意见。

三、水土流失的预防

(一)预防和禁垦相结合的制度

(1)地方各级人民政府应当按照水土保持规划,采取封育保护、自然修复等措施,组织单位和个人植树种草,扩大林草覆盖面积,涵养水源,预防和减轻水土流失。对水土流失潜在危险较大的区域,应当划定为水土流失重点预防区;对水土流失严重的区域,应当划定为水土流失重点治理区。

(2)地方各级人民政府应当加强对取土、挖砂、采石等活动的管理,预防和减轻水土流失。禁止在崩塌、滑坡危险区和泥石流易发区从事取土、挖砂、采石等可能造成水土流失的活动。崩塌、滑坡危险区和泥石流易发区的范围,由县级以上地方人民政府划定并公告。崩塌、滑坡危险区和泥石流易发区的划定,应当与地质灾害防治规划确定的地质灾害易发区、重点防治区相衔接。

(3)在水土流失严重、生态脆弱的地区,应当限制或者禁止可能造成水土流失的生产建设活动,严格保护植物、沙壳、结皮、地衣等。在侵蚀沟的沟坡和沟岸、河流的两岸以及湖泊和水库的周边,土地所有权人、使用权人或者有关管理单位应当营造植物保护带。禁止开垦、开发植物保护带。

(4)禁止在二十五度以上陡坡地开垦种植农作物。在二十五度以上陡坡地种植经济林的,应当科学选择树种,合理确定规模,采取水土保持措施,防止造成水土流失。

(5)禁止毁林、毁草开垦和采集发菜。禁止在水土流失重点预防区和重点治理区铲草皮、挖树兜或者滥挖虫草、甘草、麻黄等。

(6)林木采伐应当采用合理方式,严格控制皆伐;对水源涵养林、水土保持林、防风固沙林等防护林只能进行抚育和更新性质的采伐;对采伐区和集材道应当采取防止水土流失的措施,并在采伐后及时更新造林。在林区采伐林木的,采伐方案中应当有水土保持措施。采伐方案经林业主管部门批准后,由林业主管部门和水行政主管部门监督实施。

(7)在五度以上坡地植树造林、抚育幼林、种植中药材等,应当采取水土保持措施。在禁止开垦坡度以下、五度以上的荒坡地开垦种植农作物,应当采取水土保持措施。具体办法由省、自治区、直辖市根据本行政区域的实际情况规定。

(8)生产建设项目选址、选线应当避让水土流失重点预防区和重点治理区;无法避让的,应当提高防治标准,优化施工工艺,减少地表扰动和植被损坏范围,有效控制可能造成的水土流失。

【技术指导8-1】 水土流失防治责任范围是什么?

答:水土流失防治责任范围是指生产建设单位依法应承担水土流失防治义务的区域,包括项目征地、占地、使用及管辖的土地等。

(二)水土保持方案编制

1. 应当编制水土保持方案的情形

在山区、丘陵区、风沙区以及水土保持规划确定的容易发生水土流失的其他区域开办可能造成水土流失的生产建设项目,生产建设单位应当编制水土保持方案。

2. 水土保持方案的内容

包括水土流失预防和治理的范围、目标、措施和投资等内容。

3. 水土保持方案的审批与管理

(1)在山区、丘陵区、风沙区以及水土保持规划确定的容易发生水土流失的其他区域开办可能造成水土流失的生产建设项目,生产建设单位应当编制水土保持方案,报县级以上人民政府水行政主管部门审批,并按照经批准的水土保持方案,采取水土流失预防和治理措施。没有能力编制水土保持方案的,应当委托具备相应技术条件的机构编制。

(2)应当编制水土保持方案的生产建设项目中的水土保持设施,应当与主体工程同时设计、同时施工、同时投产使用;生产建设项目竣工验收,应当验收水土保持设施;水土保持设施未经验收或者验收不合格的,生产建设项目不得投产使用。

(3)应当编制水土保持方案的生产建设项目,其生产建设活动中排弃的砂、石、土、矸石、尾矿、废渣等应当综合利用;不能综合利用,确需废弃的,应当堆放在水土保持方案确定的专门存放地,并采取措施保证不产生新的危害。

(4)生产建设单位未编制水土保持方案或者水土保持方案未经水行政主管部门批准的,生产建设项目不得开工建设。

(5)县级以上人民政府水行政主管部门、流域管理机构,应当对生产建设项目水土保持方案的实施情况进行跟踪检查,发现问题及时处理。

【技术指导8-2】 哪些建设项目需要做水土保持方案?

答:根据《水土保持法》第二十五条及《生产建设项目水土保持方案管理办法》第七条的规定,水土保持方案分为报告书和报告表。

(1)征占地面积5公顷以上或者挖填土石方总量5万立方米以上的生产建设项目,应当编制水土保持方案报告书。

(2)征占地面积0.5公顷以上、不足5公顷或者挖填土石方总量1 000立方米以上、不足5万立方米的生产建设项目,应当编制水土保持方案报告表。

(3)征占地面积不足0.5公顷并且挖填土石方总量不足1 000立方米的生产建设项目,不需要编制水土保持方案,但应当按照水土保持有关技术标准做好水土流失防治工作。

任务8.2 水土流失的治理与生态保护修复

一、水土流失治理

(一)鼓励治理、明确责任

(1)《水土保持法》规定:“任何单位和个人都有保护水土资源、预防和治理水土流失的义务,并有权对破坏水土资源、造成水土流失的行为进行举报。”“国家鼓励和支持社会力量参与水土保持工作。”

(2)国家加强水土流失重点预防区和重点治理区的坡耕地改梯田、淤地坝等水土保持重点工程建设,加大生态修复力度。

(3)县级以上人民政府水行政主管部门应当加强对水土保持重点工程的建设管理,建立和完善运行管护制度。

(4)国家鼓励单位和个人按照水土保持规划参与水土流失治理,并在资金、技术、税收等方面予以扶持。国家鼓励和支持承包治理荒山、荒沟、荒丘、荒滩,防治水土流失,保护和改善生态环境,促进土地资源的合理开发和可持续利用,并依法保护土地承包合同当事人的合法权益。

(5)承包治理荒山、荒沟、荒丘、荒滩和承包水土流失严重地区农村土地的,在依法签订的土地承包合同中应当包括预防和治理水土流失责任的内容。

(二)因地制宜,采取不同的治理措施

(1)在水力侵蚀地区,地方各级人民政府及有关部门应当组织单位和个人,以天然沟壑及其两侧山坡地形成的小流域为单元,因地制宜地采取工程措施、植物措施和保护性耕作等措施,进行坡耕地和沟道水土流失综合治理。

(2)在风力侵蚀地区,地方各级人民政府及其有关部门应当组织单位和个人,因地制宜地采取轮封轮牧、植树种草、设置人工沙障和网格林带等措施,建立防风固沙防护体系。

(3)在重力侵蚀地区,地方各级人民政府及其有关部门应当组织单位和个人,采取监测、径流排导、削坡减载、支挡固坡、修建拦挡工程等措施,建立监测、预报、预警体系。

(4)在饮用水水源保护区,地方各级人民政府及其有关部门应当组织单位和个人,采取预防保护、自然修复和综合治理措施,配套建设植物过滤带,积极推广沼气,开展清洁小流域建设,严格控制化肥和农药的使用,减少水土流失引起的面源污染,保护饮用水水源。

(5)已在禁止开垦的陡坡地上开垦种植农作物的,应当按照国家有关规定退耕,植树种草;耕地短缺、退耕确有困难的,应当修建梯田或者采取其他水土保持措施。

(6)在禁止开垦坡度以下的坡耕地上开垦种植农作物的,应当根据不同情况,采取修建梯田、坡面水系整治、蓄水保土耕作或者退耕等措施。

(7)对生产建设活动所占用土地的地表土应当进行分层剥离、保存和利用,做到土石方挖填平衡,减少地表扰动范围;对废弃的砂、石、土、矸石、尾矿、废渣等存放地,应当采取拦挡、坡面防护、防洪排导等措施。生产建设活动结束后,应当及时在取土场、开挖面和存放地的裸露土地上植树种草、恢复植被,对闭库的尾矿库进行复垦。

(8)在干旱缺水地区从事生产建设活动,应当采取防止风力侵蚀措施,设置降水蓄渗设施,充分利用降水资源。

(9)国家鼓励和支持在山区、丘陵区、风沙区以及容易发生水土流失的其他区域,采取下列有利于水土保持的措施:

①免耕、等高耕作、轮耕轮作、草田轮作、间作套种等;

②封禁抚育、轮封轮牧、舍饲圈养;

③发展沼气、节柴灶,利用太阳能、风能和水能,以煤、电、气代替薪柴等;

④从生态脆弱地区向外移民；

⑤其他有利于水土保持的措施。

【技术指导 8-3】 什么是水土流失治理达标面积？

答：水土流失治理达标面积是指对水土流失区域采取水土保持措施，使土壤流失量达到容许土壤流失量或以下的面积，以及建立良好排水体系，并不对周边产生冲刷的地面硬化面积和永久建筑物占用地面积。弃土弃渣场地在采取挡护措施并进行土地整治和植被恢复，土壤流失量达到容许流失量后，才能作为水土流失治理达标面积。

二、生态效益补偿制度和水土保持补偿费

(1)国家加强江河源头区、饮用水水源保护区和水源涵养区水土流失的预防和治理工作，多渠道筹集资金，将水土保持生态效益补偿纳入国家建立的生态效益补偿制度。

(2)在山区、丘陵区、风沙区以及水土保持规划确定的容易发生水土流失的其他区域开办生产建设项目或者从事其他生产建设活动，损坏水土保持设施、地貌植被，不能恢复原有水土保持功能的，应当缴纳水土保持补偿费，专项用于水土流失预防和治理。

(3)水土保持补偿费的收取使用管理办法由国务院财政部门、国务院价格主管部门会同国务院水行政主管部门制定。

三、法律责任

(一)水行政主管部门或者其他行使监督管理权的部门违反《水土保持法》规定的法律责任

不依法作出行政许可决定或者办理批准文件的，发现违法行为或者接到对违法行为的举报不予查处的，或者有其他未依照《水土保持法》规定履行职责的行为的，对直接负责的主管人员和其他直接责任人员依法给予处分。

(二)从事水土保持活动的单位或个人违反《水土保持法》规定的法律责任

(1)在崩塌、滑坡危险区或者泥石流易发区从事取土、挖砂、采石等可能造成水土流失的活动的，由县级以上地方人民政府水行政主管部门责令停止违法行为，没收违法所得，对个人处一千元以上一万元以下的罚款，对单位处二万元以上二十万元以下的罚款。

(2)在禁止开垦坡度以上陡坡地开垦种植农作物，或者在禁止开垦、开发的植物保护带内开垦、开发的，由县级以上地方人民政府水行政主管部门责令停止违法行为，采取退耕、恢复植被等补救措施；按照开垦或者开发面积，可以对个人处每平方米二元以下的罚款、对单位处每平方米十元以下的罚款。

(3)违反《水土保持法》规定，采集发菜，或者在水土流失重点预防区和重点治理区铲草皮、挖树兜，滥挖虫草、甘草、麻黄等的，由县级以上地方人民政府水行政主管部门责令停止违法行为，采取补救措施，没收违法所得，并处违法所得一倍以上五倍以下的罚款；没有违法所得的，可以处五万元以下的罚款。

(4)在林区采伐林木不依法采取防止水土流失措施的，由县级以上地方人民政府林业主管部门、水行政主管部门责令限期改正，采取补救措施；造成水土流失的，由水行政主管部门按照造成水土流失的面积处每平方米二元以上十元以下的罚款。

（5）有下列行为之一的，由县级以上人民政府水行政主管部门责令停止违法行为，限期补办手续；逾期不补办手续的，处五万元以上五十万元以下的罚款；对生产建设单位直接负责的主管人员和其他直接责任人员依法给予处分：

①依法应当编制水土保持方案的生产建设项目，未编制水土保持方案或者编制的水土保持方案未经批准而开工建设的；

②生产建设项目的地点、规模发生重大变化，未补充、修改水土保持方案或者补充、修改的水土保持方案未经原审批机关批准的；

③水土保持方案实施过程中，未经原审批机关批准，对水土保持措施作出重大变更的。

（6）水土保持设施未经验收或者验收不合格将生产建设项目投产使用的，由县级以上人民政府水行政主管部门责令停止生产或者使用，直至验收合格，并处五万元以上五十万元以下的罚款。

（7）在水土保持方案确定的专门存放地以外的区域倾倒砂、石、土、矸石、尾矿、废渣等的，由县级以上地方人民政府水行政主管部门责令停止违法行为，限期清理，按照倾倒数量处每立方米十元以上二十元以下的罚款；逾期仍不清理的，县级以上地方人民政府水行政主管部门可以指定有清理能力的单位代为清理，所需费用由违法行为人承担。

（8）违反《水土保持法》规定，开办生产建设项目或者从事其他生产建设活动造成水土流失，不进行治理的，由县级以上人民政府水行政主管部门责令限期治理；逾期仍不治理的，县级以上人民政府水行政主管部门可以指定有治理能力的单位代为治理，所需费用由违法行为人承担。

（9）违反《水土保持法》规定，拒不缴纳水土保持补偿费的，由县级以上人民政府水行政主管部门责令限期缴纳；逾期不缴纳的，自滞纳之日起按日加收滞纳部分万分之五的滞纳金，可以处应缴水土保持补偿费三倍以下的罚款。

（10）违反《水土保持法》规定，造成水土流失危害的，依法承担民事责任；构成违反治安管理行为的，由公安机关依法给予治安管理处罚；构成犯罪的，依法追究刑事责任。

【知识拓展8-1】 《关于加强新时代水土保持工作的意见》扫码8-1学习。

码8-1 《关于加强新时代水土保持工作的意见》

【知识拓展8-2】 《生产建设项目水土保持方案管理办法》扫码8-2学习。

码8-2 《生产建设项目水土保持方案管理办法》

【以案说法 8-1】 施工单位未按水土保持方案采取相应的水土保护措施。

案情简介:2019 年 7 月 16 日,深圳市龙岗区水务局依法对深圳广铁某工程有限公司施工的某项目工地进行检查。该项目已编制水土保持方案,并取得水务主管部门的审批许可,水土保持方案明确要求边坡坡脚应采取编织土袋临时拦挡,边坡设置挡水埂、急流槽,对边坡及管沟开挖临时堆土裸露面采用彩条布进行苫盖。但现场检查时,工地内部多处新开挖边坡表面裸露,未按照水土保持方案采取相应的防护措施,工地内已经喷锚的边坡表面防护措施损坏,未及时修复。该工地当前正在进行排水箱涵施工,施工工地内排水沉沙措施不完善,未按照水土保持方案采取措施防护。2019 年 8 月 9 日进行复查,该项目工地对部分边坡裸露面用绿网覆盖,箱涵施工区域,在白泥坑河道中用沙袋设置了三道拦挡,内部仍有裸露边坡未按照水土保持方案采取相应的水土保持措施。

调查与处理:2019 年 9 月 10 日,龙岗区水务局向相对人作出行政处罚告知书,告知其拟作出行政处罚决定的事实、理由和依据及其依法享有陈述、申辩及听证的权利并于当日依法送达相对人。相对人于 2019 年 9 月 12 日提交陈述申辩意见,主张已按水土保持方案的要求进行整改,请求减轻处罚。2019 年 9 月 24 日龙岗区水务局就申辩意见进行现场复核,现场照片及视频显示,现场部分边坡所采用的覆盖彩纸为绿网,与水土保持方案要求的彩条布不符,部分边坡未覆盖。边坡坡脚拦挡措施缺失,在白泥坑河道中用简易沙袋堆成三道拦挡,河水黄且浑,沉沙作用不明显,不符合从轻、减轻处罚的法定事由,故对相对人的申辩意见不予采信。2019 年 10 月 24 日,龙岗区水务局作出处以贰拾柒万伍仟元罚款的决定,《行政处罚决定书》并于 25 日送达相对人。

以案释法:根据《广东省水土保持条例》第二十八条的规定,区水务局发出责令改正通知要求相对人在限期内采取整改措施,但相对人在限期内所采取的整改措施既不符合水土保持方案要求,也未达到水土保持方案要求的水土流失防治效果。根据《水土保持法》第五十三条规定及《广东省水土保持条例》第四十二条规定,应对相对人处以五万元以上五十万元以下的罚款,结合《深圳市规范行政处罚裁量权的若干规定》第十七条第(二)项,依法按照一般标准居中进行处罚,处以贰拾柒万伍仟元的罚款。

【以案说法 8-2】 建设单位擅自在水土保持方案确定的存放地以外区域倾倒弃土(渣)的违法行为。

案情简介:见本项目问题导入。

处理结果:当事人在上富镇联盟村瓷土矿生产建设过程中,擅自在水土保持方案确定的存放地以外区域违法倾倒弃土、弃渣的行为,违反了《中华人民共和国水土保持法》第二十八条和《江西省实施〈中华人民共和国水土保持法〉办法》第三十一条的规定。依据《中华人民共和国水土保持法》第五十五条和《江西省实施〈中华人民共和国水土保持法〉办法》第四十三条第(三)项的规定,给予当事人如下行政处罚:处罚款人民币壹万伍仟伍佰贰拾伍元整(15 525 元)。

以案释法:《中华人民共和国水土保持法》第二十八条规定,依法应当编制水土保持方案的生产建设项目,其生产建设活动中排弃的砂、石、土、矸石、尾矿、废渣等应当综合利用;不能综合利用,确需废弃的,应当堆放在水土保持方案确定的专门存放地,并采取措施保证不产生新的危害。《江西省实施〈中华人民共和国水土保持法〉办法》第三十一条规定，从事生产建设活动，应当减少地表扰动范围，分层剥离地表土并专门堆放保存，用于恢复植被或者复耕，堆放地表土应当采取防止流失措施；土石方挖填保持平衡和减少动土量；对废弃的砂、石、土、矸石、尾矿、废渣等，应当尽量安排在非汛期予以处理。生产建设活动结束后应当及时在取土场、开挖面和存放地的裸露土地上植树种草，恢复植被或者复垦。

未按要求堆放在指定地点的，依据《中华人民共和国水土保持法》第五十五条和《江西省实施〈中华人民共和国水土保持法〉办法》第四十三条给予行政处罚。本案中，当事人未对勘验结果、处罚依据等提出异议，应按照《中华人民共和国水土保持法》第五十五条和《江西省实施〈中华人民共和国水土保持法〉办法》第四十三条第(三)款具体规定，倾倒数量累计在500立方米以上的，处每立方米十五元以上二十元以下的罚款，给予当事人行政处罚：1 035×15=15 525(元)。

项目9　水行政执法与水行政争议解决

【知识目标】

1. 了解水行政执法的形式。

2. 掌握水行政执法的程序。

3. 掌握水行政争议的解决途径。

【技能目标】

1. 掌握水行政执法的程序。

2. 掌握水行政争议的解决途径。

【育人目标】

1. 树立水行政工作“为人民服务”的意识和“严格、规范、公正、文明执法”的基本准则。

2. 牢记水行政执法从业人员行为准则：忠于职守、执法为民；严格执法、勇于担当；规范执法、程序严谨；公正执法、惩教结合；文明执法、高效利民。

【情境导入】

2014年初，国务院各部门官网上悄然出现了一张张部门行政审批事项清单。这是中央政府首次晒出权力清单。2014年5月26日，中共中央政治局第十五次集体学习。习近平总书记指出，各级政府一定要严格依法行政，切实履行职责，该管的事一定要管好、管到位，该放的权一定要放足、放到位，坚决克服政府职能错位、越位、缺位现象。法治政府的核心内涵是依法行政，要职权法定，确保权力行使不能恣意、任性。

【任务分析】

1. 在经济社会生活中，政府该做什么？不该做什么？向社会公开权力清单，就是要把权力关进制度的笼子，让公众知道政府的权力边界，让权力真正在阳光下运行。

2. 水行政执法主要有哪些形式？水行政审批和水行政许可清单主要有哪些事项？

任务9.1　水行政执法

党的二十大报告强调“要扎实推进依法行政”“深化行政执法体制改革”，全面推进“严格、规范、公正、文明执法”。其中，严格是执法基本要求，规范是执法行为准则，公正是执法价值取向，文明是执法职业素养。既要坚持严格依法办事，保证有法必依、执法必严、违法必究，切实维护国家法律的权威和尊严；同时，要转变执法理念、改进执法方式、增强执法素养，广泛运用说服教育、劝导示范、警示告诫、指导约谈等方式，推行柔性执法和轻微违法免罚，让执法既有力度又有温度。

一、水行政执法相关概念

水行政执法是指各级水行政机关按照国家的法律、法规的规定，在水事管理活动中，对水行政管理的相对人采取的直接影响其权利义务，或者对相对人的权利义务的行使和履行情况进行监督检查，并对相对人的违法行为进行查处的具体行政行为。

(1)水行政执法的主体是各级水行政主管部门，不是自然人。

(2)水行政执法的客体是指水行政法律关系参加者的权利、义务所指向的对象，可以是物、行为等，如水资源、取水、保护水资源。

【技术指导9-1】 行政执法三项制度是什么？

答：行政执法三项制度是指行政执法公示制度、行政执法全过程记录制度和重大执法决定法制审核制度。

二、水行政执法的主要形式

按照水行政执法的行为方式分为水行政监督检查、水行政处理、水行政处罚和水行政强制执行。

(一)水行政监督检查

水行政监督检查指各级人民政府水行政主管部门为维护正常水事秩序，依法对水行政管理相对人遵守水法规和本部门作出的具体行政行为的情况所进行的监督检查活动。

1. 检查的方式

(1)实地检查：指执法人员直接进入现场进行的检查，是最常用最直观的检查方法之一。

(2)书面检查：是指通过查阅有关书面材料、审批文件、平面布置图、统计表等对相对人进行的检查。

(3)专项检查：是指对某项特定的工作所作的监督检查，如定期或不定期地由水政监察员对取水单位的退水水质进行检查。

(4)自查：是指水行政主管部门要求相对人对自身的守法情况自行作出检查，并向水行政主管部门报告自查结果的检查。

2. 检查的内容

凡涉及水法规明确规定的事项，都可纳入水行政监督检查的范围，主要内容有：水资源管理方面重点检查取水许可制度的落实情况；河道管理方面重点检查涉河建设项目是否办理审批手续；水土保持方面重点检查开发性建设项目水土保持方案的编报和“三同时”实施情况；防汛方面重点检查防洪规划保留区内非防洪工程的建设情况；水工程管理方面重点检查水工程管理范围和保护范围内有无危害水工程安全的活动；检查水工程遭破坏情况等。

(二)水行政处理

水行政处理是指行政主体在行政管理活动中,对行政相对人确定或者设置某种权利和义务的具体行为。一般采取行政审批和行政许可方式。

行政许可和行政审批是从属关系,行政审批包括行政许可,行政许可是行政审批,但行政审批不一定都是行政许可。

1. 水行政审批

水行政审批是指县级以上人民政府水行政主管部门,根据有关法律、法规、规章的规定,在水行政管理职权范围内,审查批准相对人从事某种水事活动的水行政管理行为。

(1)水行政审批的事项:

根据现行水利政策与法规,由水利部行政审批的事项参见"水利部政务服务平台-全国一体化在线政务服务平台",网址:https://spjc.mwr.gov.cn/spjc/hall/index.jsp。

(2)水行政审批的主要程序如下:

①申请与受理。由审批主体经初审后,决定受理或不受理,并将结果告知申请人。

②审查。水行政主管部门接到相对人申请后,应及时进行审查。流域机构在对有关河道重大建设项目进行审查时,还应征求有关省、自治区、直辖市的意见。

③批准。水行政主管部门应在接到申请之日起,按规定的时限要求,将审查意见书面通知申请单位,同意兴建或允许其排污的,应发给审查同意书。

④开工前的审核。在河道管理范围,大坝安全管理和保护范围内的建设项目经批准后,建设单位必须将批准文件和施工安排送水行政主管部门审核,经审核合格后方可办理开工手续。

⑤检查和验收。建设单位在施工期间,水行政主管部门有权对其是否符合同意书要求进行检查,被检查单位应如实提供情况,对于未按审查同意书或经审核的施工安排要求进行施工,应及时向建设单位提出改正意见,建设单位必须履行。

建设项目以及水土保持设施建设竣工后,必须经水行政主管部门验收合格后方可启用。

【技术指导9-2】 福建省水利厅关于三明市东牙溪水库大坝安全鉴定的批复扫码9-1学习。

码9-1 福建省水利厅关于三明市东牙溪水库大坝安全鉴定的批复

2. 水行政许可

水行政许可指县级以上人民政府水行政主管部门根据有关法律、法规的规定,在水行政管理职权范围内,依相对人申请,准予相对人从事某种水事活动的水行政处理决定。一般通过发放许可证和验审等方式实施。

水行政许可的主要程序：提出申请—审查申请—批准申请。

【技术指导9-3】 福建省水利厅关于福州水务集团有限公司塘坂引水二期工程取水许可申请的批复扫码9-2学习。

码9-2　福建省水利厅关于福州水务集团有限公司塘坂引水二期工程取水许可申请的批复

【技术指导9-4】 水利部公布中央指定地方实施行政许可事项清单（部分）如表9-1所示。

表9-1　水利部公布中央指定地方实施行政许可事项清单（部分）

项目编码	地方实施许可名称	审批对象	审批层级和部门	依据
D16001	取水许可	单位、个人	水行政主管部门（省、市、县）	《水法》《取水许可和水资源费征收管理条例》
D16002	水利基建项目初步设计文件审批	行政机关、事业单位、企业	水行政主管部门（省、市、县）	国务院决定
D16003	水工程建设规划同意书审核	行政机关、事业单位、企业	水行政主管部门（省、市、县）	《水法》《防洪法》
D16004	农村集体经济组织修建水库审批	农村集体经济组织或其成员	水行政主管部门（市、县）	《水法》
D16006	河道采砂许可	事业单位、企业或公民个人	河道主管机关（省、市、县）	《水法》《河道管理条例》
D16008	不同行政区域边界水工程批准	行政机关、事业单位、企业	水行政主管部门（省、市、县）	《水法》《防洪法》
D16010	河道管理范围内建设项目工程建设方案审批	事业单位、企业或公民个人	水行政主管部门（省、市、县）	《水法》《防洪法》《河道管理条例》

【知识拓展9-1】 法律、行政法规、国务院决定设定的水利行政许可事项清单（2022年版）扫码9-3学习。

码 9-3　法律、行政法规、国务院决定设定的水利行政许可事项清单(2022 年版)

【知识拓展 9-2】　水利部本级行政许可事项清单(2022 年版)扫码 9-4 学习。

码 9-4　水利部本级行政许可事项清单(2022 年版)

(三)水行政处罚

水行政处罚指县级以上人民政府水行政主管部门或者法律、法规授权的组织依法惩戒违反水行政管理秩序的公民、法人或其他组织的一种具体行政行为。

1. 水行政处罚的原则

遵循公正、公开的原则;以事实为依据,与违法行为的事实、性质、情节以及社会危害程度相当;坚持处罚与教育相结合,教育公民、法人或者其他组织自觉守法。

2. 水行政处罚的种类

《水行政处罚实施办法》(2023 年 3 月 10 日水利部令第 55 号发布)第四条规定了水行政处罚的种类有:

(1)警告、通报批评。

(2)罚款、没收违法所得、没收非法财物。

(3)暂扣许可证件、降低资质等级、吊销许可证件。

(4)限制开展生产经营活动、责令停产停业、责令关闭、限制从业。

(5)法律、行政法规规定的其他水行政处罚。

3. 水行政处罚简易程序

水行政处罚简易程序也称为当场处罚程序,指在具备某些条件的情况下,由执法人员当场作出行政处罚决定,并且当场执行的过程。适用于水事违法行为事实确凿并有法定依据,对公民处以二百元以下、对法人或者其他组织处以三千元以下罚款或者警告的行政处罚。

当场作出水行政处罚决定的,水行政执法人员应当遵守下列程序:

(1)向当事人出示行政执法证件。

(2)当场收集违法证据。

(3)告知当事人违法事实、处罚理由和依据,并告知当事人依法享有陈述和申辩的权利。

(4)听取当事人的陈述和申辩。对当事人提出的事实、理由和证据进行复核,当事人明确放弃陈述或者申辩权利的除外。

(5)填写预定格式、编有号码的水行政处罚决定书,并由水行政执法人员签名或者盖章。

(6)将水行政处罚决定书当场交付当事人,当事人拒绝签收的,应当在水行政处罚决定书上注明。

(7)在五个工作日内(在水上当场处罚,自抵岸之日起五个工作日内)将水行政处罚决定书报所属水行政处罚机关备案。

4. 水行政处罚普通程序

除依法可以当场作出水行政处罚决定的外,水政执法普通程序(流程)见本节内容“三、水行政执法的完整程序”。

【技术指导 9-5】 行政处罚与行政处分的比较见表 9-2。

表 9-2 行政处罚与行政处分的比较

		行政处罚	行政处分
区别	1. 作出决定的主体范围不同	享有行政处罚权的行政主体作出	由受处分的公务员所在机关,或上级机关,或行政监察机关作出
	2. 制裁的对象不同	违反行政法规范的公民、法人或其他组织	仅限于行政机关系统内部的公务员
	3. 采取的形式不同	警告、罚款、行政拘留、吊销许可证执照、责令停产停业、没收财物等	警告、记过、记大过、降级、撤职和开除等六种形式
	4. 行为的性质不同	属于外部行政行为,以行政管辖关系为基础	属于内部行政行为,以行政隶属关系为前提
	5. 依据的法律、法规不同	由有关行政管理的法律法规、规章调整	由有关行政机关工作人员或公务员的法律制度调整
	6. 救济途径不同	相对方通过行政复议与行政诉讼获得救济	被处分的公务员只能向作出处分决定的机关的上一级机关或行政监察部门申诉
相同点		都是国家行政机关作出的制裁行为	

【知识拓展 9-3】 水利部管辖的行政处罚职权清单扫码 9-5 学习。

码 9-5 水利部管辖的行政处罚职权清单

【知识拓展 9-4】《水行政处罚实施办法》扫码 9-6 学习。

码 9-6 《水行政处罚实施办法》

(四)水行政强制执行

水行政强制执行是指行政机关或者行政机关申请人民法院，对不履行行政决定的公民、法人或者其他组织，依法强制履行义务的行为。

三、水行政执法的完整程序

(1)符合立案条件的水事违法案件，要填写“立案审批表”，及时进行立案查处。

(2)指派两名以上水政执法人员进行调查取证，执法人员与本案有直接利害关系的，应当回避。

(3)依法调查案件，告知当事人要调查的范围、事项，然后填写“询问笔录”和“现场(检查)勘验笔录”，笔录由调查人员签名或盖章后交被调查人核对后签名或盖章确认。

(4)采取法定的取证方式收集证据。遇到证据可能灭失或者以后难以取得的情况时，可以先行登记保存，填写“先行登记保存证据审批表”，并经水行政处罚机关批准。先行登记保存实施前，要向当事人下达“先行登记保存证据通知书”，填写“先行登记保存证据清单”，并由当事人签字后确认。水行政处罚机关应当在七日内对先行登记保存的证据作出处理决定。

(5)调查终结后，水政执法人员要提出书面报告。水行政处罚机关要对报告进行认真审查。需要集体讨论的要制作“集体讨论笔录”。审查后作出处理决定并填写“案件处理意见书”。处理决定有以下几种方式：

①确有应受行政处罚的违法行为的，根据情节及具体情况，作出水行政处罚决定；

②违法情节轻微，依法可以不予行政处罚的，不予水行政处罚；

③违法事实不能成立的，不得给予水行政处罚；

④违法行为已构成犯罪的，移送司法机关处理。

(6)在作出水行政处罚决定之前，应送达“行政处罚先行告知书”，告知当事人给予水行政处罚的事实、理由、依据和拟作出的水行政处罚决定，并告知当事人依法享有的陈述、申辩权利；符合听证条件的，应当同时告知当事人有在告知后 3 日内要求举行听证的权利，并下达“听证告知书”。

(7)当事人进行陈述和申辩的，充分听取当事人的意见，并填写“陈诉(申辩)书”，对当事人提出的事实、理由和证据进行复核。

(8)依法给予水行政处罚的，应当制作“行政处罚决定书”，向当事人宣告，并当场交付当事人；当事人不在场的可采取留置送达或公告送达，7 日内完成送达。

(9)当事人应当在法定期限内履行水行政处罚决定。当事人对水行政处罚决定不服，在法定期限内既不依法申请行政复议也不提起行政诉讼的，水行政处罚机关有权采取强制措施的可依法采取行政强制措施,无权采取强制措施的依法申请人民法院强制执行。

(10)水事案件结案后,水政执法人员要填写“行政处罚案件结案报告”备案。

【知识拓展9-5】《全面提升水行政执法效能　为推动新阶段水利高质量发展提供法治保障》,扫码9-7学习。

码9-7 《全面提升水行政执法效能　为推动新阶段水利高质量发展提供法治保障》

任务9.2 水行政争议解决

党的二十大报告中指出“推进法治中国建设必须坚持以人民为中心,把体现人民利益、反映人民愿望、维护人民权益、增进人民福祉落实到全面依法治国各领域全过程,必须牢牢把握社会公平正义这一法治价值追求,努力让人民群众在每一项法律制度、每一个执法决定、每一宗司法案件中都感受到公平正义。”

一、水行政争议的构成要件

水行政争议是指实施具体水行政行为的水行政机关与该具体水行政行为相对人,针对水行政机关实施的具体行政行为是否合法(包括适当)而引起的争议。

水行政争议构成要件:①争议的一方必须是实施具体行政行为的行政机关;②争议的对象必须是行政机关实施的具体行政行为;③争议要解决的是确定具体行政行为是否合法。

二、水行政争议的解决

(一)水行政复议

行政复议是指行政相对人不服行政主体的具体行政行为,依法向行政复议机关提出申请,请求重新审查并纠正原具体行政行为,行政复议机关据此对原具体行政行为是否合法与适当进行审查并作出决定的法律制度。

行政复议是公民、法人或其他组织通过行政救济途径解决行政争议的一种方法。行政复议工作应当遵循合法、公正、公开、及时、便民的原则。

1. 当事人不能提起行政复议的事项

(1)内部行政行为。

(2)对民事纠纷处理的行为。

(3)抽象行政行为。

2. 水行政复议的程序

(1)申请。当事人在接到《违反水法规行政处罚决定通知书》60日内提出书面或口头的复议申请。

(2)受理。复议机关自接到申请书5日内,应对复议申请作出如下处理:

①复议申请符合法律、法规规定和复议申请条件的,应予受理。

②复议申请不符合复议申请条件的,不予受理,但应告知申请人不予受理的理由。

③复议申请内容不全的,应告知申请人补充并要求按期补正。过期不补正的,视为未申请。

(3)审理。水行政复议一般实行书面复议的方式。复议机关在受理之日起7日内将复议申请书副本发送被申请人。被申请人应在收到复议申请副本10日内,向复议机关提交原具体行政行为的有关材料,并提交答辩书。逾期不提交的,不影响复议。

(4)复议决定。复议机关经过审理后作出复议决定。一般应在收到复议申请书之日起60日内作出复议决定,并制作复议决定书按有关规定送达。

(5)送达。复议决定书由水行政复议机关制作后送达申请人和被申请人。送达必须有送达回证。受送达人在送达回证上签收的日期为送达日期。

(6)执行。水行政复议决定具有执行力。申请人收到水行政复议决定15天内不向法院起诉、逾期又不履行复议决定的,如复议决定维持原决定的,由作出原决定的水行政机关申请人民法院强制执行;如复议决定改变了原决定的,由复议机关申请人民法院强制执行。被申请人拒绝履行复议决定时,水行政复议机关可建议有关部门追究其法人代表的法律责任。

【技术指导9-6】 水行政复议决定不是终局决定。

申请人或被申请人在收到复议决定后15日内可向人民法院起诉,另行进入行政诉讼程序。在法院未作判决或裁决之前,复议决定的法律效力不变。

(二)水行政诉讼

1. 水行政诉讼的被告

若当事人未提起复议,而直接向法院提起诉讼,应将水行政机关作为被告。而经过复议,申请人不服复议决定,向法院起诉时,应将复议机关一并列为被告。

2. 审理程序

人民法院对水行政诉讼案件的审理一般包括两个阶段:前一阶段主要是开庭前的准备工作,即查阅诉讼材料、调查收集证据、核实案情,决定是否更换和追加当事人,决定是否停止执行水行政机关的原具体行政行为等。后一阶段则是开庭审理,一般经过开庭、法庭调查、法庭辩论、合议庭评议、审判等过程。

人民法院的第一审判决在立案之日起3个月内完成。

行政管理相对人对人民法院的第一审判决或者裁定不服,可向上一级人民法院提起上诉,并由上一级人民法院作出第二审判决(终审)。

第二审人民法院的判决、裁定是终审的判决、裁定,一经宣告或送达即发生法律效力,当事人不能再提起上诉。

人民法院的判决书一经送达,当事人即应依法执行。逾期不执行的,人民法院的执行组织可以依法实施强制执行。

【知识拓展9-6】 最高检、水利部印发《关于建立健全水行政执法与检察公益诉讼协作机制的意见》,扫码9-8学习。

码 9-8 《关于建立健全水行政执法与检察公益诉讼协作机制的意见》

【技术指导 9-7】　水行政执法与水行政争议处理完整流程如图 9-1 所示。

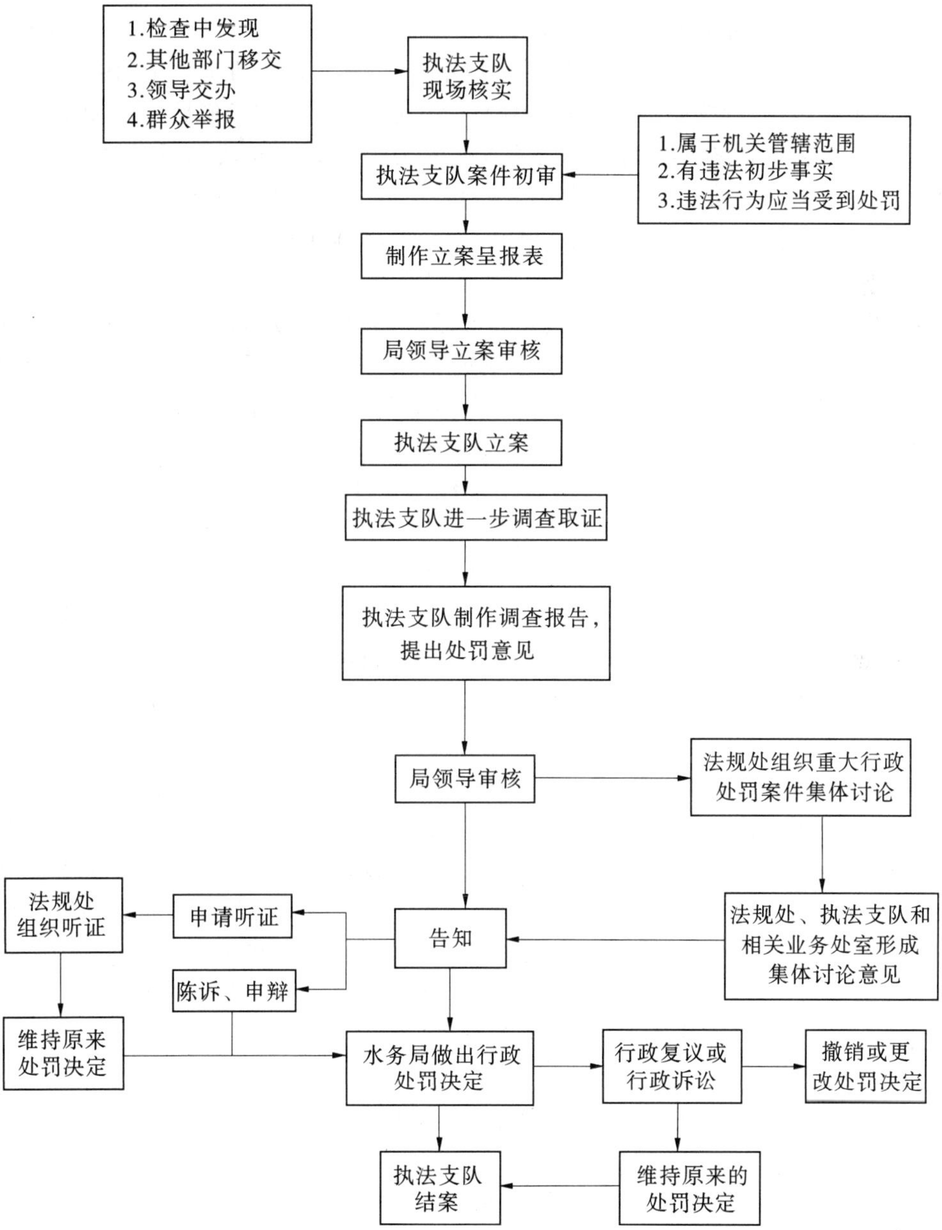

图 9-1　水行政执法与水行政争议处理完整流程

【以案说法 9-1】 某自来水公司在河道内违章修建井房案。

案情及查处经过:1999 年 4 月初,豫西地区黄河河务局(简称河务局)水政监察支队在进行河道巡查时,发现洛阳市吉利自来水有限责任公司(简称自来水公司)未经河道主管机关批准,擅自在洛阳黄河公路大桥北段西侧黄河滩地修建井房、围墙等违章建筑共计 13 处。该违法建筑所处河段,属于无堤防河道。《关于确定洛阳市黄河河道管理范围的通知》(洛政〔1997〕26 号),确定了河道管理范围为断面高程 120.49 米以下。而上述违章建筑均在此高程以内,属于河道管理范围。

案件发生后,河务局水政监察人员立即进行了立案调查。1999 年 4 月 10 日和 5 月 6 日,河务局水政监察人员两次调查取证,并于同年 8 月 19 日以豫西黄告字〔1999〕第 3 号向自来水公司送达了《行政处罚告知书》,自来水公司接到后没有任何反应。1999 年 8 月 31 日,河务局依法向自来水公司送达了《违反水法规行政处罚决定通知书》(豫西黄〔1999〕水罚第 4 号),对其在黄河河道内违章修建井房、围墙的违法行为,根据《防洪法》第五十六条的规定,限十日内拆除井房、围墙,并处以 45 000 元的罚款。自来水公司对河务局的处罚决定不服,1999 年 9 月 15 日,向洛阳市吉利区人民法院提起行政诉讼(起诉)。同年 10 月 15 日,河务局向一审法院提交了《答辩状》。2000 年 2 月 29 日,洛阳市吉利区人民法院以〔2000〕吉行初字第 3 号下达了《洛阳市吉利区人民法院行政判决书》(一审)。判决认为:自来水公司所建井房、围墙等建筑物是吉利区供水工程的配套设施,该建筑物位于吉利区城市规划区范围内,建设管理应适用《城市规划法》,而河务局以河道管理为由,依据《防洪法》对自来水公司实施行政处罚属滥用职权,撤销河务局对自来水公司的处罚决定。

河务局不服一审判决,以自来水公司所建井房、围墙等建筑物在黄河河道管理范围内,直接影响了防洪安全,属违章建筑,依照《防洪法》对该公司作出限期拆除违章建筑物并处罚款的处罚决定正确等为主要理由向洛阳市中级人民法院提起上诉,请求撤销原判,维持河务局所作处罚决定。2000 年 6 月 4 日,洛阳市中级人民法院以〔2000〕洛行终字第 45 号下达了《河南省洛阳市中级人民法院行政判决书》(二审也是终审)。判决认为:自来水公司在黄河河道内修建井房、围墙等建筑物,影响防洪安全,违反了《防洪法》关于禁止在河道管理范围内修建影响行洪建筑物的规定。河务局是豫西地区黄河河道的主管机关,对自来水公司违反《防洪法》的行为有权实施处罚。河务局在对自来水公司作出行政处罚之前对该公司的违法事实进行了充分调查,并按照行政处罚的程序向该公司履行了告知义务,因此其处罚事实清楚,证据充分,程序合法,适用法律正确。根据《行政诉讼法》第五十四条第一项、第六十一条第三项的规定,撤销原判,维持河务局所作的行政处罚决定,一、二审诉讼费均由原告自来水公司负担。

案评:

这是一起违反《防洪法》、在黄河河道管理范围内建设妨碍行洪的建筑物从而危害黄河防洪安全的案例。

(1)《防洪法》第二十二条规定,禁止在河道、湖泊管理范围内建设妨碍行洪的建筑物、构筑物,倾倒垃圾、渣土,从事影响河势稳定、危害河岸堤防安全和其他妨碍河道行洪的活动。同时,第五十六规定,违反上述规定时当事人应负的法律责任,即责令其停止违法行为，排除阻碍或者采取其他补救措施，可以处五万元以下的罚款。结合本案，能否适用《防洪法》的上述规定的关键问题是该案中的建筑物是否在黄河河道管理范围内。一审法院认定该建筑物在城市规划区内应适用《城市规划法》，而二审法院认定本案建筑物在河道管理范围内应适用《防洪法》。法院审理案件所依据的法律不同，就会产生不同的判决结果。适用法律正确与否，对于案件的公正判决起着决定作用。因此，确定建筑物是位于河道管理范围内还是城市规划区内，是正确适用法律从而正确处理此案的前提。

由于本案建筑物所处的位置是在无堤防的河道区域，因此双方对该建筑物是否真正位于河道管理范围内产生了争议。因此，依法界定无堤防河道的管理范围是确定建筑物位置的关键。《防洪法》第二十一条规定，无堤防的河道的管理范围是历史最高洪水位或者设计洪水位之间的水域、沙洲、滩地和行洪区。根据《关于确定洛阳市黄河河道管理范围的通知》（洛政〔1997〕26号），该区域的无堤防河道的管理范围为铁谢断面高程120.49米以下，本案建筑物均在此高程以内，显然位于黄河河道管理范围内。既然违法建筑在黄河河道管理范围内，那么河务局根据水利部和黄河水利委员会授权对此进行管理，并依据《防洪法》对自来水公司进行处罚，是完全合法和有效的，理应得到二审法院判决的支持。

（2）《河道管理条例》第十六条规定，“沿河城镇在编制和审查城镇规划时，应当事先征求河道主管机关的意见”。吉利区在编制和报批城市规划时，未征求黄河河道主管部门的意见，这与《河道管理条例》相违背。由此造成了城市规划区和河道管理范围的交叉，出现了城市规划建设与河道管理之间的矛盾。自来水公司在黄河河道管理范围内修建井房、围墙，虽是根据吉利区城市规划进行的建设活动，但不符合河道管理的有关规定。黄河安危事关大局，城市规划必须符合黄河河道管理的相关要求。

模块思考与练习

一、填空题

1.《水法》规定，国家对水资源依法实行________制度。

2. 新建、扩建、改建建设项目时，节水设施应当与主体工程同时________、同时________、同时________。

3. 直接从江河、湖泊或者地下取用水资源的单位和个人，应向水行政主管部门或者流域管理机构申请领取________，并缴纳________，取得取水权。

4. 开发、利用地下水资源，应当优先安排________用水，合理分配农业、工业和生态环境用水。

5. ________是开发、利用、节约、保护、管理水资源和防治水害的基本依据。

6. 无堤防的河道，其管理范围为________________________________。

7. 防洪工作实行________________________________原则。

8. 在汛期，船舶的行驶和停靠必须遵守________________________的规定。

9. 直接从江河、湖泊、水库或者地下取用水资源的单位和个人，应当向水行政主管部门申领取水许可证，按照________取水，并缴纳水资源费，取得取水权。

10. 需要取用地下水的新建、改建、扩建建设项目，建设单位在报送建设项目可行性研究报告前，应当向建设项目所在地水行政主管部门提出取水许可预申请，并附________报告书。

11. 开发利用和保护水资源，应当服从________安排，实行________相结合的原则。

12. 无堤防的河道，其管理范围根据____确定。

13. 开采矿藏或者建设地下工程，必须对不同含水层进行________封隔。

14. 在汛期，河道主管机关有权对河道上的竹木和其他漂流物进行______________。

15.《中华人民共和国河道管理条例》的适用范围是____________________________。

16.《水土保持法》所称水土保持，是指对自然因素和人为活动造成水土流失所采取的____________________________措施。

17. ____________________________部门主管本行政区域的水土保持工作。

18. 开办生产建设项目或者从事________活动造成水土流失的，应当________。

19. 开办生产建设项目或者从事其他生产建设活动，损坏水土保持设施、地貌植被，不能恢复原有水土保持功能的，应当缴纳________，专项用于水土流失预防和治理。

20. 在防洪工程设施保护范围内，禁止进行________、________、________、________等危害防洪工程设施安全的活动。

21. 地区之间在防汛抗洪方面发生的水事纠纷，由__________________部门处理。

22. 对饮用水源地应当按照不同水域特点和防护要求，划定部分水域、陆域为饮用水水源保护区和饮用水水源________区。饮用水水源保护区包括________保护区、________保护区。

23. 河道取水口上游一千米至下游五百米，及其两岸背水坡堤脚外一百米范围内的水域和陆域为一级保护区；一级保护区以外上溯____米、下延____米范围内的水域和陆域为二级保护区；二级保护区以外上溯____米、下延____米范围内的水域和陆域为准保护区。

24. 在批准的使用期限内，河道主管机关为了________、________、________等公共利益的需要，可以依法撤销、变更、收回行政许可决定，建设单位应当服从。

25. 利用________改善水环境，应当按照省人民政府的规定缴纳水费。

26.《取水许可和水资源费征收条例》所称取水是指________取用水资源。

27.《取水许可和水资源费征收条例》所称取水工程或者设施，是________________。

28.《取水许可和水资源费征收条例》规定，取水许可证有效期限一般为____年，最长不超过____年。

29.《取水许可和水资源费征收条例》规定，取水许可证有效期届满，需要延长的，取水单位或者个人应当在有效期届满____日前向________________提出申请。

30. 防汛抗洪工作实行各级人民政府________负责制，统一指挥、分级分部门负责。

31. 对河道、湖泊范围内阻碍行洪的障碍物，按照________原则，由防汛指挥机构责令限期清除。

32. 县（市、区）人民政府________部门依照规定权限负责本行政区域内堤坝的管理工作。

33. 国家对水土保持工作实行____方针。

二、单选题

1. 开发利用和保护水资源,应当服从防洪总体安排,实行( )的原则。

A. 开发污染防治技术 B. 兴利与除害相结合

C. 预防为主 D. 防洪总体安排

2. 防洪工作实行全面规划、统筹兼顾、( )、综合治理、( )的原则。

A. 预防为主 个人利益服从集体利益 B. 减轻灾害 局部利益服从全局利益

C. 预防为主 局部利益服从全局利益 D. 减轻灾害 个人利益服从集体利益

3. 大坝的建设和管理应当贯彻( )的方针。

A. 效率第一 B. 成本第一

C. 安全第一 D. 预防第一

4.《中华人民共和国水法》所称水资源,包括( )。

A. 海水 B. 空中水、地表水和地下水

C. 地表水 D. 地表水和地下水

5. 县级以上地方人民政府水行政主管部门或者流域管理机构应当根据批准的水量分配方案和年度预测来水量,制定( ),实施水量统一调度;有关地方人民政府必须服从。

A. 年度水量分配方案和调度方案 B. 年度水量分配计划和调度方案

C. 年度水量分配方案和调度计划 D. 年度水量分配计划和调度计划

6.《中华人民共和国河道管理条例》规定,城镇建设和发展不得占用( )。城镇规划的临河界限,由河道主管机关会同城镇规划等有关部门确定。

A. 土地 B. 河道滩地

C. 滩地 D. 湖泊

7.《中华人民共和国河道管理条例》规定,国务院水行政主管部门是全国( )的主管机关。

A. 河道 B. 水流 C. 水资源 D. 河流

8. 对河道管理范围内的阻水障碍物,按照( )的原则,由河道主管机关提出清障计划和实施方案,由防汛指挥部责令设障者在规定的期限内清除。

A. 谁审批,谁清除 B. 谁执法,谁清除

C. 谁主管,谁清除 D. 谁设障,谁清除

9.《中华人民共和国水土保持法》所称水土保持,是指对( )和人为活动造成水土流失所采取的预防和治理措施。

A. 自然因素 B. 洪水 C. 阳光 D. 风沙

10.《中华人民共和国河道管理条例》第二条规定:本条例适用于中华人民共和国领域内的河道包括( )。

A. 湖泊、行洪区、蓄洪区 B. 湖泊、人工水道、行洪区

C. 湖泊、行洪区、蓄洪区、滞洪区 D. 湖泊、人工水道、行洪区、蓄洪区、滞洪区

11. 在河道管理范围内建设桥梁、码头和其他拦河、跨河、临河建筑物、构筑物,铺设跨河管道、电缆,应当符合国家规定的( )和其他有关的技术要求,工程建设方案应当依

照防洪法的有关规定报经有关水行政主管部门审查同意。

A. 防洪标准　B. 防汛标准　C. 防汛指标　D. 行洪标准

12. 县级以上人民政府水行政主管部门或者流域管理机构应当按照水功能区对水质的要求和水的自然净化能力，核定该水域的纳污能力，向环境保护行政主管部门提出该水域的(　　)意见。

A. 治污措施　B. 水质达标

C. 限制排污总量　D. 排污总量限制

13. 实行最严格的水资源管理制度，即实行用水总量控制制度、用水效率控制制度和(　　)。

A. 企业用水管理制度　B. 家庭用水管理制度

C. 水功能区限制纳污制度

14. 国家鼓励单位和个人依法开发、利用水资源，并保护其合法(　　)。

A. 权益　B. 利益　C. 权利　D. 效益

15. 国家对水资源依法实行取水许可制度和有偿使用制度。(　　)负责全国取水许可制度和水资源有偿使用制度的组织实施。

A. 各级人民政府水行政主管部门　B. 国务院有关部门

C. 国务院水行政主管部门　D. 国务院

16. 禁止围垦河道。确需围垦的，应当经过科学论证，经省、自治区、直辖市人民政府水行政主管部门或者(　　)同意后，报本级人民政府批准。

A. 流域管理机构　B. 国务院水行政主管部门

C. 国土资源主管部门　D. 计划部门

17. 国家实行(　　)制度。河道采砂许可制度实施办法由国务院规定。

A. 河道采砂许可　B. 河道采砂准入

C. 河道采砂批准

18. 任何单位和个人引水、截(蓄)水、排水，不得(　　)公共利益和他人的合法权益。

A. 损害　B. 侵占

C. 妨碍　D. 危害

19. 国家对用水实行总量控制和(　　)相结合的制度。

A. 单位使用　B. 家庭用水

C. 定额管理

20. 在河道管理范围内，禁止(　　)、倾倒、掩埋、排放污染水体的物体。

A. 堆放　B. 存储　C. 冲洗

三、多选题

1.《中华人民共和国水土保持法》规定，林木采伐应当采用合理方式，严格控制皆伐；对(　　)等防护林只能进行抚育和更新性质的采伐；对采伐区和集材道应当采取防止水土流失的措施，并在采伐后及时更新造林。

A. 防风固沙林　B. 经济林　C. 水源涵养林　D. 水土保持林

2. 禁止危害农田水利工程设施的行为有(　　)。

A. 建设妨碍蓄水、输水、排水的建筑物和构筑物

B. 侵占、损毁农田水利工程设施

C. 危害农田水利工程设施安全的爆破、打井、采石、取土等活动

D. 堆放阻碍蓄水、输水、排水的物体

3.《中华人民共和国河道管理条例》规定,修建(　　),必须按照国家规定的防洪标准所确定的河宽进行,不得缩窄行洪通道。

A. 道路　　B. 桥梁　　C. 码头　　D. 其他设施

4. 防洪区分为(　　)。

A. 行洪区　　B. 蓄滞洪区　　C. 洪泛区　　D. 防洪保护区

5. 水文测站分为(　　)。

A. 国家基本水文测站　　B. 专用水文测站

C. 地区水文测站　　D. 区域水文测站

四、判断题

1. 国家鼓励采取先进适用的农田排水技术和措施,促进盐碱地和中低产田改造;控制和合理利用农田排水,减少肥料流失,防止农业面源污染。(　　)

2. 相对人不服水行政机关的抽象行政行为,可以依法向行政复议机关提出复议申请。(　　)

3. 国家鼓励单位和个人依法开发、利用水资源,并保护其合法权益。开发、利用水资源的单位和个人有依法保护水资源的义务。(　　)

4. 在河道管理范围内,水域和土地的利用应当符合江河行洪、输水和航运的要求;滩地的利用,可以由河道主管机关会同土地管理等有关部门制定规划,报县级以上地方人民政府批准后实施。(　　)

5. 水资源费的缓缴期限最长不得超过30日。(　　)

6. 被许可人以欺骗、贿赂等不正当手段取得的水行政许可属于直接关系防洪安全、水利工程安全、水生态环境安全、人民群众生命财产安全事项的,申请人在两年内不得再次申请该水行政许可;构成犯罪的,依法追究刑事责任。(　　)

7. 直接从江河、湖泊或者地下取用水资源的单位和个人,应当按照国家取水许可制度和水资源有偿使用制度的规定,向水行政主管部门或者流域管理机构申请领取取水许可证,取得用水权。要缴纳水资源税(费)。(　　)

8.《水库大坝安全管理条例》适用于中华人民共和国境内坝高15米以上或者库容100万立方米以上的水库大坝,大坝包括永久性挡水建筑物、临时性挡水建筑物以及与其配合运用的泄洪、输水和过船建筑物等。(　　)

9. 水资源费由水行政主管部门代为收取。(　　)

10. 修改后的《中华人民共和国水法》由全国人民代表大会常务委员会会议通过。(　　)

11. 行洪河道内禁止堆放物料、取土、挖井,但可以种植高秆作物。(　　)

12. 井内出现泥沙、水浑、水位大幅度下降或者发生井台断裂塌陷、计量装置失灵等异常情况时取用地下水的单位和个人应当立即停止取水,采取相应防护措施,并及时报告水行政主管部门。(　　)

13. 一切单位和个人都有保护河道堤防安全和参加防汛抢险的义务。( )

14. 水土保持是指对自然因素和人为活动造成水土流失所采取的预防和治理措施。( )

15. 各级人民政府防汛抗旱指挥部办公室是临时机构。( )

16. 国家对用水实行计量收费和超定额累进加价制度。( )

17. 报废、闲置或者施工未成的深井,所属单位应当向水行政主管部门办理注销取水许可手续并按照规定采取封填措施,防止地下水污染。( )

18. 农村集体经济组织及其成员使用本集体经济组织的水塘、水库中的水的,不需要办理取水许可证。( )

19. 无堤防的河道、湖泊管理范围为设计洪水位之间的水域、沙洲、滩地和行洪区。( )

20. 单位和个人有保护水工程的义务,不得侵占、毁坏堤防、护岸、防汛、水文监测、水文地质监测等工程设施。( )

21. 违章占用、出租和转让水利工程管理范围内的土地,应责令退还,限期拆除土地上一切设施,没收非法所得,并按占用土地收费标准五至十倍罚款。( )

22. 水资源属于国家所有,任何人使用水,都必须首先取得取水权。( )

23. 单位和个人可以以多种形式参与水资源的开发、利用。( )

24. 在紧急防汛期,为了防汛抢险需要,防汛指挥部有权调用物资、设备、交通运输工具和人力。( )

25. 河道、湖泊、海堤、涵闸管理单位应当在适宜植树造林地段营造护堤林、护岸林,任何单位和个人不得任意采伐。( )

五、问答题

1. 直接从江河、湖泊或者地下取用水资源的单位和个人,怎样取得取水权?

2.《中华人民共和国水法》规定,国家对取水实行什么样的制度?对水资源实行什么样的管理体制?

3. 水资源的所有权归谁所有?国家对河湖管理实行怎样的管理体制?

4.《最严格水资源管理制度》中的“三条红线、四项制度”分别是什么?

5. 水污染防治工作的责任主体是谁?

6. 水污染防治措施有哪些?

7. 饮用水水源保护区内的禁止行为有哪些?

8. 四级河长的主要任务是什么?

9. 防汛抗洪工作的基本原则是什么?

10. 简述防洪规划编制原则和主要内容。

11. 如何确定河道的管理范围?

12. 简述河道采砂规划的主要内容。

13. 水土保持的方针是什么?水土保持规划的内容主要有哪些?

14. 水土流失治理措施有哪些?

15. 简述水行政执法的程序和水行政争议的解决途径。

模块3 水利水电工程建设与管理法律制度

项目10 水利水电工程建设项目法人管理制度

【知识目标】

1. 了解不同类型水利工程建设项目法人的组建条件。

2. 掌握水利工程建设项目法人的基本职责。

【技能目标】

1. 规范不同类型水利工程建设项目法人组建要求。

2. 掌握水利工程建设项目法人的基本职责。

【育人目标】

1. 树立水利建设者的责任担当意识。

2. 培养“严格程序、执行标准、科学管理、注重效益、严谨求实、进取创新”的职业准则。

【问题导入】

随着“放管服”改革不断深化,部分大中型水利工程项目法人由市县级人民政府组建或其委托同级水行政主管部门组建,出现了项目法人组建不规范、队伍力量偏弱、履职能力不强、职责不明晰、监督考核机制不健全等突出问题,“小马拉大车”现象较为普遍,影响了项目法人责任制效能的有效发挥,造成部分水利建设项目在质量、安全、进度、资金管理等方面问题频发。

【任务分析】

1. 水利工程建设项目法人组建有什么要求?

2. 水利工程建设项目法人的基本职责有哪些?

任务10.1 水利工程建设项目法人的组建

项目法人是在工程项目建设的各个阶段,作为责任主体负责建设管理活动的组织,是建设工程活动中最主要的主体。项目法人责任制作为水利工程建设项目管理的基本制度之一,对保障水利工程建设的有序实施发挥了重要作用。

关于水利工程建设项目法人管理的规定主要有:①《水利工程建设项目管理规定(试行)》(水建〔1995〕128号,2016年修正);②《水利工程建设项目法人管理指导意见》(水建设〔2020〕258号)。

一、水利工程建设项目法人的组建

(一)基本要求

(1)政府出资的水利工程建设项目,应由县级以上人民政府或其授权的水行政主管部门或者其他部门(简称政府或其授权部门)负责组建项目法人。

(2)政府与社会资本方共同出资的水利工程建设项目,由政府或其授权部门和社会资本方协商组建项目法人。

(3)社会资本方出资的水利工程建设项目,由社会资本方组建项目法人,但组建方案需按照国家关于投资管理的法律法规及相关规定经工程所在地县级以上人民政府或其授权部门同意。

(4)在国家确定的重要江河、湖泊建设的流域控制性工程及中央直属水利工程,原则上由水利部或流域管理机构负责组建项目法人。

(5)其他项目的项目法人组建层级,由省级人民政府或其授权部门结合本地实际,根据项目类型、建设规模、技术难度、影响范围等因素确定。其中,新建库容10亿立方米以上或坝高大于70米的水库、跨地级市的大型引调水工程,应由省级人民政府或其授权部门组建项目法人,或由省级人民政府授权工程所在地市级人民政府组建项目法人。

(6)跨行政区域的水利工程建设项目,一般应由工程所在地共同的上一级政府或其授权部门组建项目法人,也可分区域由所在地政府或其授权部门分别组建项目法人。分区域组建项目法人的,工程所在地共同的上一级政府或其授权部门应加强对各区域项目法人的组织协调。

(7)鼓励各级政府或其授权部门组建常设专职机构,履行项目法人职责,集中承担辖区内政府出资的水利工程建设。

(8)积极推行按照建设运行管理一体化原则组建项目法人。对已有工程实施改、扩建或除险加固的项目,可以以已有的运行管理单位为基础组建项目法人。

(二)禁止规定

(1)水行政主管部门主要负责人不得兼任项目法人的法定代表人。

(2)各级政府及其组成部门不得直接履行项目法人职责;政府部门工作人员在项目法人单位任职期间不得同时履行水利建设管理相关行政职责。

二、水利工程建设项目法人应具备的基本条件

(1)具有独立法人资格,能够承担与其职责相适应的法律责任。

(2)具备与工程规模和技术复杂程度相适应的组织机构,一般可设置工程技术、计划合同、质量安全、财务、综合等内设机构。

(3)总人数应满足工程建设管理需要,大、中、小型工程人数一般按照不少于30人、12人、6人配备,其中工程专业技术人员原则上不少于总人数的50%。

(4)项目法人的主要负责人、技术负责人和财务负责人应具备相应的管理能力和工程建设管理经验。

①技术负责人应为专职人员,有从事类似水利工程建设管理的工作经历和经验,能够独立处理工程建设中的专业问题,并具备与工程建设相适应的专业技术职称;

②大型水利工程和坝高大于70米的水库工程项目法人技术负责人应具备水利或相关专业高级职称或执业资格;

③其他水利工程项目法人的技术负责人应具备水利或相关专业中级以上职称或执业资格。

(5)水利工程建设期间,项目法人主要管理人员应保持相对稳定。

任务10.2 水利工程建设项目法人的职责

一、水利工程建设项目法人的职责

水利工程建设项目法人对工程建设的质量、安全、进度和资金使用负首要责任,应承担以下主要职责。

(一)水利工程项目的前期工作

(1)组织开展或协助水行政主管部门开展初步设计编制、报批等相关工作。

(2)按照基本建设程序和批准的建设规模、内容,依据有关法律法规和技术标准组织工程建设。

(3)根据工程建设需要组建现场管理机构,任免其管理、技术及财务等重要岗位负责人。

(4)参与做好征地拆迁、移民安置工作,配合地方政府做好工程建设其他外部条件落实等工作。

(5)根据项目特点,依法依规选择工程承发包方式。合理划分标段,避免标段划分过细过小。禁止唯最低价中标等不合理的招标采购行为,择优选择综合实力强、信誉良好、满足工程建设要求的参建单位。对具备条件的建设项目,推行采用工程总承包方式,精简管理环节。对于实行工程总承包方式的,要加强施工图设计审查及设计变更管理,强化合同管理和风险管控,确保质量安全标准不降低,确保工程进度和资金安全。

(6)负责办理工程质量、安全监督及开工备案手续。

(二)对参建单位的监督管理

对参建单位合同履约情况的监督检查建立台账,实行闭环管理。对勘察、设计、施工、监理、监测、咨询、质量检测和材料、设备制造供应等参建单位的合同履约管理。要以工程质量和安全为核心,定期检查以下内容:

(1)检查参建单位管理和作业人员按照合同到位情况,防范转包、违法分包行为。

(2)督促参建单位严格按照合同组织进行进度、质量和安全管理,确保按初步设计、技术标准和施工图纸要求实施工程建设。

(3)重点检查勘察、设计单位的设计成果是否满足要求,设计现场服务是否到位、设计变更是否符合程序等。

（4）对施工单位，加强工程施工过程关键环节的监督检查，重点检查现场质量安全管理是否符合设计和强制性标准要求、是否严格按照技术标准和施工图纸施工、是否及时规范开展工程质量检验和验收、是否及时足额发放劳务工资等。具体监督检查以下几项：

①组织施工图设计审查，按照有关规定履行设计变更的审查或审核与报批工作。

②负责监督检查现场管理机构和参建单位建设管理情况，包括工程质量、安全生产、工期进度、资金支付、合同履约、农民工工资保障以及水土保持和环境保护措施落实等情况。

③负责组织设计交底工作，组织解决工程建设中的重大技术问题。

④组织编制、审核、上报项目年度建设计划和资金预算，配合有关部门落实年度工程建设资金，按时完成年度建设任务和投资计划，依法依规管理和使用建设资金。

⑤负责组织编制、审核、上报在建工程度汛方案和应急预案，落实安全度汛措施，组织应急预案演练，对在建工程安全度汛负责。

（5）重点检查监理单位的监理制度是否健全，监理人员到位是否符合合同要求，监理平行检测、专项施工方案审核、关键部位旁站监督等监理职责履行是否到位等。

（6）重点检查监测单位的安全监测管理制度制定和人员配备情况，监测系统运行情况，监测资料整编分析情况，监测系统管理保障情况等。

（7）重点检查质量检测单位是否按合同要求建立工地现场实验室，人员资格和检测能力情况，质量检测相关标准执行情况，是否存在转包、违法分包检测业务等。

（8）项目法人对参建单位合同履约情况监督检查发现的问题，要严格按照合同进行处罚。问题严重的，对有关责任单位采取责令整改、约谈、停工整改、追究经济责任、解除合同、提请相关主管部门予以通报批评或降低资质等级等措施进行追责问责。

（9）项目法人应切实履行廉政建设主体责任，针对设计变更、工程计量、工程验收、资金结算等关键环节，研究制定廉政风险防控手册，落实防控措施，加强工程建设管理全过程廉政风险防控。

（三）组织水利工程项目验收

（1）组织或参与工程及有关专项验收工作。

（2）负责组织编制竣工财务决算，做好资产移交相关工作。

（3）负责工程档案资料的管理，包括对各参建单位相关档案资料的收集、整理、归档工作进行监督、检查。

（4）负责开展项目信息管理和参建各方信用信息管理相关工作。

二、对项目法人监督管理

（1）项目法人组建单位应建立对项目法人的考核机制，设定主要考核指标，明确奖惩措施。考核内容应涵盖项目法人和主要负责人的管理行为和项目建设的质量、安全、进度、资金管理等情况。

（2）项目法人组建单位应根据工程实际定期对项目法人及其主要负责人、技术负责人、财务负责人开展考核评价。

(3)县级以上人民政府水行政主管部门应通过督查、稽察、暗访等方式,对项目法人履职情况进行监督检查。对监督检查发现的问题,按照水利部相关监督检查办法,采取责令整改、约谈、停工整改、通报批评等措施进行追责问责。

(4)县级以上人民政府水行政主管部门应将项目法人及其主要管理人员纳入水利行业统一的信用监管,其信用信息在全国水利建设市场监管平台进行公开,实施信用动态监管和联合惩戒。

【技术指导 10-1】 水利工程建设项目法人未正确履行管理职责或履职不到位,会怎么处理?

答:根据《水利工程建设项目法人管理指导意见》的规定:对因项目法人履职不到位,造成工程发生违法违规行为或质量、安全生产等严重问题的,严格按照《建设工程质量管理条例》《建设工程安全生产管理条例》等法律法规,对项目法人及相关人员予以处理。

项目法人一年之内因工程建设管理问题出现2次被省级以上水行政主管部门通报批评以上(含通报批评)责任追究的,除依照相关规定追责问责外,项目法人组建单位应对项目法人主要负责人或相关主要管理人员及直接责任人给予更换处理。

项目 11 水利水电工程招标投标制度

【知识目标】

1. 了解工程发包的类型、方式。
2. 明确法定招标的范围。
3. 掌握水利工程招标投标的基本程序。
4. 熟悉招标投标中的禁止行为。

【技能目标】

1. 能根据项目性质选择招标方式。
2. 能熟练认定有效与无效标书。
3. 能组织招标投标活动。

【育人目标】

1. 树立“公开、公平、公正、诚实守信”的市场经营与竞争原则。
2. 树立遵守规则的意识,让经济社会按秩序良性运行,构建和谐社会环境。

【情境导入】

2016~2019 年,H 在担任某县水务局某股室负责人期间,利用职务便利,通过规避招标、虚假招标等方式,为他人承揽漂浮物打捞、已建成中型灌区配套改造等 4 个项目提供帮助,涉及项目金额 5 670 万元,H 从中收受现金 36.3 万元。

【任务分析】

1. H 的行为违反了什么法律、法规?
2. H 应当承担哪些法律责任?以及应受到什么行政处分?

任务 11.1 建设工程发包承包制度

一、建设工程发包与承包

(一)概念

建设工程发包,是指工程的建设单位(或总承包单位)将建设工程任务(包括勘察设计、施工等)的全部或一部分通过招标发包或直接发包方式,交付给具有从事相应建设活动法定从业资格的单位完成,并按合同约定支付报酬的行为。

建设工程承包,是相对于建设工程发包而言的,是指具有从事建设活动的法定从业资格的单位,通过投标或其他方式,承揽建设工程任务,并按约定取得报酬的行为。

(二)建设工程发包方式

《中华人民共和国建筑法》规定,建筑工程依法实行招标发包,对不适于招标发包的可以直接发包。

建设工程发包有两种方式：一是直接发包，二是招标发包。建设工程招标投标是建设工程发包承包的主要方式。

【技术指导11-1】 建设工程发包方式如图11-1所示。

- 建设工程发包方式
  - 直接发包(国安、涉密、抢险救灾、扶贫、规模小的项目)
  - 招标发包
    - 公开招标(“三公”项目、国资主导或控投)
    - 邀请招标(符合法定事由，经批准)

图11-1　建设工程发包方式

二、水利建设项目工程总承包

为深化水利改革，规范水利建设项目工程总承包行为，提升水利建设质量和效益，提高水利建设管理水平，我国多个省的水利建设主管部门出台了适用于本省的水利建设项目工程总承包管理办法或指导意见，如《江西省水利建设项目推行工程总承包办法（试行）》《广西壮族自治区水利建设项目工程总承包指导意见（试行）》《福建省水利建设项目工程总承包管理办法（试行）》等。

水利建设项目工程总承包是指从事水利工程总承包的企业按照与建设单位签订的合同，对工程项目的设计、采购、施工等实行全过程的承包，并对工程的质量、安全、工期和造价等全面负责的承包方式。

政府投资或者以政府投资为主的水利建设项目实行工程总承包。实行总承包可以从项目可行性研究报告批准后开始，也可从项目建议书或项目初步设计报告批准后开始，可以采用设计-采购-施工（EPC）或设计-施工总承包（D-B）等方式。

任务11.2　水利水电工程招标范围

一、水利水电工程招标投标概述

水利水电工程建设招标投标制是指通过招标方式选择工程建设的勘察、设计、施工、监理、材料设备供应等单位的一种市场竞争机制。

我国规范水利水电工程建设领域的招标投标行为的法律法规、规章主要有《中华人民共和国招标投标法》《中华人民共和国招标投标法实施条例》《电子招标投标办法》《水利工程建设项目招标投标管理规定》《工程建设项目施工招标投标办法》《工程建设项目勘察设计招标投标办法》《水利工程建设项目监理招标投标管理办法》等。

（一）招标投标的特征

（1）组织性。招标投标是一种有组织、有计划的商业交易活动，它的进行过程，必须按照招标文件的规定，在地点、时间内，按照规定的规则、办法和程序进行，有着高度的组织性。

（2）公开性。①进行招标活动的信息公开；②开标的程序公开；③评标的标准和程序公开；④中标的结果公开。

(3)公平性和公正性。①对待各方投标者一视同仁,招标方不得有任何歧视某一个投标者的行为;②开标过程实行公开方式;③严格的保密原则和科学的评标办法,保证评标过程的公正性;④与投标人有利害关系的人员不得作为评标委员会成员;⑤招标的组织性与公开性则是招标过程中公平、公正竞争的重要保证。

(4)一次性。招标与投标的交易行为,不同于一般商品交换,也不同于公开询价与谈判交易。招标投标过程中,投标人没有讨价还价的权利是招标投标的又一个显著特征。投标人参加投标,只能应邀进行一次性秘密报价,是"一口价"。

(二)招标投标的原则

招标投标活动应当遵循公开、公平、公正和诚实信用的原则。

二、工程建设项目招标范围

《中华人民共和国招标投标法》第三条规定,"在中华人民共和国境内进行下列工程建设项目包括项目的勘察、设计、施工、监理以及与工程建设有关的重要设备、材料等的采购,必须进行招标:

"(一)大型基础设施、公用事业等关系社会公共利益、公众安全的项目;

"(二)全部或者部分使用国有资金投资或者国家融资的项目;

"(三)使用国际组织或者外国政府贷款、援助资金的项目。"

(一)必须招标的资金来源、项目性质

(1)全部或者部分使用国有资金投资或者国家融资的项目包括:

①使用预算资金200万元人民币以上,并且该资金占投资额10%以上的项目;

②使用国有企业事业单位资金,并且该资金占控股或者主导地位的项目。

(2)使用国际组织或者外国政府贷款、援助资金的项目:

①使用世界银行、亚洲开发银行等国际组织贷款、援助资金的项目;

②使用外国政府及其机构贷款、援助资金的项目。

(3)不属于以上两种情形的大型基础设施、公用事业等关系社会公共利益、公众安全的项目,具体范围包括:

①煤炭、石油、天然气、电力、新能源等能源基础设施项目;

②铁路、公路、管道、水运,以及公共航空和A1级通用机场等交通运输基础设施项目;

③电信枢纽、通信信息网络等通信基础设施项目;

④防洪、灌溉、排涝、引(供)水等水利基础设施项目;

⑤城市轨道交通等城建项目。

(二)必须招标项目的规模标准

《必须招标的工程项目规定》(发改委2018年第16号令)第五条,"本规定第二条至第四条规定范围内的项目,其勘察、设计、施工、监理以及与工程建设有关的重要设备、材料等的采购达到下列标准之一的,必须招标:

"(一)施工单项合同估算价在400万元人民币以上;

"(二)重要设备、材料等货物的采购,单项合同估算价在200万元人民币以上;

“（三）勘察、设计、监理等服务的采购，单项合同估算价在 100 万元人民币以上。”

同一项目中可以合并进行的勘察、设计、施工、监理以及与工程建设有关的重要设备、材料等的采购，合同估算价合计达到前款规定标准的，必须招标。

（三）水利工程建设项目招标范围

《水利工程建设项目招标投标管理规定》指出，符合下列具体范围并达到规模标准之一的水利工程建设项目必须进行招标。

1. 具体范围

（1）关系社会公共利益、公共安全的防洪、排涝、灌溉、水力发电、引（供）水、滩涂治理、水土保持、水资源保护等水利工程建设项目；

（2）使用国有资金投资或者国家融资的水利工程建设项目；

（3）使用国际组织或者外国政府贷款、援助资金的水利工程建设项目。

2. 规模标准

《水利工程建设项目招标投标管理规定》中的规模标准应当修订，按《必须招标的工程项目规定》第五条判断。

【技术指导 11-2】 依法必须招标的情形如表 11-1 所示。

表 11-1 依法必须招标的情形

<table>
<tr><th>采购类别</th><th>项目性质、资金来源①</th><th>投资规模②</th><th>依法必招=①+②</th></tr>
<tr><td rowspan="3">施工</td><td>公字头：关系到公共利益、公众安全的大型基础设施、公用事业</td><td rowspan="3">400 万元人民币以上</td><td rowspan="9">项目性质、资金来源符合任意三种之一即可</td></tr>
<tr><td>国字头：使用预算资金 200 万元人民币以上，并且该资金占投资额 10%以上的项目；使用国有企业事业单位资金，并且该资金占控股或者主导地位的项目</td></tr>
<tr><td>国际号：使用世界银行、亚洲开发银行等国际组织贷款、援助资金的项目；使用外国政府及其机构贷款、援助资金的项目</td></tr>
<tr><td rowspan="3">与工程有关的重要设备、材料等货物</td><td>公字头：关系到公共利益、公众安全的大型基础设施、公用事业</td><td rowspan="3">200 万元人民币以上</td></tr>
<tr><td>国字头：使用预算资金 200 万元人民币以上，并且该资金占投资额 10%以上的项目；使用国有企业事业单位资金，并且该资金占控股或者主导地位的项目</td></tr>
<tr><td>国际号：使用世界银行、亚洲开发银行等国际组织贷款、援助资金的项目；使用外国政府及其机构贷款、援助资金的项目</td></tr>
<tr><td rowspan="3">勘察、设计、监理等服务</td><td>公字头：关系到公共利益、公众安全的大型基础设施、公用事业</td><td rowspan="3">100 万元人民币以上</td></tr>
<tr><td>国字头：使用预算资金 200 万元人民币以上，并且该资金占投资额 10%以上的项目；使用国有企业事业单位资金，并且该资金占控股或者主导地位的项目</td></tr>
<tr><td>国际号：使用世界银行、亚洲开发银行等国际组织贷款、援助资金的项目；使用外国政府及其机构贷款、援助资金的项目</td></tr>
</table>

注:(1)以上货币单位是人民币,若为外币,需转化成人民币再判断。

(2)确定依法必须招标情形时,需要考虑项目资金性质和投资规模。只有符合上面的资金性质又达到了规模标准的项目才是必须招标的项目。

(3)同类项合并的意思是说,施工和施工合并计算,货物和货物合并计算,服务和服务合并计算。

(四)可以不进行招标的工程项目(直接发包的工程项目)

(1)《中华人民共和国招标投标法》第六十六条规定:"涉及国家安全、国家秘密、抢险救灾或者属于利用扶贫资金实行以工代赈、需要使用农民工等特殊情况,不适宜进行招标的项目,按照国家有关规定可以不进行招标。"

(2)《中华人民共和国招标投标法实施条例》第九条规定,有下列情形之一的,可以不进行招标:

①需要采用不可替代的专利或者专有技术;

②采购人依法能够自行建设、生产或者提供;

③已通过招标方式选定的特许经营项目投资人依法能够自行建设、生产或者提供;

④需要向原中标人采购工程、货物或者服务,否则将影响施工或者功能配套要求;

⑤国家规定的其他特殊情形。

招标人为适用前款规定弄虚作假的,属于《中华人民共和国招标投标法》第四条规定的规避招标。

(3)《水利工程建设项目招标投标管理规定》第十二条规定,下列项目可以不进行招标,但须经项目主管部门批准:

①涉及国家安全、国家秘密的项目;

②应急防汛、抗旱、抢险、救灾等项目;

③项目中经批准使用农民投工、投劳施工的部分(不包括勘察设计、监理和重要设备、材料采购);

④不具备招标条件的公益性水利工程建设项目的项目建议书和可行性研究报告;

⑤采用特定专利技术或专有技术的;

⑥其他特殊项目。

【以案说法 11-1】 水务局工作人员违反《中华人民共和国招标投标法》案。

2016~2019 年,H 在担任某县水务局某股室负责人期间,利用职务便利,通过规避招标、虚假招标等方式,为他人承揽漂浮物打捞、已建成中型灌区配套改造等 4 个项目提供帮助,涉及项目金额 5 670 万元,H 从中收受现金 36.3 万元。2020 年 8 月,H 受到开除公职行政处分。同时,H 还存在其他严重违法问题。2020 年 11 月,H 被县人民法院判处有期徒刑 3 年,并处罚金 20 万元。

案件处理依据:

(1)《中华人民共和国招标投标法》第四十九条"违反本法规定,必须进行招标的项目而不招标的,将必须进行招标的项目化整为零或者以其他任何方式规避招标的,责令限期改正,可以处项目合同金额千分之五以上千分之十以下的罚款;对全部或者部分使用国有资金的项目,可以暂停项目执行或者暂停资金拨付;对单位直接负责的主管人员和其他直接责任人员依法给予处分”。

(2)《中华人民共和国招标投标法》第六十三条“对招标投标活动依法负有行政监督职责的国家机关工作人员徇私舞弊、滥用职权或者玩忽职守,构成犯罪的,依法追究刑事责任;不构成犯罪的,依法给予行政处分”。

任务11.3 水利工程招标方式与招标程序

一、招标方式

根据《中华人民共和国招标投标法》第十条规定:“招标分为公开招标和邀请招标。”

(一)公开招标

公开招标,也称为无限竞争招标,是指招标人以招标公告的方式邀请不特定的法人或者其他组织投标。招标人采用公开招标方式的,应当发布招标公告。依法必须进行招标的项目的招标公告,应当通过国家指定的报刊、信息网络或者其他媒介发布。

(二)邀请招标

邀请招标,也称为有限竞争招标,是指招标人以投标邀请书的方式邀请特定的法人或者其他组织投标。

根据《工程建设项目施工招标投标办法》第十一条,依法必须进行公开招标的项目,有下列情形之一的,经批准可以进行邀请招标:

(1)项目技术复杂或有特殊要求,或者受自然地域环境限制,只有少量几家潜在投标人可供选择的;

(2)涉及国家安全、国家秘密或者抢险救灾,适宜招标但不宜公开招标的;

(3)采用公开招标方式的费用占项目合同金额的比例过大的。

招标人采用邀请招标方式的,应当向三个以上具备承担招标项目的能力、资信良好的特定的法人或者其他组织发出投标邀请书。

注意:可以邀请招标的项目类型与可以不招标的项目类型容易混淆。

(1)可以不招标的项目:涉及国家安全、国家秘密或者抢险救灾不适宜招标的。

(2)可以邀请招标的项目:涉及国家安全、国家秘密或者抢险救灾适宜招标但不宜公开招标的。

对于“涉及国家安全、国家秘密或者抢险救灾”的项目,不适宜招标的,可以不招标。适宜招标而不适宜公开招标的,就只能邀请招标。

《水利工程建设项目招标投标管理规定》第十条:“依法必须招标的项目中,国家重点水利项目、地方重点水利项目及全部使用国有资金投资或者国有资金投资占控股或者主导地位的项目应当公开招标,但有下列情况之一的,按第十一条的规定经批准后可采用邀请招标:

“(一)属于第三条第二项第4目规定的项目;

“(二)项目技术复杂,有特殊要求或涉及专利权保护,受自然资源或环境限制,新技术或技术规格事先难以确定的项目;

"(三)应急度汛项目;

"(四)其它特殊项目。"

《水利工程建设项目招标投标管理规定》第十一条,"符合第十条规定,采用邀请招标的,招标前招标人必须履行下列批准手续:

"(一)国家重点水利项目经水利部初审后,报国家发展计划委员会批准;其他中央项目报水利部或其委托的流域管理机构批准;

"(二)地方重点水利项目经省、自治区、直辖市人民政府水行政主管部门会同同级发展计划行政主管部门审核后,报本级人民政府批准;其它地方项目报省、自治区、直辖市人民政府水行政主管部门批准。"

【技术指导11-3】 公开招标与邀请招标两种方式比较如表11-2所示。

表11-2 公开招标与邀请招标两种方式比较

方式	含义	信息发布方式	适用范围	耗时耗费
公开招标	以招标公告的方式邀请不特定的法人或者其他组织投标	通过指定的报刊、网络等媒体发布	国有资金占控股或主导地位的项目;"三公"项目	较长,较多
邀请招标	招标人以投标邀请书的方式邀请特定的法人或者其他组织投标	应当向三个以上具备能力的特定法人发出邀请	1. 技术复杂、有特殊要求或受自然地域环境限制的,只有少量潜在投标人可供选择; 2. 采用公开招标方式的费用占项目合同金额的比例过大	较短,较少

二、招标组织形式

(一)自行招标

招标人具有编制招标文件和组织评标能力的,可以自行办理招标事宜。依法必须进行招标的项目,招标人自行办理招标事宜的,应当向有关行政监督部门备案。

招标人具有编制招标文件和组织评标能力,是指招标人具有与招标项目规模和复杂程度相适应的技术、经济等方面的专业人员。

(二)代理招标

招标人有权自行选择招标代理机构,委托其办理招标事宜。任何单位和个人不得以任何方式为招标人指定招标代理机构。

招标代理机构是依法设立、从事招标代理业务并提供相关服务的社会中介组织。应当具备下列条件:

(1)有从事招标代理业务的营业场所和相应资金;

(2)有能够编制招标文件和组织评标的相应专业力量。

三、工程招标应当具备的条件

(一)勘察设计招标应当具备的条件

(1)勘察设计项目已经确定;

(2)勘察设计所需资金已落实;

(3)必需的勘察设计基础资料已收集完成。

(二)监理招标应当具备的条件

(1)初步设计已经批准;

(2)监理所需资金已落实;

(3)项目已列入年度计划。

(三)施工招标应当具备的条件

(1)初步设计已经批准;

(2)建设资金来源已落实,年度投资计划已经安排;

(3)监理单位已确定;

(4)具有能满足招标要求的设计文件,已与设计单位签订适应施工进度要求的图纸交付合同或协议;

(5)有关建设项目永久征地、临时征地和移民搬迁的实施、安置工作已经落实或已有明确安排。

(四)重要设备、材料招标应当具备的条件

(1)初步设计已经批准;

(2)重要设备、材料技术经济指标已基本确定;

(3)设备、材料所需资金已落实。

四、招标的基本程序

完整的建设工程招标的基本程序主要包括:履行项目审批手续、委托招标代理机构、编制招标文件及标底、发布招标公告或投标邀请书、资格审查、开标、评标、中标和签订合同,以及终止招标等。

【技术指导11-4】 招标投标工作完整流程如图11-2所示。

(一)履行项目审批手续

《中华人民共和国招标投标法》规定,招标项目按照国家有关规定需要履行项目审批手续的,应当先履行审批手续,取得批准。按照国家有关规定需要履行项目审批、核准手续的依法必须进行招标的项目,其招标范围、招标方式、招标组织形式应当报项目审批、核准部门审批、核准。

(二)委托招标代理机构

招标人有权自行选择招标代理机构,委托其办理招标事宜。招标代理机构在其资格许可和招标人委托的范围内开展招标代理业务,不得在所代理的招标项目中投标或者代理投标,也不得为所代理的招标项目的投标人提供咨询。

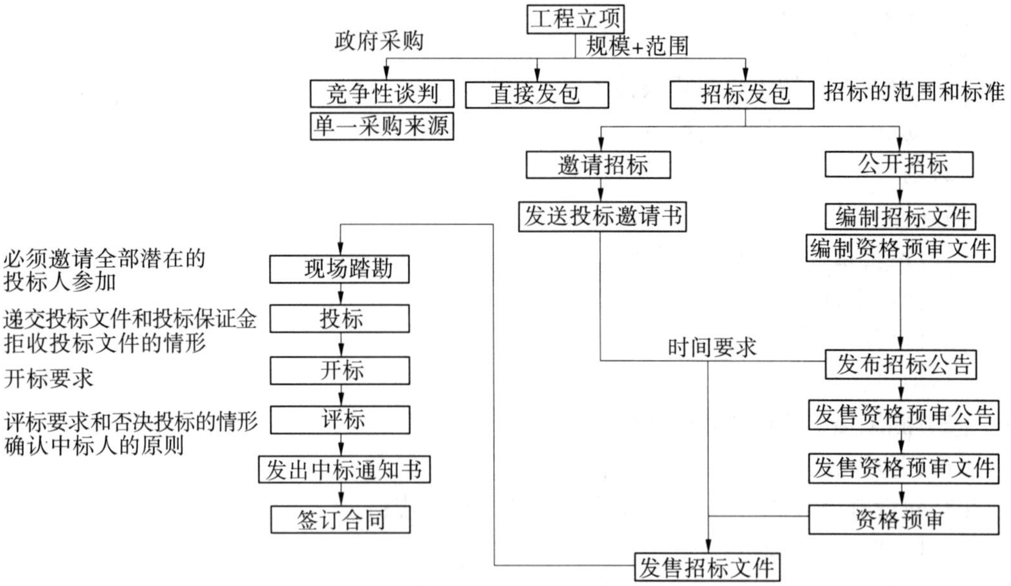

图 11-2　招标投标工作完整流程

(三)编制招标文件、招标文件澄清或修改、标底

1. 编制招标文件

招标文件应当包括招标项目的技术要求、对投标人资格审查的标准、投标报价要求和评标标准等所有实质性要求和条件以及拟签订合同的主要条款。

招标文件的内容一般包括:投标人须知;招标项目的性质、数量、技术规格和标准;投标价格的要求及其计算方式;评标的标准和方法;交货、竣工或提供服务的时间;投标人应当提供的有关资格的资信证明文件;投标保证金的数额或其他形式的担保;投标文件的编制要求、提供投标文件的方式、地点和截止时间;开标、评标、定标的日程安排;主要合同条款。

招标文件不得要求或者标明特定的生产供应者以及含有倾向或者排斥潜在投标人的其他内容。

招标人应当确定投标人编制投标文件所需要的合理时间。自招标文件开始发出之日起至投标人提交投标文件截止之日止,最短不得少于 20 日。

2. 招标文件澄清或修改

招标人可以对已发出的资格预审文件或者招标文件进行必要的澄清或者修改。该澄清或者修改的内容为招标文件的组成部分。

澄清或者修改的内容可能影响资格预审申请文件或者投标文件编制的,招标人应当在提交资格预审申请文件截止时间至少 3 日前,或者投标截止时间至少 15 日前,以书面形式通知所有获取资格预审文件或者招标文件的潜在投标人;不足 3 日或者 15 日的,招标人应当顺延提交资格预审申请文件或者投标文件的截止时间。

3. 标底

招标人可以自行决定是否编制标底。一个招标项目只能有一个标底。标底必须保密。

接受委托编制标底的中介机构不得参加受托编制标底项目的投标,也不得为该项目的投标人编制投标文件或者提供咨询。

(四)发布招标公告或投标邀请书、发售资格预审文件

(1)发布招标公告。招标人采用公开招标方式的,应当发布招标公告。招标公告应当载明招标人的名称和地址,招标项目的性质、数量、实施地点和时间以及获取招标文件的办法等事项。

(2)发布投标邀请书。招标人采用邀请招标方式的,应当向三个以上具备承担招标项目的能力、资信良好的特定的法人或者其他组织发出投标邀请书。投标邀请书也应当载明招标人的名称和地址,招标项目的性质、数量、实施地点和时间以及获取招标文件的办法等事项。

招标人不得向他人透露已获取招标文件的潜在投标人的名称、数量以及可能影响公平竞争的有关招标投标的其他情况。招标人根据招标项目的具体情况,可以组织潜在投标人踏勘项目现场。

(3)招标人应当按照资格预审公告、招标公告或者投标邀请书规定的时间、地点发售资格预审文件或者招标文件。资格预审文件或者招标文件的发售期不得少于 5 日。

(五)资格审查

招标人可以根据招标项目本身的要求,在招标公告或者投标邀请书中,要求潜在投标人提供有关资质证明文件和业绩情况,并对潜在投标人进行资格审查。招标人不得以不合理的条件限制或者排斥潜在投标人,不得对潜在投标人实行歧视待遇。

资格审查分为资格预审和资格后审。

(1)资格预审。应当按照资格预审文件载明的标准和方法进行资格预审。资格预审结束后,招标人应当及时向资格预审申请人发出资格预审结果通知书。未通过资格预审的申请人不具有投标资格。通过资格预审的申请人少于 3 个的,应当重新招标。

(2)资格后审。招标人采用资格后审办法对投标人进行资格审查的,应当在开标后由评标委员会按照招标文件规定的标准和方法对投标人的资格进行审查。

(六)开标

1.传统开标基本要求

(1)开标应当在招标文件确定的提交投标文件截止时间的同一时间公开进行;开标地点应当为招标文件中预先确定的地点。

(2)开标由招标人主持,邀请所有投标人参加。开标时,由投标人或者其推选的代表检查投标文件的密封情况,也可以由招标人委托的公证机构检查并公证;经确认无误后,由工作人员当众拆封,宣读投标人名称、投标价格和投标文件的其他主要内容。

(3)招标人在招标文件要求提交投标文件的截止时间前收到的所有投标文件,开标时都应当当众予以拆封、宣读。开标过程应当记录,并存档备查。

(4)投标人少于 3 个的,不得开标;招标人应当重新招标。

(5)招标人应当按照招标文件规定的时间、地点开标。投标人对开标有异议的,应当在开标现场提出,招标人应当当场作出答复,并制作记录。

注:招标人应当邀请所有投标人参加开标,投标人有不参加开标的权利。除招标文件特别约定外,投标人不参加开标不影响其投标文件的有效性。

【技术指导 11-5】 传统开标基本流程如下:

(1)由投标人或者其推选的代表检查投标文件的密封情况,也可以由招标人委托的公证机构检查并公证。经检查发现密封被破坏的投标文件,应作为废标处理。

(2)经确认无误的投标文件,由工作人员当众拆封。

(3)宣读投标人名称、投标价格和投标文件的其他主要内容。即拆封以后,现场的工作人员应当高声唱读投标人的名称、每一个投标的投标价格以及投标文件中的其他主要内容(指投标报价有无折扣或者价格修改、替代方案投标的总金额、工期、质量、投标保证金等)。

2. 电子开标基本要求

电子开标是通过互联网以及连接的交易平台,在线完成数据电文形式投标文件的拆封、解密,展示唱标内容并形成开标记录的工作程序。

(1)《电子招标投标办法》要求投标人准时登录交易平台在线参加开标并操作解密投标文件。投标人如果不在线参加开标并操作解密,任何其他单位和个人都不能解密投标文件。

(2)电子开标时,需要所有投标人在线签到并电子签名确认开标记录。

(3)电子开标时间应当严格按照招标文件约定,在投标截止时间的同一时间进行。开标场所是依托互联网的交易平台虚拟空间,不受物理空间限制。

【技术指导 11-6】 电子开标基本流程如下:

(1)招标人或招标代理机构在交易平台指定开标主持人。主持人只能根据交易平台事先设定的流程和权限操作电子开标。

(2)参加电子开标的投标人通过互联网在线签到。

(3)开标时间到达,交易平台按照事先设定的开标功能,自动提取投标文件。

(4)交易平台自动检测投标文件数量。投标文件少于 3 个时,系统进行提示。主持人根据实际情况和相关规定,决定继续开标或终止开标。

(5)主持人按招标文件规定的解密方式发出指令,要求招标人和(或)投标人准时并在约定时间内同步完成在线解密。

(6)开标解密完成后,交易平台向投标人展示已解密投标文件开标记录信息。

(7)投标人对开标过程有异议的,可通过交易平台即时提出。

(8)交易平台生成开标记录,参加开标的投标人在线电子签名确认。

(9)开标记录经电子签名确认后,向各投标人公布。

【知识拓展 11-1】 福建省水利厅发布《水利工程招标项目电子投标文件雷同认定与处理规定》。

同一招标项目不同投标人的电子投标文件存在下列情形之一的,视同电子投标文件雷同,按招标投标相关法规查处:

(1)不同投标人的电子投标文件使用同一台计算机编制。不同投标人编制电子投标文件的计算机硬件信息中存在一条及以上的计算机网卡 MAC 地址、CPU 序列号和硬盘序列号均相同的,应认定为《中华人民共和国招标投标法实施条例》第四十条第(一)项“不同投标人的投标文件由同一单位或者个人编制”的情形。

(2)不同投标人的电子投标文件在同一台计算机上传、解密。不同投标人的电子投标文件上传或解密的计算机网卡MAC地址、CPU序列号和硬盘序列号等硬件信息均相同的(开标现场上传、解密电子投标文件的除外),应认定为《中华人民共和国招标投标法实施条例》第四十条第(二)项“不同投标人委托同一单位或者个人办理投标事宜”的情形。

各公共资源电子交易平台应分析比对电子投标文件软硬件信息,并将分析结果推送评标委员会作为评标辅助。

(七)评标

评标是审查确定中标人的必经程序。招标人依法组建评标委员会,依据招标文件的规定和要求,对投标文件进行审查、评审和比较,确定中标候选人。

1.评标专家委员会

(1)评标委员会由招标人的代表和有关技术、经济等方面的专家组成,成员人数为5人以上单数,其中技术、经济等方面的专家不得少于成员总数的三分之二。

(2)评标专家的选择应当采取随机的方式抽取。根据工程特殊专业技术需要,经水行政主管部门批准,招标人可以指定部分评标专家,但不得超过专家人数的三分之一。

(3)评标委员会成员的名单在中标结果确定前应当保密。与投标人有利害关系的,应当主动回避。已经进入的应当更换。

(4)评标委员会应当进行秘密评审,不得泄露评审过程、中标候选人的推荐情况以及与评标有关的其他情况。

2.评标方法

评标方法可采用综合评分法、综合最低评标价法、合理最低投标价法、综合评议法及两阶段评标法。

3.评标标准

评标标准分为技术标准和商务标准。其中,施工评标标准一般包含以下内容:

(1)施工方案(或施工组织设计)与工期;

(2)投标价格和评标价格;

(3)施工项目经理及技术负责人的经历;

(4)组织机构及主要管理人员;

(5)主要施工设备;

(6)质量标准、质量和安全管理措施;

(7)投标人的业绩、类似工程经历和资信;

(8)财务状况。

【技术指导11-7】 特殊招标项目的评标专家可以由招标人直接确定。

根据《中华人民共和国招标投标法》规定,一般招标项目可以采取随机抽取方式,特殊招标项目可以由招标人直接确定。特殊招标项目由于技术复杂、专业性强或者国家有特殊要求,采取随机抽取方式确定的专家难以保证胜任评标工作的项目,所以特殊招标项目的评标专家可以由招标人直接确定。

【技术指导11-8】 投标文件被拒收的情形如下：

(1)逾期送达(在招标文件规定的投标截止时间之后送达)，或者未送达指定地点的投标文件；

(2)未按招标文件要求密封的投标文件；

(3)实行资格预审的招标项目，未通过资格预审的申请人提交的投标文件；

(4)电子招标投标项目，投标截止时间后提交的电子投标文件，以及未按规定加密的电子投标文件均会被电子招标投标交易平台拒收。

【技术指导11-9】 评标委员会应当否决其投标的情形。

(1)投标文件未经投标单位盖章和单位负责人签字；

(2)投标联合体没有提交共同投标协议；

(3)投标人不符合国家或者招标文件规定的资格条件；

(4)同一投标人提交两个以上不同的投标文件或者投标报价，但招标文件要求提交备选投标的除外；

(5)投标报价低于成本或者高于招标文件设定的最高投标限价；

(6)投标文件没有对招标文件的实质性要求和条件作出响应；

(7)投标人有串通投标、弄虚作假、行贿等违法行为。

《中华人民共和国招标投标法》第四十二条规定，评标委员会经评审，认为所有投标都不符合招标文件要求的，可以否决所有投标。依法必须进行招标的项目的所有投标被否决的，招标人应当依法重新招标。

(八)中标和签订合同

1. 确定中标人

招标人根据评标委员会提出的书面评标报告和推荐的中标候选人确定中标人，也可以授权评标委员会直接确定中标人，或者在招标文件中规定排名第一的中标候选人为中标人，并明确排名第一的中标候选人不能作为中标人的情形和相关处理规则。依法必须进行招标的项目，招标人根据评标委员会提出的书面评标报告和推荐的中标候选人自行确定中标人的，应当在向有关行政监督部门提交的招标投标情况书面报告中，说明其确定中标人的理由。

2. 中标的条件之一

(1)能够最大限度地满足招标文件中规定的各项综合评价。所谓综合评价，就是对投标文件进行总体评估和比较，既按照价格标准又将非价格标准尽量量化成货币计算，评价最佳者中标。

(2)能够满足招标文件的实质性要求，并且经评审的投标价格最低(投标价格低于成本的除外)，本条件适用于具有通用技术、性能标准或者招标人对其技术、性能没有特殊要求的招标项目。

《中华人民共和国招标投标法》第十九条规定：招标人可以在招标文件中合理设置支持技术创新、节能环保等方面的要求和条件。

3. 发出中标通知书

中标人确定后，招标人应当向中标人发出中标通知书，并同时将中标结果通知所有未中标的投标人。中标通知书对招标人和中标人具有法律效力，中标后招标人改变中标结果的，或者中标人放弃中标项目，应当依法承担法律责任。

4. 签订合同

招标人和中标人应当在中标通知书发出后的法定期限(30天)内，按照招标文件和中标人的投标文件订立书面合同。合同的标的、价款、质量、履行期限等主要条款应当与招标文件和中标人的投标文件内容一致，招标人和中标人不得再行订立背离合同实质性内容的其他协议。

5. 对中标人的要求

(1)招标文件要求中标人提交履约保证金的，中标人应当提交。履约保证金不得超过中标合同金额的10%。

(2)中标人应当按照合同约定履行义务，完成中标项目，中标人不得向他人转让中标项目，也不得将中标项目肢解后分别向他人转让，这是规定中标人的履约义务。

(3)中标人按照合同约定或者经招标人同意，可以将中标项目的部分非主体、非关键性工作分包给他人完成，但不得再次分包。分包项目由中标人向招标人负责，接受分包的人承担连带责任。

【技术指导11-10】 根据《中华人民共和国招标投标法》，以下情形中标无效：

(1)招标代理机构违反本法规定，泄露应当保密的与招标投标活动有关的情况和资料，或者与招标人、投标人串通损害国家利益、社会公共利益或者他人合法权益，影响中标结果的，中标无效。

(2)依法必须进行招标的项目的招标人向他人透露已获取招标文件的潜在投标人的名称、数量或者可能影响公平竞争的有关招标投标的其他情况的，或者泄露标底的，影响中标结果的，中标无效。

(3)投标人相互串通投标或者与招标人串通投标的，投标人以向招标人或者评标委员会成员行贿的手段谋取中标的，中标无效。

(4)依法必须进行招标的项目，招标人违反本法规定，与投标人就投标价格、投标方案等实质性内容进行谈判。

(5)投标人以他人名义投标或者以其他方式弄虚作假，骗取中标的，中标无效。

(6)招标人在评标委员会依法推荐的中标候选人以外确定中标人的，依法必须进行招标的项目在所有投标被评标委员会否决后自行确定中标人的，中标无效。

(九)终止招标

《中华人民共和国招标投标法实施条例》规定，招标人终止招标的，应当及时发布公告，或者以书面形式通知被邀请的或者已经获取资格预审文件、招标文件的潜在投标人。已经发售资格预审文件、招标文件或者已经收取投标保证金的，招标人应当及时退还所收取的资格预审文件、招标文件的费用，以及所收取的投标保证金及银行同期存款利息。

【技术指导11-11】 招标程序时间轴如图11-3所示。

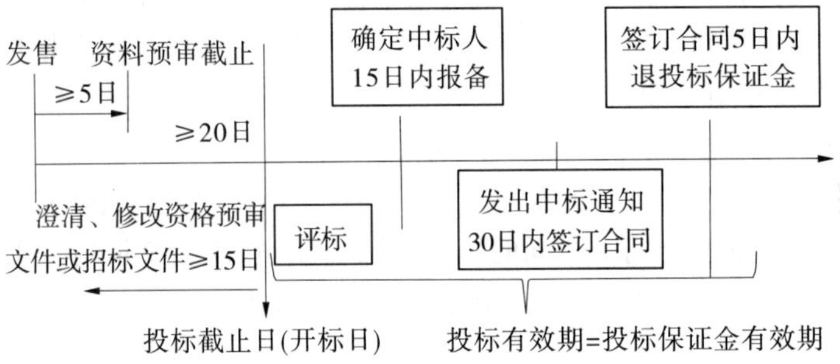

图11-3 招标程序时间轴

五、水利建设项目招标工作程序

《水利工程建设项目招标投标管理规定》第十七条规定，水利建设项目招标工作一般按下列程序进行：

(1)招标前，按项目管理权限向水行政主管部门提交招标报告备案。

招标报告具体内容应当包括：招标已具备的条件、招标方式、分标方案、招标计划安排、投标人资质(资格)条件、评标方法、评标委员会组建方案以及开标、评标的具体工作安排等。

(2)编制招标文件。

(3)发布招标信息(招标公告或投标邀请书)。

(4)发售资格预审文件。

(5)按规定日期接受潜在投标人编制的资格预审文件；依法必须进行招标的项目，自招标文件开始发出之日起至投标人提交投标文件截止之日止，最短不得少于20日。

(6)组织对潜在投标人资格预审文件进行审核。

(7)向资格预审合格的潜在投标人发售招标文件。

(8)组织购买招标文件的潜在投标人现场踏勘。

(9)接受投标人对招标文件有关问题要求澄清的函件，对问题进行澄清，并书面通知所有潜在投标人。

(10)组织成立评标委员会，并在中标结果确定前保密。

(11)在规定时间和地点，接受符合招标文件要求的投标文件。

(12)组织开标评标会。

(13)在评标委员会推荐的中标候选人中，确定中标人。

(14)向水行政主管部门提交招标投标情况的书面总结报告。

(15)发中标通知书，并将中标结果通知所有投标人。

(16)进行合同谈判，并与中标人订立书面合同。签订合同后5个工作日内，应当退还投标保证金。

六、水利工程项目投标

(一)投标人应具备的条件

(1)投标人应当具备招标文件对投标人规定的资格条件。

《水利工程建设项目招标投标管理规定》规定,投标人必须具备水利工程建设项目所需的资质(资格)。

(2)联合体投标。联合体各方均应当具备承担招标项目的相应能力;国家有关规定或者招标文件对投标人资格条件有规定的,联合体各方均应当具备规定的相应资格条件。由同一专业的单位组成的联合体,按照资质等级较低的单位确定资质等级。

联合体各方应当签订共同投标协议,明确约定各方拟承担的工作和责任,并将共同投标协议连同投标文件一并提交招标人。联合体中标的,联合体各方应当共同与招标人签订合同,就中标项目向招标人承担连带责任。

(二)投标程序

1.投标文件的编制

(1)投标人应当按照招标文件的要求编制投标文件,投标文件应当对招标文件提出的实质性要求和条件做出响应。

(2)招标项目属于建设施工的,投标文件的内容应当包括拟派出的项目负责人与主要技术人员的简历、业绩和拟用于完成招标项目的机械设备等。

(3)投标人根据招标文件载明的项目实际情况,拟在中标后将中标项目的部分非主体、非关键性工作进行分包的,应当在投标文件中载明。

【技术指导11-12】 招标文件和投标文件内容对比如表11-3所示。

表11-3 招标文件和投标文件内容对比

招标文件	投标文件
招标公告或投标邀请书	投标函(及附录)
投标人须知	法定代表人身份证明或授权委托书
评标办法	联合体协议书(如有)
合同条款及格式	投标保证金
工程量清单	已标价工程量清单
图纸	施工组织设计
技术标准和要求	项目管理机构
投标文件格式	拟分包项目情况表
	资格审查资料

2.投标文件的提交

投标人应当在招标文件要求提交投标文件的截止时间前,将投标文件送达投标地点。在招标文件要求提交投标文件的截止时间后送达的投标文件,招标人应当拒收。

3.投标文件的补充、修改

投标人在招标文件要求提交投标文件的截止时间前,可以补充、修改或者撤回已提交的投标文件,并书面通知招标人,补充、修改的内容为投标文件的组成部分。

（三）投标担保

《工程建设项目施工招标投标办法》第三十七条规定："招标人可以在招标文件中要求投标人提交投标保证金。"

投标保证金是指在招标投标活动中，投标人随投标文件一同递交给招标人的一定形式、一定金额的投标责任担保。投标保证金可以是银行出具的银行保函、保兑支票、银行汇票或现金支票。投标保证金一般不得超过项目估算价的百分之二，但最高不得超过八十万元人民币。投标保证金有效期应当与投标有效期一致。

投标人应当按照招标文件要求的方式和金额，将投标保证金随投标文件提交给招标人或其委托的招标代理机构。投标人不按招标文件要求提交投标保证金的，该投标文件将被拒绝，作废标处理。

【技术指导 11-13】 投标保证金被没收的情形如下：

(1)投标人在投标函格式中规定的投标有效期内撤回其投标；

(2)中标人在规定期限内未能根据规定签订合同或根据规定提交履约保证金。

（四）禁止投标人采取不正当竞争的行为

《中华人民共和国招标投标法》第三十二条规定："投标人不得相互串通投标报价，不得排挤其他投标人的公平竞争，损害招标人或者其他投标人的合法权益。""投标人不得与招标人串通投标，损害国家利益、社会公共利益或者他人的合法权益。""禁止投标人以向招标人或者评标委员会成员行贿的手段谋取中标。"第三十三条规定："投标人不得以低于成本的报价竞标，也不得以他人名义投标或者以其他方式弄虚作假，骗取中标。"

(1)投标人相互串通投标的情形：投标人之间协商投标报价等投标文件的实质性内容；投标人之间约定中标人；投标人之间约定部分投标人放弃投标或者中标；属于同一集团、协会、商会等组织成员的投标人按照该组织要求协同投标；投标人之间为谋取中标或者排斥特定投标人而采取的其他联合行动。

(2)招标人与投标人串通投标的情形：招标人在开标前开启投标文件并将有关信息泄露给其他投标人；招标人直接或者间接向投标人泄露标底、评标委员会成员等信息；招标人明示或者暗示投标人压低或者抬高投标报价；招标人授意投标人撤换、修改投标文件；招标人明示或者暗示投标人为特定投标人中标提供方便；招标人与投标人为谋求特定投标人中标而采取的其他串通行为。

【知识拓展 11-2】《中华人民共和国招标投标法实施条例》（节选）扫码 11-1 学习。

码 11-1 《中华人民共和国招标投标法实施条例》（节选）

【以案说法 11-2】 DX 建筑工程有限公司在投标过程中主要工程技术负责人职称造假骗取中标案。

2021 年 6 月，W 县 A 乡集中供水工程施工招标经市公共资源交易中心电子招标投标系统完成招标、投标、开标、评标，第一顺序中标候选人为 DX 建筑工程有限公司，中标金额 979.3 万元。中标公示期满，项目业主与该公司签订施工合同后，接群众举报，该公司在本项目投标资料中主要工程技术负责人职称存在弄虚作假问题。经调查核实，2021 年 7 月 24 日，县水利局作出《水行政处罚决定书》，对该公司作出中标无效并处以罚款人民币 4.9 万元的行政处罚，对该公司直接负责投标主管人员 Z 处以罚款人民币 0.25 万元的行政处罚；A 乡人民政府依法没收了该公司缴纳的投标保证金 20 万元。

《中华人民共和国招标投标法》第五十四条规定："投标人以他人名义投标或者以其他方式弄虚作假，骗取中标的，中标无效，给招标人造成损失的，依法承担赔偿责任；构成犯罪的，依法追究刑事责任。""依法必须进行招标的项目的投标人有前款所列行为尚未构成犯罪的，处中标项目金额千分之五以上千分之十以下的罚款，对单位直接负责的主管人员和其他直接责任人员处单位罚款数额百分之五以上百分之十以下的罚款；有违法所得的，并处没收违法所得"。

项目 12 水利水电工程合同管理制度

【知识目标】

1. 了解建设工程合同的类型。
2. 掌握建设工程合同的基本内容。
3. 掌握建设工程合同订立、履行、变更、撤销和终止的过程。
4. 掌握建设工程合同履行过程中的抗辩权和保全措施。
5. 掌握建设工程合同效力的认定。
6. 掌握解除建设工程合同的情形及解除后的处理。

【技能目标】

1. 能根据建设工程合同签订的内容明确双方的权利和义务。
2. 具备签订建设工程合同的能力。
3. 能对建设工程合同效力进行认定。
4. 能对水利工程施工转包、违法分包等违法行为认定。
5. 能根据建设工程合同签订的内容规范双方的法律责任。

【育人目标】

1. 培养“平等、自由、守信”的契约精神。
2. 树立“富强、民主、文明、和谐,自由、平等、公正、法治,爱国、敬业、诚信、友善”的社会主义核心价值观。

【问题导入】

某市水利局接信访举报电话,反映所属 P 县一防洪治理工程的承包人 BC 施工单位将其承包的全部工程肢解以后以分包的名义转给其他单位或个人施工。

【任务分析】

1. BC 施工单位的行为是否违法?
2. BC 施工单位要承担哪些法律责任?
3. 如何认定水利工程施工转包和违法分包等违法行为?

任务 12.1 建设工程合同概述

由于建设工程领域涉及法律主体繁多,法律关系复杂,因此建设工程合同是维系建设各参与方正常运转的载体。建设各方主体熟悉《中华人民共和国民法典》关于建设工程合同的相关规定,依法签订合同、依约履行义务,才能有效避免或减少建设项目因工程复杂、工期长等客观原因导致的履约纠纷,在“民法典时代”实现高质量发展。

有关水利水电工程建设合同管理的法律、法规主要有:《中华人民共和国民法典》、

《中华人民共和国建筑法》、《建设工程施工发包与承包价格管理暂行规定》、《水利工程施工转包违法分包等违法行为认定查处管理暂行办法》(水建管〔2016〕420号)等。

一、建设工程合同的概念及特征

(一)概念

建设工程合同也称建设工程承发包合同,《民法典》第七百八十八条“建设工程合同是承包人进行工程建设,发包人支付价款的合同。”“建设工程合同包括工程勘察、设计、施工合同。”

(二)特征

与一般合同相比,建设工程合同有如下特征。

1. 合同标的特殊

建设工程合同是以完成特定不动产的工程建设为主要内容的合同。合同的标的是各类建设工程。各类建设工程具有产品固定,不能流动;产品多样,需单个完成;产品耗用材料多,所需资金大;产品使用时间长,对社会影响极大的特点。因此,建设工程合同非常重要,有别于一般合同。

2. 合同的主体存在限制

建设工程合同的主体是有限制的,承包人只能是具有从事勘察、设计、建筑、安装资格的人。承包人未取得建筑施工企业资质或者超越资质登记的,或没有资质的实际施工人借用有资质的建筑施工企业名义的,建设工程施工合同无效。

3. 建设工程合同具有较强的国家管理型

由于建设工程的标的物为不动产,工程建设对国家和社会生活的方方面面影响较大,在建设工程合同的订立和履行上,就具有强烈的国家干预的色彩。体现在立法上,除《民法典》有“建设工程合同”专门一章外,还有大量的单行法律和法规,如《中华人民共和国建筑法》《中华人民共和国城市规划法》《中华人民共和国招标投标法》及大量的行政法规和规章,对建设工程合同的订立和履行诸环节进行规制。

4. 建设工程合同的要式性

工程建设具有投资大、周期长、涉及面广、专业技术性强、管理难度大的特点。当事人之间的权利、义务关系复杂,不是简单的口头约定能解决的。

《民法典》第七百八十九条规定:“建设工程合同应当采用书面形式。”

5. 合同责任的法定性

建设工程合同的立法中强制性规范占了相当的比例,相当部分的合同责任因此成为法定责任,使得建设工程合同的主体责任呈现出较强的法定性。如关于施工开工前应取得施工许可证的要求,合同订立程序中的招标发包规定,对承包人转包的禁止性规定与分包的限制性规定,以及对承包人质量保修责任的规定等,均带有不同程度的强制性,从而部分或全部排除了当事人的缔约自由。

二、建设工程合同的种类

（一）按照承发包的内容分

1. 建设工程勘察合同

建设工程勘察合同是承包方进行工程勘察，发包人支付价款的合同。建设工程勘察单位称为承包方，建设单位或者有关单位称为发包方（也称为委托方）。

建设工程勘察合同的标的是为建设工程需要而作的勘察成果。工程勘察是工程建设的第一个环节，也是保证建设工程质量的基础环节。勘察合同的承包方必须是经国家或省级主管机关批准，持有《勘察许可证》，具有法人资格的勘察单位。

2. 建设工程设计合同

建设工程设计合同是承包方进行工程设计，委托方支付价款的合同。建设单位或有关单位为委托方，建设工程设计单位为承包方。

工程设计合同的承包方必须是经国家或省级主要机关批准，持有《设计许可证》，具有法人资格的设计单位。只有具备了上级批准的设计任务书，建设工程设计合同才能订立；小型单项工程必须具有上级机关批准的文件方能订立。

3. 建设工程施工合同

建设工程施工合同是工程建设单位与施工单位，也就是发包方与承包方以完成商定的建设工程为目的，明确双方相互权利义务的协议。建设工程施工合同的发包方可以是法人，也可以是依法成立的其他组织或公民，而承包方必须是法人。

建设工程合同与承揽合同一样，在性质上属于以完成特定工作任务为目的的合同，但其工作任务是工程建设，不是一般的动产承揽，这是我国建设工程合同不同于承揽合同的主要特征。可以说建设工程合同是以建设工程的勘察、设计或施工为内容的承揽合同。从双方权利义务的内容来看，承包人主要提供的是专业的建设工程勘察、设计及施工等劳务，而不同于买卖合同出卖人的转移特定标的物的所有权，这也是承揽合同与买卖合同的主要区别。

此外，监理合同在广义上也是建设工程合同的一种。监理合同是指由建设单位（发包人）委托具有监理资质的监理单位对其发包工程的施工质量、工期、资金使用等方面进行监督的合同，在性质上属于委托合同而非承揽合同。因此，严格说来，监理合同并不属于建设工程合同范围，《民法典》也未将其列入建设工程合同中。

（二）按承发包的方式分

1. 总承包合同

总承包，又称为“交钥匙承包”，即发包人将建设工程的勘察、设计、施工等工程建设的全部任务一并发包给一个具备相应的总承包资质条件的承包人。总承包合同是发包人与总承包人签订的由承包人负责工程的全部建设工作的合同。这种承包方式适用于发包人将建设工程任务总体承包给一个总承包人的场合。

2. 分承包合同

分承包合同是指总承包人就工程的勘察、设计、建筑安装任务分别与勘察人、设计人、施工人订立的勘察、设计、施工承包合同。

在这种承包方式中，发包人仅直接与总承包人订立建设工程合同，发生债权债务关系。发包人应当依合同的约定向总承包人提供必要的技术文件、资料和其他工作条件。总承包人分别与勘察人、设计人、施工人订立分包合同，并就工程建设全过程向发包人负责，须对勘察人、设计人、施工人完成的工作成果向发包人承担责任。总承包人与勘察人、设计人、施工人签订合同时应征得发包人的同意。分承包合同的勘察人、设计人、施工人就其完成的工作成果向总承包人负责，并与总承包人一同向发包人负连带责任。

3. 承包合同

承包合同，又称为单任务承包合同，是指发包人将建设工程中的勘察、设计、施工等不同的工作任务分别发包给某一勘察人、设计人、施工人，并与其签订相应的承包合同。承包人就其承包的工程建设中的勘察、设计、建筑、安装工作的完成向发包人负责。发包人与承包人订立单项任务承包合同时，不得将应由一个承包人完成的建设工程支解成若干部分发包给几个承包人。

4. 分包合同

分包合同则是由勘察、设计、施工承包人就其承包的工程建设任务部分的完成与第三人签订的合同，这里的第三人即分包人。

承包合同与分包合同虽是两个合同，合同的当事人不一致，但两个合同的承包标的有联系，即分包合同的承包标的是承包合同承包标的的一部分，所以承包人订立分包合同时，也应经发包人同意。发包人与承包人、分包人之间形成一个复杂的关联体系。第三人就其完成的工作不仅应向勘察、设计、施工承包人负责，而且与承包人一同向发包人负连带责任。

无论是总承包人还是单项任务的承包人，在与第三人订立分包合同，将其承包的工程建设任务的一部分交由第三人完成时，应符合以下三个条件：

第一，只能将部分工程分包给具有相应资质条件的分包人，不具有相应资质条件的，不能成为分包人；

第二，须经发包人同意，否则，分包合同应无效；

第三，分包的标的不是建设工程主体结构的施工，对于建设工程主体结构的施工，不得由分包人完成。

《民法典》第七百九十一条规定：发包人可以与总承包人订立建设工程合同，也可以分别与勘察人、设计人、施工人订立勘察、设计、施工承包合同。发包人不得将应当由一个承包人完成的建设工程支解成若干部分发包给数个承包人。

总承包人或者勘察、设计、施工承包人经发包人同意，可以将自己承包的部分工作交由第三人完成。第三人就其完成的工作成果与总承包人或者勘察、设计、施工承包人向发包人承担连带责任。承包人不得将其承包的全部建设工程转包给第三人或者将其承包的全部建设工程支解以后以分包的名义分别转包给第三人。

禁止承包人将工程分包给不具备相应资质条件的单位。禁止分包单位将其承包的工程再分包。建设工程主体结构的施工必须由承包人自行完成。

【技术指导12-1】 转包是指施工单位承包工程后，不履行合同约定的责任和义务，将其承包的工程全部转给他人施工的行为。有下列情形之一的，认定为转包：

(1)承包人将其承包的全部工程转给其他单位或个人施工的；

(2)承包人将其承包的全部工程支解以后以分包的名义转给其他单位或个人施工的；

(3)承包人将其承包的全部工程以内部承包合同等形式交由分公司施工，但分公司成立未履行合法手续的；

(4)采取联营合作等形式的承包人，其中一方将应由其实施的全部工程交由联营合作方施工的；

(5)全部工程由劳务作业分包单位实施，劳务作业分包单位计取报酬是除上缴给承包人管理费外全部工程价款的；

(6)承包人未设立现场管理机构的；

(7)承包人未派驻项目负责人、技术负责人、财务负责人、质量管理负责人、安全管理负责人等主要管理人员或者派驻的上述人员中全部不是本单位人员的；

(8)承包人不履行管理义务，只向实际施工单位收取管理费的；

(9)法律法规规定的其他转包行为。

上述所称本单位人员，是指在本单位工作，并与本单位签订劳动合同，由本单位支付劳动报酬、缴纳社会保险的人员。

【技术指导 12-2】 违法分包，是指施工单位承包工程后违反法律法规规定或者施工合同关于分包的约定，把部分工程或劳务作业分包给其他单位或个人施工的行为。有下列情形之一的，认定为违法分包：

(1)承包人将工程分包给不具备相应资质或安全生产许可的单位或个人施工的；

(2)施工合同中没有约定，又未经项目法人书面同意，承包人将其承包的部分工程分包给其他单位施工的；

(3)承包人将主要建筑物的主体结构工程分包的；

(4)工程分包单位将其承包的工程中非劳务作业部分再分包的；

(5)劳务作业分包单位将其承包的劳务作业再分包的；

(6)劳务作业分包单位除计取劳务作业费用外，还计取主要建筑材料款和大中型机械设备费用的；

(7)承包人未与分包人签订分包合同，或分包合同未遵循承包合同的各项原则，不满足承包合同中相应要求的；

(8)法律法规规定的其他违法分包行为。

(三)按计价方式不同分

1. 固定总价合同

固定总价合同是指在合同中确定一个完成建设工程的固定总价，承包商据此完成该总价所包含的项目全部内容的合同。固定总价合同中的价格一般不因环境变化和工程量增减而变化，除非设计有重大变更。因而这种合同中承包商承担了全部的工作量和价格风险，其索赔机会较少(但不能根除索赔)。固定总价合同仅适用于工程量不太大且能精确计算、工期较短、技术不太复杂、风险不大的项目。

2. 单价合同

单价合同是建设工程承包单位投标时按定额及有关规定计算并报送各分部分项工程单价,结算时按实际完成的工程量乘以各分部分项工程单价结算各分部分项工程费用的合同。在这种合同中,建设工程承包商仅按合同规定承担报价的风险,即对报价(单价)的正确性和适宜性承担责任;而工程量变化的风险由业主承担。由于风险分配比较合理,单价合同能够适应大多数建设工程,能调动建设工程承包商和业主双方的管理积极性。

3. 成本加酬金合同

成本加酬金合同是由业主向承包单位支付建设工程的实际成本,并按事先约定的某一种方式支付酬金的合同。在这类合同中,业主需承担建设工程项目实际发生的一切费用以及建设工程项目的全部风险,而承包单位不承担任何风险,一般没有成本控制的积极性。所以这类合同的使用应受到严格限制,以便确保建设工程项目的整体效益。

任务 12.2 建设工程合同的订立

一、建设工程合同订立的原则

(一)平等原则

平等原则是指建设工程合同的双方当事人在法律上地位平等,任何一方都不得把自己的意志强加给对方。同时,法律也给建设工程合同双方当事人提供平等的法律保护及约束。

(二)自愿原则

自愿原则是指建设工程合同的双方当事人可按自己的意愿缔结建设工程合同,为自己设定权利和义务,任何机关、组织和个人都不得非法干预。

(三)公平原则

公平原则是指以利益均衡作为价值判断标准,依此来确定建设工程合同当事人的民事权利、民事义务及其承担的民事责任。它具体表现为:建设工程合同的当事人应有同等的进行交易活动的机会;当事人所享有的权利与其所承担的义务应大致相当,不得显失公平;当事人所承担的违约责任与其违约行为所造成的实际损害应大致相当;当实际情况发生重大变化导致不能维持建设工程合同效力时,建设工程合同内容应得到相应变更、撤销等。

(四)诚实信用原则

诚实信用原则简称诚信原则,是指建设工程合同当事人在行使权利、履行义务时,都应本着诚实、善意的态度,恪守信用,不得滥用权利,也不得规避法律或建设工程合同规定的义务。

诚实信用原则是一切民事行为都应遵循的“黄金原则”,它可平衡当事人之间及当事人与社会之间的利益关系。在法律规定不明确时,法院可根据诚实信用原则行使公平裁决权。

(五)遵守法律和公序良俗的原则

当事人订立、履行合同,应当遵守法律、行政法规,遵守社会公德,不得扰乱社会经济秩序,损害社会公共利益。这就要求当事人在订立建设工程合同时,必须按照法律的规定来订立,不得采用欺诈、胁迫等有违社会公德的手段,更不得损害社会经济秩序和社会公共利益,否则,将不具有法律效力。

二、建设工程合同订立过程

合同订立一般要经过要约与承诺两个步骤,而建设工程合同因其复杂性、特殊性,通常要经过要约邀请→要约→承诺三个步骤。

(一)要约邀请

要约邀请是指当事人一方邀请不特定的另一方向自己提出要约的意思表示。拍卖公告、招标公告、招股说明书、债券募集办法、基金招募说明书、商业广告和宣传、寄送的价目表等为要约邀请。要约邀请一般没有法律约束力,只有经过被邀请的一方做出要约并经邀请方承诺后,合同方能成立。

在建设工程合同签订的过程中,发包方发布招标通告或投标邀请书的行为就是一种要约邀请行为,其目的在于邀请承包方投标。在建设工程合同签订程序中有一个显著的特点:受要约方(承诺方)是特定的,而要约方是不特定的。

(二)要约

要约是指当事人一方向另一方提出合同条件,希望另一方订立合同的意思表示。提出要约的一方称为要约方,另一方则称为受要约方。要约是以签订合同为目的的一种意思表示,首先必须符合签订合同的原则,其内容必须具体明确,并应包括合同应具备的主要条款,而且必须向受要约方提出。要约具有法律约束力,要约生效后,要约方不得擅自撤回或更改。

商业广告和宣传的内容符合要约条件的,构成要约。

在建设工程合同签订过程中,承包方向发包方递交投标文件的投标行为就是一种要约行为。投标文件中应包含建设工程合同应具备的主要条款,如工程造价、工程质量、工程工期等内容。作为要约的投标对承包方具有法律约束力,表现在承包方在投标生效后无权修改或撤回投标以及一旦中标就必须与发包方签订合同,否则要承担相应法律责任。

(三)承诺

承诺是指受要约方完全同意要约的意思表示。它是受要约方愿意按照要约的内容与要约方订立合同的允诺。承诺的内容必须与要约完全一致,不得有任何实质性修改,否则将视为拒绝要约或反要约。承诺必须在要约规定的有效期限内向要约方提出,而承诺生效的时间就是要约方收到承诺的时刻。承诺方(受要约方)做出承诺后,即受到法律的约束,不得任意变更或解除承诺。

在招标投标中,发包方经过开标、评标过程,最后发出中标通知书,确立承包方的行为即为承诺。《中华人民共和国招标投标法》规定:"招标人和中标人应当自中标通知书发出之日起三十日内,按照招标文件和中标人的投标文件订立书面合同。"因此,确定中标单位后,发包方和承包方各自均有权利要求对方签订建设工程合同,也有义务与对方签订建设工程合同。

【技术指导12-3】 缔约过失责任。

缔约过失责任是缔结合同的一方存在过失造成对方当事人损失的,缔约过失方要承担赔偿的责任。其形式是损害赔偿。《民法典》第五百条规定,当事人在订立合同过程中有下列情形之一,造成对方损失的,应当承担赔偿责任:

(1)假借订立合同,恶意进行磋商。恶意磋商实际上已经超出了缔约过失的范围,而是恶意借订立合同之机而加害于对方当事人或者第三人。对此造成的损失应当予以赔偿。

(2)故意隐瞒与订立合同有关的重要事实或者提供虚假情况。例如,知道或者应当知道合同无效的原因存在而不告知对方,使对方产生信赖而造成损失。

(3)其他违背诚信原则的行为。当事人在订立合同过程中知悉的商业秘密或者其他应当保密的信息,无论合同是否成立,不得泄露或者不正当地使用;泄露、不正当地使用该商业秘密或者信息,造成对方损失的,应当承担赔偿责任。

三、建设工程合同的内容

《民法典》第七百九十四条:"勘察、设计合同的内容一般包括提交有关基础资料和概预算等文件的期限、质量要求、费用以及其他协作条件等条款。"

《民法典》第七百九十五条:"施工合同的内容一般包括工程范围、建设工期、中间交工工程的开工和竣工时间、工程质量、工程造价、技术资料交付时间、材料和设备供应责任、拨款和结算、竣工验收、质量保修范围和质量保证期、相互协作等条款。"

(一)建设工程施工合同的内容

1. 工程范围

工程范围是指施工的界区,是施工人员进行施工的工作范围。

2. 建设工期

建设工期是指施工人完成施工任务的期限。在实践中,有的发包人常常要求缩短工期,施工方为了赶进度,往往导致严重的工程质量问题。因此,为了保证工程质量,双方当事人应当在施工合同中确定合理的建设工期。

3. 中间交工工程的开工和竣工时间

工程质量条款是明确施工人施工要求,确定施工人责任的依据。施工人必须按照工程设计图纸和施工技术标准施工,不得擅自修改工程设计,不得偷工减料。发包人也不得明示或者暗示施工人违反工程建设强制性标准,降低建设工程质量、质量保修范围和质量保证期、相互协作等条款。

4. 工程造价

工程造价是指进行工程建设所需的全部费用,包括人工费、材料费、施工机械使用费、措施费等。在实践中,有的发包人为了获得更多的利益,往往压低工程造价,而施工人为了盈利或不亏本,不得不偷工减料、以次充好,结果导致工程质量不合格,甚至造成严重的工程质量事故。因此,为了保证工程质量,双方当事人应当合理确定工程造价。

5. 技术资料交付时间

技术资料主要是指勘察、设计文件以及其他施工人据以施工所必需的基础资料。当事人应当在施工合同中明确技术资料的交付时间。

6. 材料和设备供应责任

材料和设备供应责任是指由哪一方当事人提供工程所需材料设备及其应承担的责任。材料和设备可以由发包人负责提供,也可以由施工人负责采购。如果按照合同约定由发包人负责采购建筑材料、构配件和设备的,发包人应当保证建筑材料、构配件和设备符合设计文件和合同要求。施工人则须按照工程设计要求、施工技术标准和合同约定,对建筑材料、构配件和设备进行检验。

7. 拨款和结算

拨款是指工程款的拨付。结算是指施工人按照合同约定和已完工程量向发包人办理工程款的清算。拨款和结算条款是施工人请求发包人支付工程款和报酬的依据。

8. 竣工验收

竣工验收条款一般应当包括验收范围与内容、验收标准与依据、验收人员组成、验收方式和日期等内容。

9. 质量保修范围和质量保证期

建设工程质量保修范围和质量保证期应当按照《建设工程质量管理条例》的规定执行。

10. 双方相互协作条款

双方相互协作条款一般包括双方当事人在施工前的准备工作,施工人及时向发包人提出开工通知书、施工进度报告书、对发包人的监督检查提供必要协助等。

(二)建设工程合同示范文本

《民法典》第四百七十条规定:“当事人可以参照各类合同的示范文本订立合同。”合同示范文本是指由规定的国家机关事先拟定的,对当事人订立合同起参考作用,但不要求当事人必须采用合同示范文本,即合同的成立与生效同当事人是否采用合同示范文本无直接关系,合同示范文本具有引导性、参考性作用,法律并不强制要求采用。

国务院建设行政主管部门和国家工商行政管理部门,相继制定了《建设工程勘察合同示范文本》《建设工程设计合同示范文本》《委托监理合同示范文本》和《施工合同示范文本》。

任务 12.3 建设工程合同履行

一、建设工程合同履行原则

(一)实际履行原则

实际履行原则是指合同当事人按照合同规定的标的履行。除非由于不可抗力,否则合同当事人应交付和接受标的,不得任意降低标的物的标准、变更标的物或以货币代替实物。

建设工程合同的实际履行就是建设工程合同当事人必须依据建设工程合同规定的标的不折不扣地实现其内容的行为。

(二)全面履行原则

全面履行原则是指合同当事人必须按照合同规定的标的、质量和数量、履行地点、履行价格、履行时间和履行方式等全面地完成各自应当履行的义务。

建设工程合同的全面履行就是建设工程合同当事人必须按照建设工程合同规定的所有条款完成工程建设任务。

二、建设工程合同履行中的抗辩权

建设工程合同履行中的抗辩权是指建设工程合同履行过程中,在满足一定法定条件时,合同当事人一方可以对抗对方当事人的履行要求,暂时拒绝履行建设工程合同约定的义务的权利。

建设工程施工合同是一种双务合同,发承包双方按照合同的约定,都有着各自相应的权利和义务。但是,《民法典》第五百二十七条规定,“应当先履行债务的当事人,有确切证据证明对方有下列情形之一的,可以中止履行:

“(一)经营状况严重恶化;

“(二)转移财产、抽逃资金以逃避债务;

“(三)丧失商业信誉;

“(四)有丧失或者可能丧失履行债务能力的其他情形。

“当事人没有确切证据中止履行的,应当承担违约责任。”

这是法律赋予合同一方当事人,依法对抗合同另一方当事人的要求或否认对方权利主张的权利。它对于建筑施工企业订立和履行《建设工程施工合同》,具有重大的指导作用和应用价值。

《民法典》第五百二十八条规定:“当事人依据前条规定中止履行的,应当及时通知对方。对方提供适当担保的,应当恢复履行。中止履行后,对方在合理期限内未恢复履行能力且未提供适当担保的,视为以自己的行为表明不履行主要债务,中止履行的一方可以解除合同并可以请求对方承担违约责任。”

三、建设工程合同的保全

合同的保全是指法律为防止合同债务人的财产不当减少,维护其财产状况,允许合同的债权人向债务人行使一定权利的制度。合同的保全也可理解为法律强制实施的一般担保,即债务人应以其所有的全部财产来保证其合同债务的履行。它可弥补保证、抵押、定金、留置等特殊担保及民事强制执行的不足。

(一)代位权

《民法典》第五百三十五条:“因债务人怠于行使其债权或者与该债权有关的从权利,影响债权人的到期债权实现的,债权人可以向人民法院请求以自己的名义代位行使债务人对相对人的权利,但是该权利专属于债务人自身的除外。”

代位权的行使范围以债权人的到期债权为限。债权人行使代位权的必要费用,由债务人负担。

（二）撤销权

《民法典》第五百三十八条："债务人以放弃其债权、放弃债权担保、无偿转让财产等方式无偿处分财产权益，或者恶意延长其到期债权的履行期限，影响债权人的债权实现的，债权人可以请求人民法院撤销债务人的行为。"

债务人以明显不合理的低价转让财产，对债权人造成损害，并且受让人知道该情形的，债权人也可请求人民法院撤销债务人的行为。撤销权的行使范围以债权人的债权为限。债权人行使撤销权的必要费用，由债务人负担。撤销权自债权人知道或者应当知道撤销事由之日起一年内行使。自债务人的行为发生之日起五年内没有行使撤销权的，该撤销权消灭。

《民法典》第五百六十四条第二款规定："法律没有规定或者当事人没有约定解除权行使期限，自解除权人知道或者应当知道解除事由之日起一年内不行使，或者经对方催告后在合理期限内不行使的，该权利消灭。"

四、建设工程合同的变更

《民法典》第五百四十三条规定："当事人协商一致，可以变更合同。"第五百四十四条规定："当事人对合同变更的内容约定不明确的，推定为未变更。"

广义的合同变更包括合同内容的变更及合同主体的变更。建设工程合同的承包人是经过选择，基于信任才确定的，所以履行合同时承包人应坚持亲自履行原则，《中华人民共和国民法典》《中华人民共和国建筑法》《中华人民共和国招标投标法》中都明确规定，承包人不得将其承包的全部建设工程转包给第三方。所以，建设工程合同的变更只是狭义的合同变更，即指在合同主体不变的前提下合同内容的修改与补充。

建设工程合同的变更是通过工程签证来加以确认的。工程签证实际上就是工程承发包双方在施工过程中对支付各种费用、顺延工期、赔偿损失等事项所达成的补充协议，与原合同具有同等的法律效力，并构成整个工程合同的组成部分。经双方书面确认的工程签证，将成为工程结算或工程索赔的依据。

五、建设工程合同的效力

《民法典》第五百零二条规定："依法成立的合同，自成立时生效，但是法律另有规定或者当事人另有约定的除外。"

（一）效力待定的合同

《民法典》规定，效力待定的民事行为包括限制民事行为能力人实施的民事行为、无权代理行为等。

《民法典》规定，效力待定合同的情形：

（1）无权代理人以被代理人的名义订立合同，被代理人已经开始履行合同义务或者接受相对人履行的，视为对合同的追认；

（2）法人的法定代表人或者非法人组织的负责人超越权限订立的合同，除相对人知道或者应当知道其超越权限外，该代表行为有效，订立的合同对法人或者非法人组织发生效力；

（3）当事人超越经营范围订立的合同的效力，应当依照《民法典》第一编第六章第三节和第三编的有关规定确定，不得仅以超越经营范围确认合同无效。

（二）无效的建设工程施工合同

无效的建设工程施工合同是指建设工程合同在内容和形式上违反法律、行政法规的强制性规定或损害了社会公共利益，是不具有法律效力的民事行为，不能产生发包人与承包人订立合同时所预期的法律后果。

1. 无效合同的情形

根据《民法典》规定，以下几种情形订立的合同无效：

（1）无民事行为能力人签订的合同；

（2）行为人与相对人以虚假的意思表示签订的合同；

（3）违反法律、法规强制性规定的合同；

（4）违背公序良俗的合同；

（5）恶意串通、损害他人合法权益的合同。

2. 无效工程施工合同的认定

（1）承包人未取得建筑施工企业资质或者超越资质等级的；

（2）没有资质的实际施工人借用有资质的建筑施工企业名义的；

（3）建设工程必须进行招标而未招标或者中标无效的；

（4）承包人转包、违法分包的。

3. 施工合同被确认无效后的处理

建设工程施工合同被确认无效后，将依据法律规定的处理原则解决争议，合同当事人双方会因建设工程施工合同履行过程中的工程质量、合同当事人的过错、是否存在转包及非法分包等情况的不同而产生不同的法律后果。

（1）建设工程施工合同无效，但是建设工程经验收合格的，可以参照合同关于工程价款的约定折价补偿承包人。（见《民法典》第七百九十三条）

（2）建设工程施工合同无效，且建设工程经验收不合格的，按照以下情形处理：

①修复后的建设工程经验收合格的，发包人可以请求承包人承担修复费用；

②修复后的建设工程经验收不合格的，承包人无权请求参照合同关于工程价款的约定折价补偿。

发包人对因建设工程不合格造成的损失有过错的，应当承担相应的责任。合同不生效、无效、被撤销或者终止的，不影响合同中有关解决争议方法的条款的效力。

（三）可撤销合同

可撤销合同是指因意思表示不真实，通过有撤销权的机构（人民法院或者仲裁机构）行使撤销权，使已经生效的意思表示归于无效的合同。

《民法典》第一百四十七至一百五十条规定，可撤销的民事法律行为（合同）有以下情形：

（1）因重大误解订立的合同；

（2）在订立合同时显示公平的；

(3)一方或者第三人以欺诈、胁迫的手段或者乘人之危使对方在违背真实意思的情况下订立的合同。

受损害方有权请求人民法院或仲裁机构撤销合同。当事人请求变更的,人民法院或者仲裁机构不得撤销。

【技术指导 12-4】 无效合同与可撤销合同的区别如表 12-1 所示。

表 12-1 无效合同与可撤销合同的区别

比较项目	无效合同	可撤销合同
涉及范围	危害国家、集体、社会、第三人和当事人利益	主要侵害一方当事人利益
原因	非法,恶意的不公正与不合法	意思表示不真实(重大误解、显失公平、欺诈、胁迫)
原因与结果关系	由于原因的存在必然导致合同无效	原因与结果之间无必然关系,结果取决于当事人是否行使撤销权

【以案说法 12-1】 建筑公司能否就拍卖承建的商品房优先受偿工程款?

甲房地产公司与乙建筑公司签订了一份建筑工程合同。合同约定由乙负责承建一批商品房,建筑面积 4 000 m^2,工程价款决算为 80 万元人民币。合同规定:甲预付工程价款的 20%,并提供设计图样及各种技术指标和内部设施计划,乙包工包料,按照合同约定日期交付验收技术资料;任何一方不按照合同约定履行义务的,要支付工程造价 5%的违约金。合同正式签订后,双方依约履行,工程施工进展顺利。乙按期完成这批商品房屋建设任务。该工程验收合格后,甲却提出资金不足暂无法支付工程款,经乙再三催促,甲仍未支付。在不得已的情况下,乙向法院提起诉讼,要求拍卖这批商品房,以拍卖所得支付工程款。

本案的焦点问题是法院能否支持乙要求拍卖商品房。

《民法典》第八百零七条规定:"发包人未按照约定支付价款的,承包人可以催告发包人在合理期限内支付价款。发包人逾期不支付的,除按照建设工程的性质不宜折价、拍卖外,承包人可以与发包人协议将该工程折价,也可以申请人民法院将该工程依法拍卖。建设工程的价款就该工程折价或者拍卖的价款优先受偿。"

本案例中,甲在承包人乙如约履行建设工程承包合同,按期保质完成商品房施工并经验收合格后仍然不支付工程款,其行为已构成违约。本案在法院的调解下,当事人双方达成协议,将竣工的商品房交付拍卖人进行拍卖,承包人就拍卖价款优先受偿。

优先受偿权是指由法律规定的特定债权人就债务人的全部财产或特定财产优先受偿的权利。优先受偿权作为一种担保物权,具有担保物权的从属性、不可分性等一般特征,按照《民法典》中建设工程合同的规定,承包人行使优先受偿权应当具备以下条件:

(1)承包人必须按照合同规定全部履行了自己的义务,即工程按期完工、质量合格、已经经过竣工验收。如果工程存在质量问题或未按期竣工,即承包人存在违约行为,发包人拒绝付款的,承包人不得行使优先受偿权。

(2)承包人在发包人未按照合同约定支付工程款时,一般应当先行催告,要求发包人在合理期限内支付工程款,发包人在催告期限届满后仍不付款的,承包人可以行使优先受偿权。

(3)优先受偿权的实现方式有两种:一是协议方式,即承包人与发包人协议将工程折价,工程款以折价价款优先受偿;二是拍卖方式,即由承包人向人民法院申请依法将工程拍卖,承包人就该工程拍卖所得价款优先受偿。

(4)优先受偿权的行使是有限制的,即并非所有建设工程合同的承包人都能行使优先受偿权。因建设工程的性质不宜折价、拍卖的特殊工程及保密工程,承包人不得行使优先受偿权,如政府办公楼、高速公路、铁路、桥梁等。

六、建设工程合同的解除

合同成立后,若合同的基础条件发生了当事人在订立合同时无法预见的、不属于商业风险的重大变化,继续履行合同对于当事人一方明显不公平的,受不利影响的当事人可以与对方重新协商;在合理期限内协商不成的,当事人可以请求人民法院或者仲裁机构变更或者解除合同。

《民法典》第八百零六条规定,建设工程合同可以解除的情形:

(1)承包人将建设工程转包、违法分包的,发包人可以解除合同。

(2)发包人提供的主要建筑材料、建筑构配件和设备不符合强制性标准或者不履行协助义务,致使承包人无法施工,经催告后在合理期限内仍未履行相应义务的,承包人可以解除合同。

合同解除后,已经完成的建设工程质量合格的,发包人应当按照约定支付相应的工程价款;已经完成的建设工程质量不合格的,按以下情形处理:

(1)修复后的建设工程经验收合格的,发包人可以请求承包人承担修复费用;

(2)修复后的建设工程经验收不合格的,承包人无权请求参照合同关于工程价款的约定折价补偿。

发包人对因建设工程不合格造成的损失有过错的,应当承担相应的责任。

【以案说法 12-2】 无力履行的合同可以依法解除。

甲、乙就某工程中的路面施工工程签订一份施工合同,合同有效期为 2016 年 4 月 1 日起至 2017 年 3 月 31 日止。总工期为 365 天。该工程的合同价采取固定总价的承包方式。乙在施工期间,由于石料的价格上涨,再加上自身管理等其他原因,未能按合同约定的时间完工,虽经甲方多次催告,但时至 2017 年 8 月底工程仍未完工,且已无继续履行合同的能力。因此,甲通知乙解除双方所签订的施工合同,并要求乙承担违约责任。

本案的焦点问题是乙的行为是否构成违约?甲是否可以单方解除与乙签订的施工合同。首先,乙的行为已经构成违约。该工程的合同价采取固定总价的承包方式,乙应当承担建筑材料价格上涨的风险。乙在施工期间,由于石料的价格上涨,再加上自身管理等其他原因,未能按合同约定的时间完工,虽经甲多次催告,但时至 2017 年 8 月底工程仍未完工,且已无继续履行合同的能力的行为已构成违约,因此乙理应承担违约责任。

其次,《民法典》第五百六十三条规定,甲有权单方解除与乙签订的工程施工合同。

合同解除后,已经完成的建设工程质量合格的,发包人应当按照约定支付相应的工程价款;已经完成的建设工程质量不合格的,参照该法第七百九十三条的规定处理。

七、建设工程其他相关合同

同建设工程活动密切相关的其他合同,主要有承揽合同、买卖合同、借款合同、租赁合同、融资租赁合同、运输合同、委托合同等。具体规定参见《民法典》合同编。

项目 13　水利水电工程建设监理制度

【知识目标】

1. 掌握水利水电工程监理的范围。

2. 掌握水利水电工程监理的依据。

3. 掌握水利水电工程监理的内容。

4. 明确水利水电工程监理单位和监理人员的职责。

【技能目标】

1. 能记录水利工程监理日常工作日志、会议纪要。

2. 熟悉水利工程监理"三控制"要求,能协调有关各方的工作。

【育人目标】

1. 培养"廉洁奉公,为人正直,办事公道"的职业道德情操。

2. 遵守"守法、诚信、公正、科学"的执业准则。

3. 树立"富强、民主、文明、和谐,自由、平等、公正、法治,爱国、敬业、诚信、友善"的社会主义核心价值观。

【问题导入】

水利监理工程师张某是否可以利用执业之便,向施工单位以及建筑材料供应商索取财物?会处以什么罚则?

【任务分析】

1. 明确工程监理单位的职责。

2. 明确工程监理人员的工作职责和从业要求。

任务 13.1　水利水电工程监理范围

建设工程监理制度是国际上通行的做法,也是我国在水利工程建设领域推行"三项制度"改革的内容之一。《中华人民共和国建筑法》第三十条规定:"国家推行建筑工程监理制度。"水利部根据《中华人民共和国招标投标法》《建设工程质量管理条例》《建设工程安全生产管理条例》等有关法律法规,结合水利工程建设实际,制定了《水利工程建设监理规定》(2017 年修正)。此外,水利部还制定了《水利工程建设监理单位管理办法》《水利工程建设监理人员管理办法》《水利工程设备制造监理规定》《水利工程设备制造监理单位与监理人员资格管理办法》等部门规章,明确了"水利工程建设项目依法实行建设监理制度"。

一、水利水电工程建设监理概念

工程建设监理是指工程监理单位受项目法人的委托，依据国家有关工程建设的法律、法规和批准的项目建设文件、工程建设合同以及工程建设监理合同，对工程建设项目的投资、工期和质量等进行监督、管理、控制，并协调有关各方工作关系的工程管理活动。

水利水电工程建设监理是指具有相应资质的水利工程建设监理单位受项目法人（建设单位）委托，按照监理合同对水利工程建设项目实施中的质量、进度、资金、安全生产、环境保护等进行的管理活动，包括水利工程施工监理、水土保持工程施工监理、机电及金属结构设备制造监理、水利工程建设环境保护监理等。

二、必须实行监理的范围和规模标准

（一）《建设工程监理范围和规模标准规定》明确必须实行监理的建设工程

（1）国家重点建设工程（是指依据《国家重点建设项目管理办法》所确定的对国民经济和社会发展有重大影响的骨干项目）。

（2）大中型公用事业工程，是指项目总投资额在3 000万元以上的下列工程项目：

①供水、供电、供气、供热等市政工程项目；

②科技、教育、文化等项目；

③体育、旅游、商业等项目；

④卫生、社会福利等项目；

⑤其他公用事业项目。

（3）成片开发建设的住宅小区工程：建筑面积在5万平方米以上的住宅建设工程必须实行监理；5万平方米以下的住宅建设工程，可以实行监理；为了保证住宅质量，对高层住宅及地基、结构复杂的多层住宅应当实行监理。

（4）利用外国政府或者国际组织贷款、援助资金的工程：

①使用世界银行、亚洲开发银行等国际组织贷款资金的项目；

②使用国外政府及其机构贷款资金的项目；

③使用国际组织或者国外政府援助资金的项目。

（5）国家规定必须实行监理的其他工程是指：

①项目总投资额在3 000万元以上，关系社会公共利益、公众安全的下列基础设施项目：

a. 煤炭、石油、化工、天然气、电力、新能源等项目；

b. 铁路、公路、管道、水运、民航以及其他交通运输业等项目；

c. 邮政、电信枢纽、通信、信息网络等项目；

d. 防洪、灌溉、排涝、发电、引（供）水、滩涂治理、水资源保护、水土保持等水利建设项目；

e. 道路、桥梁、地铁和轻轨交通、污水排放及处理、垃圾处理、地下管道、公共停车场等城市基础设施项目；

f. 生态环境保护项目；

g. 其他基础设施项目。

②学校、影剧院、体育场馆项目。

(二)水利工程建设监理范围

水利工程是指防洪、排涝、灌溉、水力发电、引(供)水、滩涂治理、水土保持、水资源保护等各类工程(包括新建、扩建、改建、加固、修复、拆除等项目)及其配套和附属工程。

水利部《水利工程建设监理规定》要求,"水利工程建设项目依法实行建设监理。总投资200万元以上且符合下列条件之一的水利工程建设项目,必须实行建设监理:

"(1)关系社会公共利益或者公共安全的;

"(2)使用国有资金投资或者国家融资的;

"(3)使用外国政府或者国际组织贷款、援助资金的。

"铁路、公路、城镇建设、矿山、电力、石油天然气、建材等开发建设项目的配套水土保持工程,符合前款规定条件的,应当按照本规定开展水土保持工程施工监理。

"其他水利工程建设项目可以参照本规定执行。"

任务13.2 水利水电工程监理业务的委托、承接与实施

一、水利水电工程监理业务的委托

(1)必须实施建设监理的水利工程建设项目,项目法人应当按照水利工程建设项目招标投标管理的规定,确定具有相应资质的监理单位,并报项目主管部门备案。

(2)项目法人和监理单位应当依法签订监理合同。

(3)项目法人委托监理业务,合同价格不得低于成本。

二、水利水电工程监理业务的承接

(1)监理单位应当按照水利部的规定,取得《水利工程建设监理单位资质等级证书》,并在其资质等级许可的范围内承揽水利工程建设监理业务。

(2)两个以上具有资质的监理单位,可以组成一个联合体承接监理业务。联合体各方应当签订协议,明确各方拟承担的工作和责任,并将协议提交项目法人。联合体的资质等级,按照同一专业内资质等级较低的一方确定。联合体中标的,联合体各方应当共同与项目法人签订监理合同,就中标项目向项目法人承担连带责任。

(3)监理单位不得违反标准规范规定或合同约定,通过降低服务质量、减少服务内容等手段进行恶性竞争,扰乱正常市场秩序。不得以串通、欺诈、胁迫、贿赂等不正当竞争手段承揽水利工程建设监理业务。不得允许其他单位或者个人以本单位名义承揽水利工程建设监理业务。不得转让监理业务。

三、水利水电工程监理业务的实施

(一)监理单位实施建设监理的基本要求

(1)监理单位应当聘用一定数量的监理人员从事水利工程建设监理业务。监理人员

包括总监理工程师、监理工程师和监理员。总监理工程师、监理工程师应当具有监理工程师职业资格，总监理工程师还应当具有工程类高级专业技术职称。

监理工程师应当由其聘用监理单位报水利部注册备案。

(2)水利工程建设监理实行总监理工程师负责制。

总监理工程师负责全面履行监理合同约定的监理单位职责，发布有关指令，签署监理文件，协调有关各方之间的关系。

(3)监理单位应当将项目监理机构及其人员名单、监理工程师和监理员的授权范围书面通知被监理单位。监理单位更换总监理工程师和其他主要监理人员的，应当符合监理合同的约定。

(4)监理单位应当按照监理合同，组织设计单位等进行现场设计交底，核查并签发施工图。未经总监理工程师签字的施工图不得用于施工。监理单位不得修改工程设计文件。

(5)监理单位应当按照监理规范的要求，采取旁站、巡视、跟踪检测和平行检测等方式实施监理，发现问题应当及时纠正、报告。

监理单位不得与项目法人或者被监理单位串通，弄虚作假、降低工程质量或者设备质量。

(6)监理人员不得将质量检测或者检验不合格的建设工程、建筑材料、建筑构配件和设备按照合格签字。未经监理工程师签字，建筑材料、建筑构配件和设备不得在工程上使用或者安装，不得进行下一道工序的施工。

(7)监理单位应当协助项目法人编制控制性总进度计划，审查被监理单位编制的施工组织设计和进度计划，并督促被监理单位实施。

(8)监理单位应当协助项目法人编制付款计划，审查被监理单位提交的资金流计划，按照合同约定核定工程量，签发付款凭证。未经总监理工程师签字，项目法人不得支付工程款。

(9)监理单位应当审查被监理单位提出的安全技术措施、专项施工方案和环境保护措施是否符合工程建设强制性标准和环境保护要求，并监督实施。

(10)监理单位在实施监理过程中，发现存在安全事故隐患的，应当要求被监理单位整改；情况严重的，应当要求被监理单位暂时停止施工，并及时报告项目法人。被监理单位拒不整改或者不停止施工的，监理单位应当及时向有关水行政主管部门或者流域管理机构报告。

(二)监理单位实施建设监理程序

(1)按照监理合同，选派满足监理工作要求的总监理工程师、监理工程师和监理员组建项目监理机构，进驻现场。

(2)编制监理规划，明确项目监理机构的工作范围、内容、目标和依据，确定监理工作制度、程序、方法和措施，并报项目法人备案。

(3)按照工程建设进度计划，分专业编制监理实施细则。

(4)按照监理规划和监理实施细则开展监理工作，编制并提交监理报告。

(5)监理业务完成后，按照监理合同向项目法人提交监理工作报告、移交档案资料。

任务13.3 水利水电工程建设监理的监管与罚则

一、水利水电工程建设监理的监管

(1)监理单位必须严格执行国家法律、法规和政策,接受水行政主管部门的监督管理。

(2)水行政主管部门负责水利工程建设监理单位的管理工作。水利部负责全国水利工程建设监理单位资格的审批工作。

(3)水利部对全国水利工程建设监理实施统一监督管理。县级以上人民政府水行政主管部门和流域管理机构对水利工程建设监理活动进行监督管理,对项目法人和监理单位执行国家法律法规、工程建设强制性标准以及履行监理合同的情况进行监督检查。项目法人应当依据监理合同对监理活动进行检查。

二、水利水电工程建设监理活动中的违法行为与罚则

(一)项目法人违规行为及处罚

(1)项目法人将水利工程建设监理业务委托给不具有相应资质的监理单位,或者必须实行建设监理而未实行的,依照《建设工程质量管理条例》第五十四条、第五十六条处罚。

(2)项目法人对监理单位提出不符合安全生产法律、法规和工程建设强制性标准要求的,依照《建设工程安全生产管理条例》第五十五条处罚。

(二)监理单位违规行为及处罚

(1)有下列行为之一的,依照《建设工程质量管理条例》第六十条、第六十一条、第六十二条、第六十七条、第六十八条处罚:

①超越本单位资质等级许可的业务范围承揽监理业务的;

②未取得相应资质等级证书承揽监理业务的;

③以欺骗手段取得的资质等级证书承揽监理业务的;

④允许其他单位或者个人以本单位名义承揽监理业务的;

⑤转让监理业务的;

⑥与项目法人或者被监理单位串通,弄虚作假、降低工程质量的;

⑦将不合格的建设工程、建筑材料、建筑构配件和设备按照合格签字的;

⑧与被监理单位以及建筑材料、建筑构配件和设备供应单位有隶属关系或者其他利害关系承担该项工程建设监理业务的。

(2)监理单位有下列行为之一的,责令改正,给予警告;无违法所得的,处1万元以下罚款,有违法所得的,予以追缴,处违法所得3倍以下且不超过3万元罚款;情节严重的,降低资质等级;构成犯罪的,依法追究有关责任人员的刑事责任:

①以串通、欺诈、胁迫、贿赂等不正当竞争手段承揽监理业务的;

②利用工作便利与项目法人、被监理单位以及建筑材料、建筑构配件和设备供应单位

串通,谋取不正当利益的。

(3)监理单位有下列行为之一的,依照《建设工程安全生产管理条例》第五十七条处罚:

①未对施工组织设计中的安全技术措施或者专项施工方案进行审查的;

②发现安全事故隐患未及时要求施工单位整改或者暂时停止施工的;

③施工单位拒不整改或者不停止施工,未及时向有关水行政主管部门或者流域管理机构报告的;

④未依照法律、法规和工程建设强制性标准实施监理的。

(4)监理单位有下列行为之一的,责令改正,给予警告;情节严重的,降低资质等级:

①聘用无相应监理人员资格的人员从事监理业务的;

②隐瞒有关情况、拒绝提供材料或者提供虚假材料的。

(三)监理人员违规行为及处罚

(1)从事水利工程建设监理活动,有下列行为之一的,责令改正,给予警告;其中,监理工程师违规情节严重的,注销注册证书,2 年内不予注册;有违法所得的,予以追缴,并处 1 万元以下罚款;造成损失的,依法承担赔偿责任;构成犯罪的,依法追究刑事责任:

①利用执(从)业上的便利,索取或者收受项目法人、被监理单位以及建筑材料、建筑构配件和设备供应单位财物的;

②与被监理单位以及建筑材料、建筑构配件和设备供应单位串通,谋取不正当利益的;

③非法泄露执(从)业中应当保守的秘密的。

(2)监理人员因过错造成质量事故的,责令停止执(从)业 1 年,其中,监理工程师因过错造成重大质量事故的,注销注册证书,5 年内不予注册,情节特别严重的,终身不予注册。

(3)监理人员未执行法律、法规和工程建设强制性标准的,责令停止执(从)业 3 个月以上 1 年以下,其中,监理工程师违规情节严重的,注销注册证书,5 年内不予注册,造成重大安全事故的,终身不予注册;构成犯罪的,依法追究刑事责任。

(四)水行政主管部门和流域管理机构的工作人员违规行为及处罚

水行政主管部门和流域管理机构的工作人员在工程建设监理活动的监督管理中玩忽职守、滥用职权、徇私舞弊的,依法给予处分;构成犯罪的,依法追究刑事责任。

【知识拓展 13-1】 《水利工程建设监理规定》扫码 13-1 学习。

码 13-1 《水利工程建设监理规定》

【技术指导 13-1】 监理单位发现安全事故隐患,未及时要求施工单位整改或者暂时停止施工的,会受什么处罚?

答:依照《建设工程安全生产管理条例》第五十七条规定:监理单位发现安全事故隐

患，未及时要求施工单位整改或者暂时停止施工的，责令限期改正；逾期未改正的，责令停业整顿，并处10万元以上30万元以下的罚款；情节严重的，降低资质等级，直至吊销资质证书；造成重大安全事故，构成犯罪的，对直接责任人员，依照刑法有关规定追究刑事责任；造成损失的，依法承担赔偿责任。

项目 14　水利水电工程安全生产管理制度

【知识目标】

1. 了解新《中华人民共和国安全生产法》的重点内容。

2. 掌握水利水电工程建设各参与方的安全责任。

3. 了解安全生产监督管理体系。

4. 掌握水利水电工程安全生产许可证制度。

5. 掌握生产安全事故应急救援、事故报告和调查处理要点。

【技能目标】

1. 熟悉施工单位安全生产管理机构和专职安全生产管理人员的责任。

2. 能参与编制建设工程安全生产应急预案，掌握安全事故报告流程。

3. 能对新工人、特种作业人员进行安全生产培训。

4. 能根据施工安全生产和教育培训要求，编制安全生产规章制度和操作流程。

5. 熟悉申请安全生产许可证的条件、程序和相关延期手续。

【育人目标】

1. 筑牢"敬畏生命、守护安全"的底线思维，实现经济社会高质量发展，构建平安、和谐社会。

2. 牢记"安全第一、预防为主、综合治理"的安全生产方针。

3. 牢固树立"人民至上、生命至上"理念；坚持"以人民为中心"的安全发展观，正确处理安全与发展的关系。

【问题导入】

2022 年 1 月 12 日下午，四川丹巴县章谷镇三岔河关州水电站厂房出现透水事故。截至 2022 年 1 月 14 日，该事故造成 11 名维修人员被困，现场已救出 2 人，其余 9 人遇难。2022 年 5 月，四川通报关州水电站"1 · 12"较大透水事故追责问责情况，认定该事故造成 9 人死亡，直接经济损失约 4 435.5 万元，是一起较大生产安全责任事故。

【任务分析】

1. 如何落实"安全第一、预防为主、综合治理"的安全生产方针？

2. 建设项目各参与方（建设单位、设计单位、施工单位、监理单位、供应商、监督部门、主管部门）的安全生产责任有哪些？

3. 安全事故的应急救援与调查处理报告分别如何开展？

任务 14.1 水利水电工程安全生产管理法规

安全生产是企业永恒的主题。安全直接关系到人民群众生命财产安全,关系到社会稳定与和谐发展。为了加强水利水电工程建设与运行过程中的安全生产管理,预防和减少安全事故发生,保障员工的人身安全和财产安全,国家制定了《中华人民共和国安全生产法》《中华人民共和国建筑法》《建设工程安全生产管理条例》《水库大坝安全管理条例》等规范安全生产的法律法规和规范性文件。

一、水利水电工程安全生产管理法规体系

(一)法律

为了加强安全生产工作,防止和减少生产安全事故,保障人民群众生命和财产安全,促进经济社会持续健康发展,2002 年 6 月 29 日第九届全国人民代表大会常务委员会第二十八次会议通过《中华人民共和国安全生产法》。本法分别于 2009 年 8 月、2014 年 8 月、2021 年 6 月进行过三次修正,第三次修正的《安全生产法》自 2021 年 9 月 1 日起施行。《安全生产法》对预防和减少生产安全事故发挥了重要作用,是各行业各部门落实安全生产工作和监督管理的基本法律依据。

(二)行政法规

(1)《建设工程安全生产管理条例》。是为了加强建设工程安全生产监督管理、保障人民群众生命和财产安全的重要行政法规。其适用范围包括两个方面:①从事建设工程的新建、扩建、改建和拆除等有关活动;②实施对建设工程安全生产的监督管理。

这里的建设工程,是指土木工程、建筑工程、线路管道和设备安装工程及装修工程。

(2)《水库大坝安全管理条例》。为加强水库大坝安全管理,保障人民生命财产安全,1991 年国务院制定《水库大坝安全管理条例》。《水库大坝安全管理条例》对水库大坝的建设、管理和险坝处理做了规定。

(3)《生产安全事故应急条例》《生产安全事故报告和调查处理条例》。是《安全生产法》的重要配套行政法规。

(三)地方性安全生产法规

由有立法权力的地方权力机关人民代表大会及其常务委员会和地方政府制定的安全生产规范性文件,具有较强的针对性和可操作性,如《北京市安全生产条例》《浙江省安全生产条例》等。

(四)部门规章

为了加强水利工程建设安全生产监督管理,明确安全生产责任,防止和减少安全生产事故,保障人民群众生命和财产安全,根据《安全生产法》《建设工程安全生产管理条例》等法律、法规,结合水利工程的特点,水利部制定了《水利工程建设安全生产管理规定》(2005 年发布,2014 年、2017 年、2019 年修正)。

《水利工程建设安全生产管理规定》适用于水利工程的新建、扩建、改建、加固和拆除

等活动及水利工程建设安全生产的监督管理。水利工程是指防洪、除涝、灌溉、水力发电、供水、围垦等(包括配套与附属工程)各类水利工程。

二、新《安全生产法》重点内容

(1)树牢“以人为本,安全发展”的理念。明确安全生产工作应当以人为本,坚持“人民至上、生命至上”,把保护人民生命安全摆在首位,树牢安全发展理念。

(2)完善安全生产方针和工作机制。坚持“安全第一、预防为主、综合治理”的安全生产方针,从源头上防范化解重大安全风险,明确了安全生产的重要地位、主体任务和实现安全生产的根本途径。建立生产经营单位负责、职工参与、政府监管、行业自律、社会监督的工作机制,进一步明确了各方安全职责。

(3)落实“管行业必须管安全、管业务必须管安全、管生产经营必须管安全”的要求,确立安全生产监管执法部门地位。

一是国务院和县级以上地方人民政府应当建立健全安全生产工作协调机制,及时协调、解决安全生产监督管理中的重大问题;

二是各级政府安全生产监督管理部门(指应急部门)实施综合监督管理,有关部门(指交通运输、住房和城乡建设、水利、民航等有关部门)在各自职责范围内对有关“行业、领域”的安全生产工作实施监督管理;

三是各级安全生产监督管理部门和其他有关行政执法部门,依法开展安全生产行政执法工作,对生产经营单位执行法律、法规、国家标准或者行业标准的情况进行监督检查。

(4)强化乡镇人民政府以及街道办事处、开发区管理机构安全生产职责。乡镇街道是安全生产工作的重要基础,明确乡镇人民政府以及街道办事处、开发区管理机构等地方人民政府的派出机关应当按照职责,加强对本行政区域内生产经营单位安全生产状况的监督检查,协助上级人民政府有关部门依法履行安全生产监督管理职责。

(5)建立健全并落实全员安全生产责任制。生产经营单位要建立健全并落实全员安全生产责任制,明确各岗位的责任人员、责任范围和考核标准等内容。

一是矿山、金属冶炼、建筑施工、道路运输单位和危险物品的生产、经营、储存单位,应当设置安全生产管理机构或者配备专职安全生产管理人员,将其他生产经营单位设置专门机构或者配备专职人员的从业人员下限由300人调整为100人。

二是安全生产管理机构以及管理人员的职责:拟定本单位安全生产规章制度、操作规程、应急救援预案;组织宣传贯彻安全生产法律、法规;组织安全生产教育和培训;制止和纠正违章指挥、强令冒险作业、违反操作规程的行为;督促落实本单位安全生产整改措施等。

三是生产经营单位作出涉及安全生产的经营决策,应当听取安全生产管理机构以及安全生产管理人员的意见。

(6)明确了劳务派遣单位和用工单位的职责和劳动者的权利义务。

一是规定生产经营单位应当将被派遣劳动者纳入本单位从业人员统一管理,对被派遣劳动者进行岗位安全操作规程和安全操作技能的教育和培训。劳务派遣单位应当对被派遣劳动者进行必要的安全生产教育和培训。

二是明确被派遣劳动者享有本法规定的从业人员的权利,并应当履行本法规定的从业人员的义务。

(7)建立安全风险分级管控机制、重大事故隐患排查及报告制度。生产经营单位应当建立安全风险分级管控制度,按照安全风险分级采取相应的管控措施。重大事故隐患排查治理情况应当及时向负有安全生产监督管理职责的部门和职工代表大会或者职工大会报告,强化隐患排查治理监督,加强事故事前预防。

(8)推进安全生产标准化建设。明确生产经营单位应当推进安全生产标准化工作,提高安全生产水平。

(9)推行注册安全工程师制度,并从以下两个方面加以推进:

一是危险物品的生产、储存单位以及矿山、金属冶炼单位应当有注册安全工程师从事安全生产管理工作,鼓励其他单位聘用注册安全工程师;

二是建立注册安全工程师按专业分类管理制度。

(10)推进安全生产责任保险。国家鼓励生产经营单位投保安全生产责任保险。明确高危行业(主要包括八大类行业:矿山、危险化学品、烟花爆竹、交通运输、建筑施工、民用爆炸物品、金属冶炼、渔业生产)必须投保安全生产责任保险。

安全生产责任保险的保障范围:①本企业的从业人员;②第三方的人员伤亡和财产损失;③相关救援救护、事故鉴定、法律诉讼等费用。

【知识拓展 14-1】 新《安全生产法》十大亮点扫码 14-1 学习。

码 14-1　新《安全生产法》十大亮点

任务 14.2　水利水电工程建设各参与方的安全责任

项目法人(或者建设单位)、勘察(测)单位、设计单位、施工单位、建设监理单位及其他与水利工程建设安全生产有关的单位,必须遵守《安全生产法》《建设工程安全生产管理条例》和《水利工程建设安全生产管理规定》,保证水利工程建设安全生产,依法承担水利工程建设安全生产责任。

一、项目法人(建设单位)的安全责任

(一)施工招标环节的安全要求

(1)对施工投标单位进行资格审查时,应当对投标单位的主要负责人、项目负责人以及专职安全生产管理人员是否经水行政主管部门安全生产考核合格进行审查。有关人员未经考核合格的,不得认定投标单位的投标资格。

(2)项目法人应当向施工单位提供施工现场及施工可能影响的毗邻区域内供水、排水、供电、供气、供热、通信、广播电视等地下管线资料,气象和水文观测资料,拟建工程可能影响的相邻建筑物和构筑物、地下工程的有关资料,并保证有关资料的真实、准确、完整,满足有关技术规范的要求。对可能影响施工报价的资料,应当在招标时提供。

(3)项目法人不得调减或挪用批准概算中所确定的水利工程建设有关安全作业环境及安全施工措施等所需费用。工程承包合同中应当明确安全作业环境及安全施工措施所需费用。

(二)编制保证安全生产的措施方案

(1)项目法人应当组织编制保证安全生产的措施方案,并自开工报告批准之日起15日内报有管辖权的水行政主管部门、流域管理机构或者其委托的水利工程建设安全生产监督机构备案。

(2)保证安全生产的措施方案应当根据有关法律法规、强制性标准和技术规范的要求并结合工程的具体情况编制,应当包括以下内容:

①项目概况;

②编制依据;

③安全生产管理机构及相关负责人;

④安全生产的有关规章制度制定情况;

⑤安全生产管理人员及特种作业人员持证上岗情况等;

⑥生产安全事故的应急救援预案;

⑦工程度汛方案、措施;

⑧其他有关事项。

(三)拆除工程和爆破工程的发包要求

(1)应当将水利工程中的拆除工程和爆破工程发包给具有相应水利工程施工资质等级的施工单位。

(2)项目法人应当在拆除工程或者爆破工程施工15日前,将下列资料报送水行政主管部门、流域管理机构或者其委托的安全生产监督机构备案:

①施工单位资质等级证明;

②拟拆除或拟爆破的工程及可能危及毗邻建筑物的说明;

③施工组织方案;

④堆放、清除废弃物的措施;

⑤生产安全事故的应急救援预案。

二、勘察(测)、设计、建设监理及其他有关单位的安全责任

(一)勘察(测)单位的安全责任

(1)勘察(测)单位应当按照法律、法规和工程建设强制性标准进行勘察(测),提供的勘察(测)文件必须真实、准确,满足水利工程建设安全生产的需要。

(2)在勘察(测)作业时,应当严格执行操作规程,采取措施保证各类管线、设施和周

边建筑物、构筑物的安全。

(3)勘察(测)单位和有关勘察(测)人员应当对其勘察(测)成果负责。

(二)设计单位的安全责任

(1)设计单位应当按照法律、法规和工程建设强制性标准进行设计,并考虑项目周边环境对施工安全的影响,防止因设计不合理导致生产安全事故的发生。

(2)设计单位应当考虑施工安全操作和防护的需要,对涉及施工安全的重点部位和环节在设计文件中注明,并对防范生产安全事故提出指导意见。

(3)采用新结构、新材料、新工艺以及特殊结构的水利工程,设计单位应当在设计中提出保障施工作业人员安全和预防生产安全事故的措施建议。

(4)设计单位和有关设计人员应当对其设计成果负责。

(5)设计单位应当参与与设计有关的生产安全事故分析,并承担相应的责任。

(三)建设监理单位的安全责任

(1)建设监理单位和监理人员应当按照法律、法规和工程建设强制性标准实施监理,并对水利工程建设安全生产承担监理责任。

(2)建设监理单位应当审查施工组织设计中的安全技术措施或者专项施工方案是否符合工程建设强制性标准。

(3)建设监理单位在实施监理过程中,发现存在生产安全事故隐患的,应当要求施工单位整改;对情况严重的,应当要求施工单位暂时停止施工,并及时向水行政主管部门、流域管理机构或者其委托的安全生产监督机构以及项目法人报告。

(四)其他有关单位的安全责任

为水利工程提供机械设备和配件的单位,应当按照安全施工的要求提供机械设备和配件,配备齐全有效的保险、限位等安全设施和装置,提供有关安全操作的说明,保证其提供的机械设备和配件等产品的质量和安全性能达到国家有关技术标准。

三、施工单位的安全责任

(一)施工单位承揽业务的资质要求和从业人员的资格要求

(1)施工单位从事水利工程的新建、扩建、改建、加固和拆除等活动,应当具备国家规定的注册资本、专业技术人员、技术装备和安全生产等条件,依法取得相应等级的资质证书,并在其资质等级许可的范围内承揽工程。

(2)施工单位应当依法取得安全生产许可证后,方可从事水利工程施工活动。

(3)施工单位在工程报价中应当包含工程施工的安全作业环境及安全施工措施所需费用。对列入建设工程概算的上述费用,应当用于施工安全防护用具及设施的采购和更新、安全施工措施的落实、安全生产条件的改善,不得挪作他用。

(二)施工单位从业人员的资格要求

(1)施工单位主要负责人依法对本单位的安全生产工作全面负责。施工单位应当建立健全安全生产责任制度和安全生产教育培训制度,制定安全生产规章制度和操作规程,保证本单位建立和完善安全生产条件所需资金的投入,对所承担的水利工程进行定期和专项安全检查，并做好安全检查记录。

(2)施工单位的项目负责人应当由取得相应执业资格的人员担任，对水利工程建设项目的安全施工负责，落实安全生产责任制度、安全生产规章制度和操作规程，确保安全生产费用的有效使用，并根据工程的特点组织制定安全施工措施，消除安全事故隐患，及时、如实报告生产安全事故。

(3)施工单位应当设立安全生产管理机构，配备专职安全生产管理人员。施工现场必须有专职安全生产管理人员。

(4)专职安全生产管理人员负责对安全生产进行现场监督检查。发现生产安全事故隐患，应当及时向项目负责人和安全生产管理机构报告；对违章指挥、违章操作的，应当立即制止。

(5)施工单位的主要负责人、项目负责人、专职安全生产管理人员应当经水行政主管部门安全生产考核合格后方可任职。

(6)施工单位应当对管理人员和作业人员每年至少进行一次安全生产教育培训，其教育培训情况记入个人工作档案。安全生产教育培训考核不合格的人员，不得上岗。

(三)施工单位作业中的安全要求

(1)施工单位在建设有度汛要求的水利工程时，应当根据项目法人编制的工程度汛方案、措施制定相应的度汛方案，报项目法人批准；涉及防汛调度或者影响其他工程、设施度汛安全的，由项目法人报有管辖权的防汛指挥机构批准。

(2)垂直运输机械作业人员、安装拆卸工、爆破作业人员、起重信号工、登高架设作业人员等特种作业人员，必须按照国家有关规定经过专门的安全作业培训，并取得特种作业操作资格证书后，方可上岗作业。

(3)施工单位应当在施工组织设计中编制安全技术措施和施工现场临时用电方案，对下列达到一定规模的危险性较大的工程应当编制专项施工方案，并附具安全验算结果，经施工单位技术负责人签字以及总监理工程师核签后实施，由专职安全生产管理人员进行现场监督：

①基坑支护与降水工程；

②土方和石方开挖工程；

③模板工程；

④起重吊装工程；

⑤脚手架工程；

⑥拆除、爆破工程；

⑦围堰工程；

⑧其他危险性较大的工程。

对以上所列工程中涉及高边坡、深基坑、地下暗挖工程、高大模板工程的专项施工方案，施工单位还应当组织专家进行论证、审查。

(4)施工单位在使用施工起重机械和整体提升脚手架、模板等自升式架设设施前，应当组织有关单位进行验收，也可以委托具有相应资质的检验检测机构进行验收；使用承租的机械设备和施工机具及配件的，由施工总承包单位、分包单位、出租单位和安装单位共同进行验收。验收合格的方可使用。

(5)施工单位在采用新技术、新工艺、新设备、新材料时，应当对作业人员进行相应的安全生产教育培训。

【技术指导 14-1】 施工专项方案编审如表 14-1 所示。

表 14-1 施工专项方案编审

项目	编写	审核签字
不需专家论证	施工单位技术部门	施工单位技术负责人+总监理工程师 + 总承包单位技术负责人
需要专家论证	施工单位 (施工总承包单位)	施工单位技术负责人+总监理工程师+业主方项目负责人+总承包单位技术负责人
验收		1. 施工单位项目技术负责人 2. 总监理工程师

【技术指导 14-2】 施工单位施工前未对有关安全施工的技术要求作出详细说明的，会承担怎样的法律责任?

答:根据《建设工程安全生产管理条例》第六十四条规定:施工单位在施工前未对有关安全施工的技术要求作出详细说明的，责令限期改正;逾期未改正的，责令停业整顿，并处 5 万元以上 10 万元以下的罚款;造成重大安全事故，构成犯罪的，对直接责任人员，依照刑法有关规定追究刑事责任。

四、水利安全生产监督管理

(1)水行政主管部门和流域管理机构按照分级管理权限，负责水利工程建设安全生产的监督管理。水行政主管部门或者流域管理机构委托的安全生产监督机构，负责水利工程施工现场的具体监督检查工作。

(2)水利部负责全国水利工程建设安全生产的监督管理工作，其主要职责是:

①贯彻、执行国家有关安全生产的法律、法规和政策，制定有关水利工程建设安全生产的规章、规范性文件和技术标准;

②监督、指导全国水利工程建设安全生产工作，组织开展对全国水利工程建设安全生产情况的监督检查;

③组织、指导全国水利工程建设安全生产监督机构的建设、考核和安全生产监督人员的考核工作以及水利水电工程施工单位的主要负责人、项目负责人和专职安全生产管理人员的安全生产考核工作。

(3)流域管理机构负责所管辖的水利工程建设项目的安全生产监督工作。

(4)省、自治区、直辖市人民政府水行政主管部门负责本行政区域内所管辖的水利工程建设安全生产的监督管理工作。

(5)市、县级人民政府水行政主管部门水利工程建设安全生产的监督管理职责,由省、自治区、直辖市人民政府水行政主管部门规定。

(6)水行政主管部门或者流域管理机构委托的安全生产监督机构,应当严格按照有关安全生产的法律、法规、规章和技术标准,对水利工程施工现场实施监督检查。

(7)安全生产监督机构应当配备一定数量的专职安全生产监督人员。安全生产监督机构以及安全生产监督人员应当经水利部考核合格。

(8)水行政主管部门、流域管理机构或者其委托的安全生产监督机构依法履行安全生产监督检查职责时,有权采取下列措施:

①要求被检查单位提供有关安全生产的文件和资料。

②进入被检查单位施工现场进行检查。

③纠正施工中违反安全生产要求的行为。

④对检查中发现的安全事故隐患,责令立即排除;重大安全事故隐患排除前或者排除过程中无法保证安全的,责令从危险区域内撤出作业人员或者暂时停止施工。

【知识拓展 14-2】 《建设工程安全生产管理条例》扫码 14-2 学习。

码 14-2 《建设工程安全生产管理条例》

【知识拓展 14-3】 《水利工程建设安全生产管理规定》扫码 14-3 学习。

码 14-3 《水利工程建设安全生产管理规定》

任务 14.3　安全事故应急救援、事故报告与调查处理

一、生产安全事故应急救援

党的二十大报告提出,要完善国家应急管理体系,提高防火减灾救灾和急难险重突发公共事件处置保障能力。

《安全生产法》第五章和《生产安全事故应急条例》对生产安全事故应急救援做了规定,主要包括应急救援预案的制定、应急救援体系的建立、应急救援组织、应急救援人员和装备、事故抢救、事故报告、事故调查处理、事故责任追究等内容。

(一)应急救援预案与应急救援体系的建立

(1)国务院安全生产监督管理部门建立全国统一的生产安全事故应急救援信息系统,国务院有关部门建立健全相关行业、领域的生产安全事故应急救援信息系统。

(2)县级以上地方各级人民政府应当组织有关部门制定本行政区域内生产安全事故应急救援预案,建立应急救援体系。

(3)生产经营单位应当制定本单位生产安全事故应急救援预案,与所在地县级以上地方人民政府组织制定的生产安全事故应急救援预案相衔接,并定期组织演练。

(4)各级地方人民政府水行政主管部门应当根据本级人民政府的要求,制定本行政区域内水利工程建设特大生产安全事故应急救援预案,并报上一级人民政府水行政主管部门备案。流域管理机构应当编制所管辖的水利工程建设特大生产安全事故应急救援预案,并报水利部备案。

(5)施工单位应当根据水利工程施工的特点和范围,对施工现场易发生重大事故的部位、环节进行监控,制定施工现场生产安全事故应急救援预案。实行施工总承包的,由总承包单位统一组织编制水利工程建设生产安全事故应急救援预案,工程总承包单位和分包单位按照应急救援预案,各自建立应急救援组织或者配备应急救援人员,配备救援器材、设备,并定期组织演练。

(二)生产安全事故应急救援

(1)生产经营单位。发生生产安全事故后,生产经营单位应当立即启动生产安全事故应急救援预案,采取下列一项或者多项应急救援措施:

①迅速控制危险源,组织抢救遇险人员;

②根据事故危害程度,组织现场人员撤离或者采取可能的应急措施后撤离;

③及时通知可能受到事故影响的单位和人员;

④采取必要措施,防止事故危害扩大和次生、衍生灾害发生;

⑤根据需要请求邻近的应急救援队伍参加救援,并向参加救援的应急救援队伍提供相关技术资料、信息和处置方法;

⑥维护事故现场秩序,保护事故现场和相关证据;

⑦法律、法规规定的其他应急救援措施。

(2)地方人民政府及负有安全生产监督管理职责的部门。接到生产安全事故报告后,应当按照国家有关规定上报事故情况,启动相应的生产安全事故应急救援预案,并按照应急救援预案的规定采取下列一项或者多项应急救援措施:

①组织抢救遇险人员,救治受伤人员,研判事故发展趋势以及可能造成的危害;

②通知可能受到事故影响的单位和人员,隔离事故现场,划定警戒区域,疏散受到威胁的人员,实施交通管制;

③采取必要措施,防止事故危害扩大和次生、衍生灾害发生,避免或者减少事故对环境造成的危害;

④依法发布调用和征用应急资源的决定;

⑤依法向应急救援队伍下达救援命令;

⑥维护事故现场秩序,组织安抚遇险人员和遇险遇难人员亲属;

⑦依法发布有关事故情况和应急救援工作的信息；

⑧法律、法规规定的其他应急救援措施。

有关地方人民政府不能有效控制生产安全事故的，应当及时向上级人民政府报告。上级人民政府应当及时采取措施，统一指挥应急救援。

(3)应急救援队伍。接到有关人民政府及其部门的救援命令或者签有应急救援协议的生产经营单位的救援请求后，应当立即参加生产安全事故应急救援。

(4)应急救援现场指挥部。现场指挥部实行总指挥负责制，按照本级人民政府的授权组织制定并实施生产安全事故现场应急救援方案，协调、指挥有关单位和个人参加现场应急救援。参加生产安全事故现场应急救援的单位和个人应当服从现场指挥部的统一指挥，加强协同联动，采取有效的应急救援措施，并根据事故救援的需要采取警戒、疏散等措施，防止事故扩大和次生灾害的发生，减少人员伤亡和财产损失。

(5)应急救援过程中，发现可能直接危及应急救援人员生命安全的紧急情况时，现场指挥部应当立即采取相应措施消除隐患，降低或者化解风险，必要时可以暂时撤离应急救援人员。

【技术指导 14-3】 危险物品及重大危险源的辨识。

危险物品是指易燃易爆物品、危险化学品、放射性物品等能够危及人身安全和财产安全的物品。

重大危险源是指长期地或者临时地生产、搬运、使用或者储存危险物品，且危险物品的数量等于或者超过临界量的单元(包括场所和设施)。

国务院应急管理部门和其他负有安全生产监督管理职责的部门(如水利部)应当根据各自的职责分工，制定相关行业(如水利行业)、领域重大危险源的辨识标准和重大事故隐患的判定标准。

二、事故报告

(一)事故报告规定

(1)事故现场有关人员应当立即向本单位负责人报告；单位负责人接到报告后，应当于1小时内向事故发生地县级以上人民政府安全生产监督管理部门和负有安全生产监督管理职责的有关部门报告。事故报告应当及时、准确、完整，任何单位和个人对事故不得迟报、漏报、谎报或者瞒报。

情况紧急时，事故现场有关人员可以直接向事故发生地县级以上人民政府安全生产监督管理部门和负有安全生产监督管理职责的有关部门报告。

(2)安全生产监督管理部门和负有安全生产监督管理职责的有关部门接到事故报告后，应当依照下列规定上报事故情况，并通知公安机关、劳动保障行政部门、工会和人民检察院，同时应当报告本级人民政府：

①特别重大事故、重大事故逐级上报至国务院安全生产监督管理部门和负有安全生产监督管理职责的有关部门。

②较大事故逐级上报至省、自治区、直辖市人民政府安全生产监督管理部门和负有安全生产监督管理职责的有关部门。

③一般事故上报至设区的市级人民政府安全生产监督管理部门和负有安全生产监督管理职责的有关部门。

④国务院安全生产监督管理部门和负有安全生产监督管理职责的有关部门以及省级人民政府接到发生特别重大事故、重大事故的报告后,应当立即报告国务院。必要时,安全生产监督管理部门和负有安全生产监督管理职责的有关部门可以越级上报事故情况。

⑤安全生产监督管理部门和负有安全生产监督管理职责的有关部门逐级上报事故情况,每级上报的时间不得超过 2 小时。

⑥水利工程施工单位发生生产安全事故,应当按照国家有关伤亡事故报告和调查处理的规定,及时、如实地向负责安全生产监督管理的部门(应急管理部门)以及水行政主管部门或者流域管理机构报告;特种设备发生事故的,还应当同时向特种设备安全监督管理部门报告。接到报告的部门应当按照国家有关规定,如实上报。

实行施工总承包的建设工程,由总承包单位负责上报事故。

(二)事故报告的内容

安全事故报告主要包括以下内容:①事故发生单位概况;②事故发生的时间、地点以及事故现场情况;③事故的简要经过;④事故已经造成或者可能造成的伤亡人数(包括下落不明的人数)和初步估计的直接经济损失;⑤已经采取的措施;⑥其他应当报告的情况。

【以案说法 14-1】 山东笏山金矿爆炸事故,企业迟报被追责。

2021 年 1 月 10 日 14 时,山东烟台栖霞市山东五彩龙投资有限公司笏山金矿发生爆炸事故,造成井下 22 名工人被困失联。事故发生后,企业迅速组织力量施救,但由于对救援困难估计不足,直到 1 月 11 日 20 时 5 分才向栖霞市应急管理局报告有关情况,存在着迟报问题。

13 日,山东烟台金矿爆炸事故现场救援指挥部举行发布会。企业迟报的相关责任人被控制,将依法依规严肃查处、严肃追责。

三、生产安全事故等级划分

2007 年 4 月国务院颁布的《生产安全事故报告和调查处理条例》规定,根据生产安全事故造成的人员伤亡或者直接经济损失,事故一般分为以下等级:

(1)特别重大事故,是指造成 30 人以上死亡,或者 100 人以上重伤(包括急性工业中毒,下同),或者 1 亿元以上直接经济损失的事故;

(2)重大事故,是指造成 10 人以上 30 人以下死亡,或者 50 人以上 100 人以下重伤,或者 5 000 万元以上 1 亿元以下直接经济损失的事故;

(3)较大事故,是指造成 3 人以上 10 人以下死亡,或者 10 人以上 50 人以下重伤,或者 1 000 万元以上 5 000 万元以下直接经济损失的事故;

(4)一般事故,是指造成 3 人以下死亡,或者 10 人以下重伤,或者 1 000 万元以下直接经济损失的事故。国务院安全生产监督管理部门可以会同国务院有关部门,制定事故等级划分的补充性规定。

注:本部分所称的"以上"包括本数,所称的"以下"不包括本数。

四、事故调查与处理

（一）事故调查组织确定

（1）特别重大事故由国务院或者国务院授权有关部门组织事故调查组进行调查。

（2）重大事故、较大事故、一般事故分别由事故发生地省级人民政府、设区的市级人民政府、县级人民政府负责调查。省级人民政府、设区的市级人民政府、县级人民政府可以直接组织事故调查组进行调查，也可以授权或者委托有关部门组织事故调查组进行调查。

（3）未造成人员伤亡的一般事故，县级人民政府也可以委托事故发生单位组织事故调查组进行调查。

（4）特别重大事故以下等级事故，事故发生地与事故发生单位不在同一个县级以上行政区域的，由事故发生地人民政府负责调查，事故发生单位所在地人民政府应当派人参加。

（二）事故调查组的组成及职责

1. 遵循精简、效能的原则

根据事故的具体情况，事故调查组由有关人民政府、安全生产监督管理部门、负有安全生产监督管理职责的有关部门、监察机关、公安机关以及工会派人组成，并应当邀请人民检察院派人参加。

2. 事故调查组履行的职责

（1）查明事故发生的经过、原因、人员伤亡情况及直接经济损失。

（2）认定事故的性质和事故责任。

（3）提出对事故责任者的处理建议。

（4）总结事故教训，提出防范和整改措施。

（5）提交事故调查报告。

3. 事故调查处理要求

（1）事故调查处理应当坚持实事求是、尊重科学、诚信公正、恪尽职守的原则，遵守事故调查组的纪律，保守事故调查的秘密。

（2）未经事故调查组组长允许，事故调查组成员不得擅自发布有关事故的信息。

（3）事故调查组应当自事故发生之日起 60 日内提交事故调查报告；特殊情况下，经负责事故调查的人民政府批准，提交事故调查报告的期限可以适当延长，但延长的期限最长不超过 60 日。

（三）事故调查报告内容

（1）事故发生单位概况。

（2）事故发生经过和事故救援情况。

（3）事故造成的人员伤亡和直接经济损失。

（4）事故发生的原因和事故性质。

（5）事故责任的认定以及对事故责任者的处理建议。

（6）事故防范和整改措施。

(7)事故调查报告应当附具有关证据材料。事故调查组成员应当在事故调查报告上签名。

【以案说法 14-2】　云南泗南江水电站“5·29”较大爆燃事故应急救援和调查处理。

1. 应急处置情况

2020 年 5 月 29 日 11 时 10 分许,位于墨江县的云南滇能泗南江水电开发有限公司泗南江水电站大坝左岸泄洪冲沙(交通通风)洞内发生一起爆燃事故,11 时 15 分,墨江县公安局 110 指挥中心接警后,立即与泗南江镇党委、政府,派出所,乡(镇)卫生院等救护人员抵达现场,组织事故应急救援,并对受伤人员进行救治。墨江县政府接报后,立即成立应急处置工作领导小组,迅速组织应急、工业商务信息化、消防救援、卫生健康等部门人员,赶赴现场进行救援。

普洱市政府接墨江县政府报告后,立即启动应急响应,成立“5·29”事故应急处置指挥部,市委副书记、市长刘勇,市委常委、常务副市长胡国云率市应急管理局、市公安局、市消防救援支队、市矿山救护队等部门组成的工作组第一时间到达现场指挥处置,并成立综合协调、现场救援、医疗救治、宣传报道、善后工作等 5 个工作组,开展事故救援和善后处置工作。省能源局乔国新副局长,以及国家能源局云南监管办、省应急管理厅等相关部门负责人和工作组赶赴事故现场指导。

事故发生后,针对救援中洞内爆燃原因不明等不确定因素,按照“积极稳妥、科学有效、不发生次生灾害”的要求,在详细了解冲沙洞构造及洞内留存物品的前提下,救援队伍结合现场实际科学制定救援方案,按照“先通风、再监测”原则,科学稳妥组织施救。5 月 29 日 14 时 40 分,1 名泗南江水电站人员和 4 名消防救援队员佩戴空气呼吸机等个人防护装备进入洞内,救出 1 名重伤人员。16 时 20 分,5 名救援人员再次进洞搜救。16 时 53 分,将洞内 2 名死者抬出,现场救援工作结束。此次救援累计出动应急救援车辆 9 辆,专业应急救援队员 33 人,救护车辆 4 辆,医务车辆 4 辆,医护人员 22 名。

重伤人员卢某因病情较重无法转院,在墨江县人民医院就地抢救治疗,患者入院后,立即给予全力救治。5 月 29 日,省级派出云南省昆明医科大学第二附属医院专家到墨江县现场指导开展对患者的救治。6 月 11 日,邀请北京 304 医院 ICU 专家到墨江会诊。6 月 13 日,北京 304 医院烧伤科专家到墨江县人民医院对患者进行现场会诊,认为患者无意识,各项指标差,达不到转院的条件。6 月 14 日,卢某病情恶化,经抢救无效于 5 时 43 分死亡。

2. 水电站大坝安全评估情况

事故发生后,普洱市委、市政府迅速开展大坝安全后续管理,督促企业采取切实有效措施确保安全。一是强化大坝安全监测。组织中国电建集团华东勘测设计研究院有限公司(详见《云南省泗南江水电站运行期安全监测工程监测简报》)于 2020 年 5 月 30 日对泗南江水电站工程建筑物的外观、坝体及坝基的渗压、大坝渗流量、外部变形、大坝接缝、钢筋及锚索应力、左右岸边坡变形等进行安全检查和加密观测,并经中国电建集团北京勘测设计研究院有限公司(详见《泗南江水电站工程安全监测成果分析评价报告》)复核,大坝变形、坝体及坝基渗压、大坝渗流量、钢筋及锚索应力等监测数据正常,各监测部位未发现异常,与前期监测结果衔接良好,大坝及边坡、引水隧洞、发电厂房等水工建筑物和设施运行正常。二是强化防洪度汛工作。委托原设计单位中国电建集团昆明勘测设计研究院有限公司(详见《云南省泗南江水电站工程2020年大坝安全度汛方案》)开展右岸溢洪洞全开敞泄大坝安全性分析,按照修订的2020年度汛方案和应急预案开展防洪度汛。三是抓好左岸泄洪冲沙(交通通风)洞修复工作。及时安装泄洪冲沙洞临时启闭设备,按照方案扎实推进修复工作。四是水电站安全平稳运行。2020年6月以来,泗南江水电站正常运行,水电生产得到迅速恢复,发电量同比增长68.52%。

3. 事故善后处置情况

事故造成的7名遇难者善后得到妥善处置,受伤人员得到及时有效救治。截至2020年6月10日,4名受伤人员全部出院,善后处置工作有力有序稳妥。

根据《企业职工伤亡事故经济损失统计标准》(GB 6721—1986)及《国家安全监管总局印发关于生产安全事故调查处理中有关问题规定的通知》(安监总政法〔2013〕115号)等规定,经第三方评估、事故调查组认定,此次事故直接经济损失为1 578.981 1万元。

4. 事故发生原因及性质、对有关人员及单位的处理建议

详情见官方媒体公告:《云南泗南江水电站"5·29"较大爆燃事故调查报告》。

任务14.4 水利水电工程安全生产许可证制度

一、水利水电工程实行安全生产许可证的依据

(1)《安全生产许可证条例》第二条规定:"国家对矿山企业、建筑施工企业和危险化学品、烟花爆竹、民用爆破器材生产企业(以下统称企业)实行安全生产许可制度。未取得安全生产许可证的,不得从事生产活动。"水利工程施工企业属于其中的"建筑施工企业",也要实行安全生产许可证制度。

(2)《水利工程建设安全生产管理规定》第十七条也明确:"施工单位应当依法取得安全生产许可证后,方可从事水利工程施工活动。"

省、自治区、直辖市人民政府建设主管部门负责建筑施工企业安全生产许可证的颁发和管理。

【技术指导14-4】 水利水电工程施工单位向哪个主管部门申领安全生产许可证?

答:根据《安全生产许可证条例》第四条规定:"省、自治区、直辖市人民政府建设主管部门负责建筑施工企业安全生产许可证的颁发和管理,并接受国务院建设主管部门的指导和监督。"所以,水利水电工程施工单位应当向省、自治区、直辖市人民政府建设主管部门申领安全生产许可证。

二、申领安全生产许可证的条件

《安全生产许可证条例》第六条规定,企业领取安全生产许可证,应当具备下列安全生产条件:

(1)建立、健全安全生产责任制,制定完备的安全生产规章制度和操作规程;

(2)安全投入符合安全生产要求;

(3)设置安全生产管理机构,配备专职安全生产管理人员;

(4)主要负责人和安全生产管理人员经考核合格;

(5)特种作业人员经有关业务主管部门考核合格,取得特种作业操作资格证书;

(6)从业人员经安全生产教育和培训合格;

(7)依法参加工伤保险,为从业人员缴纳保险费;

(8)厂房、作业场所和安全设施、设备、工艺符合有关安全生产法律、法规、标准和规程的要求;

(9)有职业危害防治措施,并为从业人员配备符合国家标准或者行业标准的劳动防护用品;

(10)依法进行安全评价;

(11)有重大危险源检测、评估、监控措施和应急预案;

(12)有生产安全事故应急救援预案、应急救援组织或者应急救援人员,配备必要的应急救援器材、设备;

(13)法律、法规规定的其他条件。

三、安全生产许可证的管理

安全生产许可证的有效期为3年。企业在安全生产许可证有效期内,严格遵守有关安全生产的法律法规,未发生死亡事故的,安全生产许可证有效期届满时,经原安全生产许可证颁发管理机关同意,不再审查,安全生产许可证有效期延期3年。安全生产许可证有效期满需要延期的,企业应当于期满前3个月向原安全生产许可证颁发管理机关办理延期手续。

【技术指导14-5】　水利工程是否需要办理施工许可证?

答:水利工程实行开工备案,不办理施工许可证。

2013年8月,《水利部关于水利工程开工审批取消后加强后续监管工作的通知》(水建管〔2013〕331号)明确了,项目法人在水利工程具备开工条件后自主确定工程开工,并应当自工程开工之日起15个工作日内,将开工情况的书面报告报项目主管单位和上一级主管单位备案。

四、违法行为应承担的主要法律责任

(1)依据《安全生产许可证条例》的规定,建筑施工企业未取得安全生产许可证擅自从事建筑施工活动的,责令其在建项目停止施工,没收违法所得,并处10万元以上50万元以下的罚款,造成重大安全事故或者其他严重后果,构成犯罪的,依法追究刑事责任。

(2)安全生产许可证有效期满未办理延期手续,继续从事建筑施工活动的,责令其在建项目停止施工,限期补办延期手续,没收违法所得,并处5万元以上10万元以下的罚款;逾期仍不办理延期手续,继续从事建筑施工活动的,依照未取得安全生产许可证擅自从事建筑施工活动的规定处罚。

(3)建筑施工企业转让安全生产许可证的,没收违法所得,处10万元以上50万元以下的罚款,并吊销安全生产许可证;构成犯罪的,依法追究刑事责任;接受转让的,依照未取得安全生产许可证擅自从事建筑施工活动的规定处罚。

(4)冒用安全生产许可证或者使用伪造的安全生产许可证的,依照未取得安全生产许可证擅自从事建筑施工活动的规定处罚。

项目 15　水利水电工程质量管理与竣工验收制度

【知识目标】

1. 了解水利水电工程技术标准。

2. 掌握水利水电工程建设各参与方的质量责任。

3. 掌握水利工程竣工验收规定。

【技能目标】

1. 懂得运用工程技术标准，工作中严格遵守国家和行业的强制性标准。

2. 熟悉并承担好工程建设各参与方的质量责任，维护自身合法权益。

3. 掌握工程质量验收合格的标准和要求。

4. 熟悉工程竣工验收程序和工程质量保修责任。

【育人目标】

1. 牢记水利水电工程建设从业人员行为准则：质量为本、安全至上；严格程序、执行标准；科学管理、注重效益；严谨求实、进取创新。

2. 培养质量责任、职业规范和技术标准意识，提高水利水电工程建设与管理的职业技能和职业素养。

【情境导入】

某病险水库加固项目，已完成的工程未进行分部工程、单位工程验收和投入使用验收。经调查发现：左岸非溢流坝段还有宽度约 5 米、高近 2 米的缺口；溢洪道上游左右岸坝肩防护工程、下游两岸导墙后填土及护坡工程、海漫出口以下的疏导工程等，均未按设计要求组织实施。在此情况下，水库已经下闸蓄水、带“病”运行，严重违反基建程序，主体工程未完成或未验收即投入使用。

【任务分析】

1. 水利水电工程各参建单位要承担哪些工程质量责任？

2. 水库未验收即蓄水投入使用，业主单位（项目法人）要负哪些责任？

解析：《水利工程建设项目验收管理规定》第四十一条：违反本规定，项目法人不按时限要求组织法人验收或者不具备验收条件而组织法人验收的，由法人验收监督管理机关责令改正。

第六十七条：违反本规定，施工单位在施工中偷工减料的，使用不合格的原材料、中间产品和设备的，或者有不按照批准的设计文件或者技术标准施工的其他行为的，依照《建设工程质量管理条例》第六十四条规定，由水行政主管部门或者流域管理机构依据职权责令改正，处工程合同价款 2% 以上 4% 以下的罚款；造成水利工程质量不符合规定的质量标准的，负责返工、修理，并赔偿因此造成的损失。

任务 15.1 水利水电工程技术标准

标准是经济活动和社会发展的技术支撑,是国家治理的基础性规范。法律法规是由国家强制力保证实施的强制性规范,而强制性或推荐性的标准也具有规范性,且更加具体细致,是法律法规的细化和延伸。

一、技术标准的分类

《中华人民共和国标准化法》规定,标准包括国家标准、行业标准、地方标准和团体标准、企业标准。国家标准分为强制性标准、推荐性标准。

根据国务院印发的《深化标准化工作改革方案》(国发〔2015〕13 号),政府主导制定的标准由 6 类整合精简为 4 类,分别是强制性国家标准、推荐性国家标准、推荐性行业标准、推荐性地方标准;市场自主制定的标准分为团体标准和企业标准。政府主导制定的标准侧重于保基本,市场自主制定的标准侧重于提高竞争力。

推荐性国家标准、行业标准、地方标准、团体标准、企业标准的技术要求不得低于强制性国家标准的相关技术要求。国家鼓励社会团体、企业制定高于推荐性标准相关技术要求的团体标准、企业标准。

(一)国家标准

(1)对保障人身健康和生命财产安全、国家安全、生态环境安全以及满足经济社会管理基本需要的技术要求,应当制定强制性国家标准。强制性国家标准由国务院批准发布或者授权批准发布。强制性国家标准代号:GB。例如,《生活饮用水卫生标准》(GB 5749—2022)、《地表水环境质量标准》(GB 3838—2002)、《防洪标准》(GB 50201—2014)、《施工脚手架通用规范》(GB 55023—2022)、《建筑与市政施工现场安全卫生与职业健康通用规范》(GB 55034—2022)等。

(2)对满足基础通用、与强制性国家标准配套、对各有关行业起引领作用等需要的技术要求,可以制定推荐性国家标准。推荐性国家标准由国务院标准化行政主管部门制定。全文推荐性国家标准代号:GB/T。

【知识拓展 15-1】 码 15-1 是“中国标准信息服务网”的微信公众号。

码 15-1 “中国标准信息服务网”的微信公众号

【知识拓展 15-2】 国家标准全文公开 https://openstd.samr.gov.cn/bzgk/gb/index。

(二)行业标准

对没有推荐性国家标准、需要在全国某个行业范围内统一的技术要求,可以制定行业标准。行业标准由国务院有关行政主管部门制定。

(三)地方标准 DB

为满足地方自然条件、风俗习惯等特殊技术要求,可以制定地方标准。地方标准代号为“DB”加上省、自治区、直辖市的行政区划代码,如《福建行业用水定额标准》(DB35/T 772—2013)。

(四)团体标准

国家支持在重要行业、战略性新兴产业、关键共性技术等领域利用自主创新技术制定团体标准。

(五)企业标准 QB

企业可以根据需要自行制定企业标准或者与其他企业联合制定企业标准,以“Q/”标识。

【技术指导15-1】 标准分类小结如表15-1所示。

表15-1 标准分类小结

国家标准	强制性“GB”;推荐性“GB/T”	5年进行一次复审
行业标准	强制性标准(强制性条文),如“SL”;推荐性标准,如“SL/T”	必须、严禁、应、不得;宜、不宜、可
地方标准	省、自治区、直辖市范围内	统一审批、统一发布、统一管理
企业标准	技术标准、管理标准、工作标准如“Q/”	鼓励企业制定高于国家或者行业的标准,内部适用

二、标准选用

有国家标准和行业标准时优先选用国家标准和行业标准,没有国家标准和行业标准时制定企业标准。在有国家标准和行业标准时制定的企业标准必须高于国家标准和行业标准,指标低于国家标准和行业标准的企业标准为无效标准。如果企业标准高于行业标准或者国家标准,也可以执行所备案的企业标准。否则,按照“国家标准→行业标准→团体标准→企业标准”这个顺序执行。可以这样认为:国家标准、行业标准、企业标准允许同时存在,但前提条件是制订标准时,企业标准应优于(高于)行业标准,行业标准又优于(高于)国家标准。

三、水利技术标准

水利技术标准是指水利行业需要统一的技术要求,主要包括水资源管理、节约用水、水利工程建设、运行管理、河湖管理、水土保持、农村水利水电、水库及水利水电工程移民、水旱灾害防御、水文、调水管理、水利信息化等领域。

水利技术标准包括国家标准、行业标准、地方标准和团体标准、企业标准。水利行业标准有:①强制性标准,如《水工建筑物岩石地基开挖施工技术规范》(SL 47—2020)、《碾压式土石坝设计规范》(SL 274—2020);②推荐性标准,如《水利水电工程启闭机制造安装及验收规范》(SL/T 381—2021)。

工程建设类可以制定强制性标准。水利行业标准对同一事项水利工程建设的技术要求,可以高于国家标准但不得与其相抵触。

【知识拓展 15-3】 水利技术标准查询网址:http://gjkj.mwr.gov.cn/jsjd1/bzcx/。

四、水利工程建设标准强制性条文

技术标准与法律法规在制定机关、制定程序和颁布等方面有明显的不同,且技术标准中均未明确设定法律责任,其强制性和约束力大为削弱。因此,技术标准一般不纳入法律法规体系范畴。

但是,国务院令第 279 号《建设工程质量管理条例》规定:勘察、设计、施工等单位必须按照工程建设强制性标准进行勘察、设计和施工,并对其勘察、设计和施工质量负责。要求国务院建设、铁路、交通、水利等有关部门应当加强对有关建设工程质量的强制性标准的执行情况进行监督检查。《建设工程质量管理条例》第六十三条对建设、勘察、设计、施工等单位违反工程建设强制性标准设定了罚则,未按照工程建设强制性标准进行勘察、设计的,责令改正,并处 10 万元以上 30 万元以下的罚款。可见,《水利工程建设标准强制性条文》已成为行政法规《建设工程质量管理条例》的配套规章,不执行就是违反行政法规。

在工程建设标准的条文中,使用了“必须”“严禁”“应”“不应”“不得”等属于强制性标准的用词,而使用“宜”“不宜”“可”等一般不是强制性标准规定。

任务 15.2 水利水电工程质量管理

党的二十大报告指出,高质量发展是全面建设社会主义现代化国家的首要任务。建设质量强国是推动高质量发展、促进我国经济由大向强转变的重要举措,是满足人民美好生活需要的重要途径。

一、水利水电工程质量管理法规

质量是工程项目建设的生命线,水利水电工程作为重要的基础设施,质量管理是水利建设永恒的主题。我国规范水利水电工程质量管理的法律、行政法规有《建筑法》(第六章 建筑工程质量管理)、《产品质量法》、《标准化法》、《建设工程质量管理条例》。

为了加强水利工程质量管理,保证水利工程质量,推动水利工程建设高质量发展,根据《建筑法》《建设工程质量管理条例》《建设工程勘察设计管理条例》等法律、行政法规,水利部于 2023 年 1 月修订颁布了《水利工程质量管理规定》(2023 年水利部第 52 号令)。

【技术指导 15-2】 建设工程不适用《产品质量法》规定;但是,建设工程使用的建筑材料、建筑构配件和设备,适用《产品质量法》规定。

【知识拓展 15-4】 《水利工程质量管理规定》扫码 15-2 学习。

【知识拓展 15-5】 《水利工程质量检测管理规定》扫码 15-3 学习。

码 15-2 《水利工程质量管理规定》

码 15-3 《水利工程质量检测管理规定》

二、水利水电工程建设各参建单位的主要质量责任

水利水电工程项目具有规模大、投资多、周期长、生产环节多、参与方多、影响质量因素多等特点，不论哪个参与方或哪个环节在质量管理上出现问题，都会导致质量缺陷，甚至发生重大质量事故，因此必须明确参与各方的质量责任，做到各负其责，各尽其职。根据《建设工程质量管理条例》和 2023 年水利部第 52 号令《水利工程质量管理规定》，项目法人或者建设单位（以下统称项目法人）对水利工程质量承担首要责任。勘察、设计、施工、监理单位对水利工程质量承担主体责任，分别对工程的勘察质量、设计质量、施工质量和监理质量负责。检测、监测单位以及原材料、中间产品、设备供应商等单位依据有关规定和合同，分别对工程质量承担相应责任。水利工程实行工程质量终身责任制。项目法人、勘察、设计、施工、监理、检测、监测等单位人员，依照法律法规和有关规定，在工程合理使用年限内对工程质量承担相应责任。水利水电工程建设各参建单位承担的质量责任具体如下。

（一）项目法人（建设单位）的质量责任

（1）应当根据水利工程的规模和技术复杂程度明确质量管理机构，建立健全质量管理制度，落实质量责任，实施工程建设的全过程质量管理。

（2）应当将工程依法发包给具有相应资质等级的单位。

（3）应当依法向有关的勘察、设计、施工、监理等单位提供与工程有关的原始资料。原始资料必须真实、准确、齐全。

（4）不得迫使市场主体以低于成本的价格竞标，不得任意压缩合理工期。不得明示或者暗示勘察、设计、施工单位违反工程建设强制性标准，降低工程质量；不得明示或者暗示施工单位使用不合格的原材料、中间产品和设备。

（5）应当按照国家有关规定办理工程质量监督及开工备案手续，并书面明确各参建单位项目负责人和技术负责人。

（6）应当依据经批准的设计文件，组织编制工程建设执行技术标准清单，明确工程建设质量标准。

（7）应当组织开展施工图设计文件审查。未经审查合格的施工图设计文件，不得使用。应当组织或者委托监理单位组织有关参建单位进行勘察、设计交底。

（8）应当加强设计变更管理，按照规定履行设计变更程序。设计变更未经审查同意的，不得擅自实施。

（9）应当严格依照有关法律、法规、规章、技术标准、批准的设计文件和合同开展验收工作。工程质量符合相关要求的，方可通过验收。经验收合格的建设工程，方可交付

使用。

(10)应当对参建单位的质量行为和工程实体质量进行检查,对发现的问题组织责任单位进行整改落实。对发生严重违规行为和质量事故的,项目法人应当及时报告具有管辖权的水行政主管部门或者流域管理机构。

(11)工程开工后,项目法人应当在工程施工现场明显部位设立质量责任公示牌,公示项目法人、勘察、设计、施工、监理等参建单位的名称、项目负责人姓名以及质量举报电话,接受社会监督。

(12)工程竣工验收后,项目法人应当在工程明显部位设置永久性标志,载明项目法人、勘察、设计、施工、监理等参建单位名称、项目负责人姓名。

(13)项目法人应当按照档案管理的有关规定,及时收集、整理并督促指导其他参建单位收集、整理工程建设各环节的文件资料,建立健全项目档案,并在工程竣工验收后,办理移交手续。

(二)勘察、设计单位的质量责任

(1) 勘察、设计单位应当在其资质等级许可的范围内承揽水利工程勘察、设计业务,禁止超越资质等级许可的范围或者以其他勘察、设计单位的名义承揽水利工程勘察、设计业务,禁止允许其他单位或者个人以本单位的名义承揽水利工程勘察、设计业务,不得转包或者违法分包所承揽的水利工程勘察、设计业务。

(2)勘察、设计单位应当依据有关法律、法规、规章、技术标准、规划、项目批准文件进行勘察、设计,严格执行工程建设强制性标准,保障工程勘察、设计质量。

(3)勘察、设计单位应当依照有关规定建立健全勘察、设计质量管理体系,加强勘察、设计过程质量控制,严格执行勘察、设计文件的校审、会签、批准制度。勘察单位提供的地质、测量、水文等勘察成果必须真实、准确,符合国家和相关行业规定的勘察深度要求。

(4)勘察、设计单位应当在工程施工前,向施工、监理等有关参建单位进行交底,对施工图设计文件作出详细说明,并对涉及工程结构安全的关键部位进行明确。应当及时解决施工中出现的勘察、设计问题。

(5)设计单位应当根据工程建设需要和合同约定,在施工现场设立设计代表机构或者派驻具备相应技术能力的人员担任设计代表,及时提供设计文件,按照规定做好设计变更。发现违反设计文件施工的情况,应当及时通知项目法人和监理单位。根据勘察成果文件进行设计,提交的设计文件应当符合相关技术标准规定的设计深度要求,并注明工程及其水工建筑物合理使用年限。水利工程施工图设计文件,应当以批准的初步设计文件以及设计变更文件为依据。设计单位在设计文件中选用的原材料、中间产品和设备,应当注明规格、型号、性能等技术指标,其质量要求必须符合国家规定的标准。设计单位应当参与水利工程质量事故分析,提出相应的技术处理方案。

(6)勘察、设计单位应当按照有关规定参加工程验收,并在验收中对施工质量是否满足设计要求提出明确的评价意见。

(三)施工单位的质量责任

(1)应当在其资质等级许可的范围内承揽水利工程施工业务,禁止超越资质等级许可的业务范围或者以其他施工单位的名义承揽水利工程施工业务,禁止允许其他单位或者个人以本单位的名义承揽水利工程施工业务,不得转包或者违法分包所承揽的水利工程施工业务。

实行总承包的,总承包单位对其承包的工程或者采购的设备质量负责。总承包单位依法将工程分包给其他单位的,分包单位按照分包合同的约定对其分包工程的质量向总承包单位负责,总承包单位与分包单位对分包工程的质量承担连带责任。分包单位应当接受总承包单位的质量管理。禁止分包单位将其承包的工程再分包。

(2)必须按照批准的设计文件和有关技术标准施工,不得擅自修改设计文件,不得偷工减料。发现设计文件和图纸有差错的,应当及时向项目法人、设计单位、监理单位提出意见和建议。应当严格施工过程质量控制,保证施工质量。

(3)应当建立健全施工质量管理体系,根据工程施工需要和合同约定,设置现场施工管理机构,配备满足施工需要的管理人员,落实质量责任制。一般不得更换派驻现场的项目经理和技术负责人;确需更换的,应当经项目法人书面同意,且更换后的人员资格不得低于合同约定的条件。

(4)施工单位必须按照经批准的设计文件、有关技术标准和合同约定,对原材料、中间产品、设备以及单元工程(工序)等进行质量检验,检验应当有检查记录或者检测报告,并有专人签字,确保数据真实可靠。对涉及结构安全的试块、试件以及有关材料,应当在项目法人或者监理单位监督下现场取样。未经检验或者检验不合格的,不得使用。

(5)应当严格执行工程验收制度。单元工程(工序)未经验收或者验收不通过的,不得进行下一单元工程(工序)施工。应当做好隐蔽工程的质量检查和记录,隐蔽工程在隐蔽前,施工单位应当通知项目法人和水利工程质量监督机构。隐蔽工程未经验收或者验收不通过的,不得隐蔽。

(6)应当加强施工过程质量控制,形成完整、可追溯的施工质量管理文件资料,并按照档案管理的有关规定进行收集、整理和归档。主体工程的隐蔽部位施工、质量问题处理等,必须保留照片、音视频文件资料并归档。

(7)对出现施工质量问题的工程或者验收不合格的工程,施工单位应当负责返修或者重建。

(8) 水利工程在保修范围和保修期限内发生质量问题的,施工单位应当履行保修义务,并对造成的损失承担赔偿责任。

(9)发生质量事故时,施工单位应当采取措施防止事故扩大,保护事故现场,并及时通知项目法人、监理单位,接受质量事故调查。

(四)工程监理单位的质量责任

(1)应当在其资质等级许可的范围内承担水利工程监理业务,禁止超越资质等级许可的范围或者以其他监理单位的名义承担水利工程监理业务,禁止允许其他单位或者个人以本单位的名义承担水利工程监理业务,不得转让其承担的水利工程监理业务。

(2)应当依照国家有关法律、法规、规章、技术标准、批准的设计文件和合同,对水利工程质量实施监理。

(3)应当建立健全质量管理体系,按照工程监理需要和合同约定,在施工现场设置监理机构,配备满足工程建设需要的监理人员,落实质量责任制。现场监理人员应当按照规定持证上岗。总监理工程师和监理工程师一般不得更换;确需更换的,应当经项目法人书面同意,且更换后的人员资格不得低于合同约定的条件。

(4)应当对施工单位的施工质量管理体系、施工组织设计、专项施工方案、归档文件等进行审查。

(5)应当按照有关技术标准和合同要求,采取旁站、巡视、平行检验和见证取样检测等形式,复核原材料、中间产品、设备和单元工程(工序)质量。

未经监理工程师签字,原材料、中间产品和设备不得在工程上使用或者安装,施工单位不得进行下一单元工程(工序)的施工。未经总监理工程师签字,项目法人不拨付工程款,不进行竣工验收。

(五)其他单位的质量责任

(1)水利工程质量检测单位应当在资质等级许可的范围内承揽水利工程质量检测业务,禁止超越资质等级许可的范围或者以其他单位的名义承揽水利工程质量检测业务,禁止允许其他单位或者个人以本单位的名义承揽水利工程质量检测业务,不得转让承揽的水利工程质量检测业务。原材料、中间产品和设备供应商等单位应当在生产经营许可范围内承担相应业务。

质量检测单位应当依照有关法律、法规、规章、技术标准和合同,及时、准确地向委托方提交质量检测报告并对质量检测成果负责。应当建立检测结果不合格项目台账,并将可能形成质量隐患或者影响工程正常运行的检测结果及时报告委托方。

(2)监测单位应当依照有关法律、法规、规章、技术标准和合同,做好监测仪器设备检验、埋设、安装、调试和保护工作,保证监测数据连续、可靠、完整,并对监测成果负责。

监测单位应当按照合同约定进行监测资料分析,出具监测报告,并将可能反映工程安全隐患的监测数据及时报告委托方。

(3)质量检测单位、监测单位不得出具虚假和不实的质量检测报告、监测报告,不得篡改或者伪造质量检测数据、监测数据。

(4)原材料、中间产品和设备供应商等单位提供的原材料、中间产品和设备应当满足有关技术标准、经批准的设计文件和合同要求。

三、水利水电工程质量监督管理

(1)县级以上人民政府水行政主管部门、流域管理机构在管辖范围内负责对水利工程质量的监督管理。

监督管理的内容:①贯彻执行水利工程质量管理的法律、法规、规章和工程建设强制性标准,并组织对贯彻落实情况实施监督检查;②制定水利工程质量管理制度;③组织实施水利工程建设项目的质量监督;④组织、参与水利工程质量事故的调查与处理;⑤建立举报渠道,受理水利工程质量投诉、举报;⑥履行法律法规规定的其他职责。

(2)县级以上人民政府水行政主管部门可以委托水利工程质量监督机构具体承担水利工程建设项目的质量监督工作。可以采取购买技术服务的方式对水利工程建设项目实施质量监督。

(3)县级以上人民政府水行政主管部门、流域管理机构、受委托的水利工程质量监督机构应当采取抽查等方式，对水利工程建设有关单位质量行为和工程实体质量进行监督检查。

监督检查的内容：①核查项目法人、勘察、设计、施工、监理、质量检测等单位和人员的资质或者资格；②检查项目法人、勘察、设计、施工、监理、质量检测、监测等单位履行法律、法规、规章规定的质量责任情况；③检查工程建设强制性标准执行情况；④检查工程项目质量检验和验收情况；⑤检查原材料、中间产品、设备和工程实体质量情况；⑥实施其他质量监督工作。

监督检查的措施：①要求被监督检查单位提供有关工程质量等方面的文件和资料；②进入被监督检查工程现场和其他相关场所进行检查、抽样检测等。

任务15.3 水利水电工程竣工验收制度

建筑工程竣工验收是指建筑工程完工且具备法定条件后，由建设单位组织有关单位依法定程序及相关依据对所有工程项目进行全面检验与测试。工程竣工验收是政府依法设立的工程基本建设程序核心内容之一，是保障工程建设质量和安全，有效发挥工程效益的重要环节。我国现行规范水利工程验收的法规主要有《中华人民共和国建筑法》《建设工程质量管理条例》《水利工程建设项目验收管理规定》和《水利工程质量检测管理规定》等。

一、建设工程竣工验收的规定

(1)《中华人民共和国建筑法》第六十一条规定："交付竣工验收的建筑工程，必须符合规定的建筑工程质量标准，有完整的工程技术经济资料和经签署的工程保修书，并具备国家规定的其他竣工条件。"

(2)《建设工程质量管理条例》第十六条规定："建设单位收到建设工程竣工报告后，应当组织设计、施工、工程监理等有关单位进行竣工验收。""建设工程经验收合格的，方可交付使用。"

二、建设工程竣工验收应当具备的条件

《建设工程质量管理条例》规定，建设工程竣工验收应当具备下列条件：

(1)完成建设工程设计和合同约定的各项内容；

(2)有完整的技术档案和施工管理资料；

(3)有工程使用的主要建筑材料、建筑构配件和设备的进场试验报告；

(4)有勘察、设计、施工、工程监理等单位分别签署的质量合格文件；

(5)有施工单位签署的工程保修书。

三、建设工程竣工验收报告

工程竣工验收合格后，建设单位应当及时提出工程竣工验收报告。

(1)工程竣工验收报告主要包括：工程概况；建设单位执行基本建设程序情况；对工

程勘察、设计、施工、监理等方面的评价；工程竣工验收时间、程序、内容和组织形式；工程竣工验收意见等内容。

(2)工程竣工验收报告应附有下列文件：施工许可证；施工图设计文件审查意见；项目经理和施工单位有关负责人签署的工程竣工报告；总监理工程师和监理单位有关负责人签署的工程质量评估报告；项目勘察、设计负责人和勘察、设计单位有关负责人签署的质量检查报告；验收组人员签署的工程竣工验收意见；施工单位签署的工程质量保修书；法规、规章规定的其他有关文件等。

(3)建设单位应当自建设工程竣工验收合格之日起 15 日内，将建设工程竣工验收报告和规划、公安消防、环保等部门出具的认可文件或者准许使用文件报建设行政主管部门或者其他有关部门备案。

四、水利工程建设项目验收管理规定

《水利工程建设项目验收管理规定》适用于由中央或者地方财政全部投资或者部分投资建设的大中型水利工程建设项目(含 1、2、3 级堤防工程)的验收活动。

(一)水利工程建设项目验收的依据

(1)国家有关法律、法规、规章和技术标准[如《水利水电建设工程验收规程》(SL 223—2008)]。

(2)有关主管部门的规定。

(3)经批准的工程立项文件、初步设计文件、调整概算文件。

(4)经批准的设计文件及相应的工程变更文件。

(5)施工图纸及主要设备技术说明书等。

(6)法人验收还应当以施工合同为验收依据。

(二)水利工程建设项目验收种类

按验收主持单位性质不同分为法人验收和政府验收两类。

1. 法人验收

法人验收是指在项目建设过程中由项目法人组织进行的验收。法人验收是政府验收的基础。

(1)工程建设完成分部工程、单位工程、单项合同工程，或者中间机组启动前，应当组织法人验收。

(2)项目法人应当自工程开工之日起 60 个工作日内，制定法人验收工作计划，报法人验收监督管理机关和竣工验收主持单位备案。

(3)施工单位在完成相应工程后，应当向项目法人提出验收申请。项目法人经检查认为建设项目具备相应的验收条件的，应当及时组织验收。

(4)法人验收由项目法人主持。验收工作组由项目法人、设计、施工、监理等单位的代表组成；必要时可以邀请工程运行管理单位等参建单位以外的代表及专家参加。项目法人可以委托监理单位主持分部工程验收，有关委托权限应当在监理合同或者委托书中明确。

(5)分部工程验收的质量结论应当报该项目的质量监督机构核备；未经核备的，项目法人不得组织下一阶段的验收。

(6)单位工程以及大型枢纽主要建筑物的分部工程验收的质量结论应当报该项目的质量监督机构核定;未经核定的,项目法人不得通过法人验收;核定不合格的,项目法人应当重新组织验收。质量监督机构应当自收到核定材料之日起20个工作日内完成核定。

(7)项目法人应当自法人验收通过之日起30个工作日内,制作法人验收鉴定书,发送参加验收单位并报送法人验收监督管理机关备案。

(8)法人验收鉴定书是政府验收的备查资料。

2. 政府验收

政府验收是指由有关人民政府、水行政主管部门或者其他有关部门组织进行的验收,包括专项验收、阶段验收和竣工验收。阶段验收、竣工验收由竣工验收主持单位主持。

(1)验收主持单位如下:

①国家重点水利工程建设项目,竣工验收主持单位依照国家有关规定确定;

②在国家确定的重要江河、湖泊建设的流域控制性工程、流域重大骨干工程建设项目,竣工验收主持单位为水利部;

③水利部或者流域管理机构负责初步设计审批的中央项目,竣工验收主持单位为水利部或者流域管理机构;

④水利部负责初步设计审批的地方项目,以中央投资为主的,竣工验收主持单位为水利部或者流域管理机构,以地方投资为主的,竣工验收主持单位为省级人民政府(或者其委托的单位)或者省级人民政府水行政主管部门(或者其委托的单位);

⑤地方负责初步设计审批的项目,竣工验收主持单位为省级人民政府水行政主管部门(或者其委托的单位)。

竣工验收主持单位应当在工程初步设计的批准文件中明确。

(2)验收主持单位应当成立验收委员会(验收工作组)进行验收,验收结论应当经三分之二以上验收委员会(验收工作组)成员同意。

(3)水利工程建设项目具备验收条件时,应当及时组织验收。未经验收或者验收不合格的,不得交付使用或者进行后续工程施工。

(4)竣工验收主持单位应当自竣工验收通过之日起30个工作日内,制作竣工验收鉴定书,并发送有关单位。竣工验收鉴定书是项目法人完成工程建设任务的凭据。

【知识拓展15-6】《水利工程建设项目验收管理规定》扫码15-4学习。

【知识拓展15-7】《建设工程质量管理条例》扫码15-5学习。

码15-4 《水利工程建设项目验收管理规定》

码15-5 《建设工程质量管理条例》

【以案说法15-1】 工程竣工未经验收,提前使用责任自负。

2015年5月20日,经工程招标投标,甲与乙签订了一份建筑安装工程施工合同。工程项目为工业用窑,工程造价为500万元,工期为100天。该工程完工未验收甲就开始使用,10天后甲发现工程质量有问题,甲未向乙告知工程质量问题并继续使用该工程,30天后该工程报废。由于甲拖欠乙50万元工程款未付,2016年5月乙诉至法院,请求法院判令甲给付所欠的工程款50万元并支付利息。在法庭审理中,甲因该工程的质量问题提起反诉,请求法院判令乙赔偿甲500万元的工程款损失。乙辩称,由于工程未验收甲就使用,其行为违反法律规定,工程质量责任应由甲自行承担。当工程发现质量问题后,甲未采取积极措施,避免损失的扩大,而是继续使用致使该工程报废,由此造成扩大损失的责任也应由甲自己承担。一审法院支持了乙的主张,判决甲给付乙工程款50万元并支付利息。判决书送达后,双方当事人未上诉。

解析:本案的焦点问题是工程未验收的使用问题和工程出现质量问题应如何处理?

(1)关于工程未验收的使用问题,《中华人民共和国建筑法》等有关的法律都有规定,工程未验收或验收不合格禁止使用。本案中,甲在工程未验收的情况下就使用,其行为违反了法律的强制性规定,因此出现的工程质量问题应自行承担。

(2)当甲发现工程出现质量问题后,应当采取积极的措施避免损失的扩大。本案中甲非但未采取积极措施避免损失的扩大,反而继续使用该工程造成损失的扩大直至该工程报废。依照法律的规定,甲应当承担其全部的责任。

所以,在本案判决中,法院支持乙的主张是正确的。

任务15.4 工程质量保修制度

一、建筑工程质量保修

建筑工程质量保修,是指建筑工程自办理竣工验收手续后,在规定的保修期内,因勘察、设计、施工、材料等原因造成的质量缺陷,应当由施工单位负责维修。《中华人民共和国建筑法》第六十二条和《建设工程质量管理条例》第三十九条均明确规定,建筑工程实行质量保修制度。

建设工程承包单位在向建设单位提交工程验收报告时,应出具质量保修书,其中应明确保修范围、保修期和保修责任。

二、建设工程保修期限

根据《建设工程质量管理条例》第四十条规定,在正常使用条件下,建设工程的最低保修期限为:

(1)基础设施工程、房屋建筑的地基基础工程和主体结构工程,为设计文件规定的该工程的合理使用年限;

(2)屋面防水工程、有防水要求的卫生间、房间和外墙面的防渗漏,为5年;

(3)供热与供冷系统,为2个采暖期、供冷期;

(4)电气管线、给排水管道、设备安装和装修工程,为2年。

其他项目的保修期限由发包方与承包方约定。

建设工程的保修期,自竣工验收合格之日起计算。

三、建设工程保修范围

建设工程的保修范围应当包括基础设施工程、房屋建筑的地基基础工程和主体结构工程,屋面防水工程,供热与供冷系统工程,电气管线、给排水管道、设备安装和装修工程等项目。

四、建设工程保修责任

(1)由施工单位负责返修并承担经济责任:①建设工程在保修范围和保修期限内发生质量问题的,施工单位应履行保修义务,并对造成的损失承担赔偿责任。②施工单位未按国家有关规范、标准和设计要求施工,造成的质量缺陷,施工单位负责返修并承担经济责任。

(2)施工单位负责返修,损失及返修费用由责任方负责:①建设工程自办理竣工验收手续后,在规定的期限内,因勘察设计、施工、材料等原因造成的质量缺陷,应当由施工单位负责维修。②由于设计方面的原因造成的质量缺陷,由设计单位承担经济责任,由施工单位负责维修,其费用按有关规定通过建设单位向设计单位索赔;不足部分由建设单位负责。③因建筑材料、构配件和设备质量不合格引起的质量缺陷,属于施工单位采购的或经其验收同意的,由施工单位承担经济责任;属于建设单位采购的,由建设单位承担经济责任。④因使用单位使用不当造成的质量缺陷,由使用单位自行负责。

(3)因地震、洪水、台风等不可抗力造成的质量问题,施工单位、设计单位不承担经济责任。

(4)施工单位自接到保修通知书之日起,必须在两周内到达现场与建设单位共同明确责任方,商议返修内容。①属于施工单位责任的,如施工单位未能按期到达现场,建设单位应再次通知施工单位;施工单位自接到再次通知书起的一周内仍不能到达时,建设单位有权自行返修,所发生的费用由原施工单位承担。②不属于施工单位责任的,建设单位应与施工单位联系,商议维修的具体期限。

(5)建设工程在超过合理使用年限后需要继续使用的,产权所有人应当委托具有相应资质等级的勘察、设计单位鉴定,并根据鉴定结果采取加固、维修等措施,重新界定使用期。

【技术指导 15-3】 质量缺陷,是指工程不符合国家或行业现行的有关技术标准、设计文件以及合同中对质量的要求。

【技术指导 15-4】 质量问题返修责任如表 15-2 所示。

表 15-2 质量问题返修责任

<table>
<tr><td>施工过程、保修期内出现质量问题</td><td>竣工验收不合格</td><td>非施工单位原因造成的质量问题</td></tr>
<tr><td colspan="2">施工单位负责返修(保修期限内无偿修理)</td><td>施工单位负责返修,
损失及返修费用由责任方负责</td></tr>
</table>

【以案说法 15-2】 工程质量的保修期限。

2016 年,原告某房产开发公司与被告某建筑公司签订一施工合同,建设某住宅小区。小区建成后,经验收质量合格。验收后 1 个月,房产开发公司发现楼房屋顶漏水,遂要求建筑公司负责无偿修理,并赔偿损失,建筑公司则以施工合同中并未规定质量保证期限,以工程已经验收合格为由,拒绝无偿修理要求。房产开发公司遂诉至法院,法院判决施工合同有效,认为合同中虽然并没有约定工程质量保证期限;但《建设工程质量管理条例》规定,屋面防水工程保修期限为 5 年,因此本案工程交工后两个月内出现的质量问题,应由施工单位承担无偿修理并赔偿损失的责任,故判令建筑公司应当承担无偿修理的责任。

案例解析:本案的焦点问题是工程质量的保修期限。

《建设工程质量管理条例》规定,屋面防水工程保修期限为 5 年,这是工程最低的法定保修期限。

本案中,由于合同中没有质量保证期的约定,故应当依照法律、法规的规定确定工程质量保证期。法院依照《建设工程质量管理条例》规定对欠缺条款进行补充,无疑是正确的。依据该规定,出现的质量问题属保证期内,故认定建筑公司承担无偿修理和赔偿损失责任是正确的。

模块思考与练习

一、单选题

1. 对建设单位负责供应的建筑材料、建筑构配件、设备和商品混凝土,在使用前应当由(　　)进行检验。

A. 建设单位　　B. 施工单位　　C. 监理单位　　D. 供应单位

2. 出租单位应当对出租的机械设备和施工工具及配件的安全性能进行检测,在签订租赁协议时,应当出具检测(　　)。

A. 合格保证　　B. 试验报告　　C. 安全证明　　D. 合格证明

3. 下列对《建筑法》关于资质管理规定的理解,表述正确的是(　　)。

A. 建筑施工企业不能超越本企业资质等级许可的业务范围承揽工程

B. 建筑施工企业可以借用其他施工企业的营业执照,但不能以自己的名义承揽工程

C. 建筑施工企业可以使用其他企业的资质证书,但禁止超越后者资质等级许可的业务范围承揽工程

D. 建筑施工企业可以允许其他单位使用本企业的资质证书,不能以本企业的名义承揽工程

4. 下列规范性文件中,效力最高的是(　　)。

A. 行政法规　　B. 司法解释　　C. 地方性法规　　D. 行政规章

5. 根据《民法典》的相关规定,以建筑物抵押的,抵押权自(　　)时设立。

A. 合同签订　　B. 备案　　C. 交付　　D. 登记

6. 根据《中华人民共和国消防法》，对独立包装的易燃易爆危险物品应当贴附(　　)标签。

A. 爆炸品　　B. 警示　　C. 危险品　　D. 易燃易爆品

7. 建筑工程竣工验收是由(　　)组织有关单位依法定程序及相关依据对所有工程项目进行全面检验与测试。

A. 建设单位　　B. 施工单位　　C. 监理单位　　D. 勘察单位

8. 下列项目费用中，属于建设工程价款优先受偿权范围的是(　　)。

A. 因迟延支付工程款所产生的利息　　B. 因迟延交付场地而产生的窝工损失

C. 承包人支付的材料费　　D. 因发包方违约而产生的索赔

9. 由国务院建设、铁路、交通、水利等行政主管部门各自审批、编号和发布的标准，属于(　　)。

A. 国家标准　　B. 行业标准　　C. 地方标准　　D. 企业标准

10. 建设工程承包单位对基础设施工程、房屋建筑的地基基础工程和主体结构工程等的最低保修期限是(　　)。

A. 5 年

B. 2 年

C. 设计文件规定的该工程的合理使用年限

D. 产权年限

11. 担保方式中，必须由第三人为一方当事人提供担保的是(　　)。

A. 保证　　B. 抵押　　C. 留置　　D. 质押

12. 根据《安全生产许可证条例》规定，安全生产许可证的有效期为(　　)年。

A. 1　　B. 2　　C. 3　　D. 4

13. 没有法定或者约定义务，为避免他人利益受损失进行管理或者服务而发生的债称为(　　)之债。

A. 合同　　B. 侵权　　C. 不当得利　　D. 无因管理

14. 某建筑公司南方分公司是依法设立并领取了营业执照，但它不是法人的根本原因是(　　)。

A. 没有自己的经费　　B. 没有固定的经营场所

C. 不能独立承担民事责任　　D. 没有自己的组织机构

15. 工程监理单位应当依照法律、法规以及有关技术标准、设计文件和建设工程承包合同，代表(　　)单位对施工质量实施监理，并对施工质量承担监理责任。

A. 施工　　B. 建设　　C. 监理　　D. 设计

16. 依据《中华人民共和国招标投标法》，下列能使招标行为发生法律效力，一旦有一方违约，应承担违约责任的行为是(　　)。

A. 招标人与中标人签订书面合同　　B. 招标人向中标人发出中标通知书

C. 投标人收到招标人发出的中标通知书　　D. 评标委员会在投标人中选出中标者

17.《工程建设标准强制性条文》是设计或施工时(　　)。

A. 重要的参考指标　　B. 必须绝对遵守的技术法规

C. 必须绝对遵守的管理标准　　D. 必须绝对遵守的工作标准

18. 因欺诈、胁迫而订立的施工合同可能是无效合同，也可能是可撤销合同。认定其为无效合同的必要条件是（　　）。

A. 违背当事人的意志　　B. 乘人之危

C. 显失公平　　D. 损害国家利益

19. 甲患重病住院急需用钱又借贷无门，乙表示愿意借给甲 2 000 元，但半年后须加倍偿还，否则以甲的房子代偿，甲表示同意。根据《民法典》规定，甲、乙之间的借款合同因（　　）。

A. 显失公平而无效　　B. 欺诈而可撤销

C. 乘人之危而无效　　D. 乘人之危而可撤销

20. 依据《民法典》的违约责任承担原则，发包人可以不赔偿承包人损失的情况是（　　）（不可抗力）。

A. 建设资金未能按计划到位的施工暂停

B. 发包人改变项目建设方案的工程停建

C. 传染病流行导致施工暂停

D. 征地拆迁工作不顺利导致施工现场移交延误

21. 建设安全监督机构在检查施工现场时，发现某施工单位在没有竣工的建筑物内设置员工集体宿舍。该施工单位员工集体宿舍（　　）。

A. 经工程所在地建设安全监督机构同意，可以继续使用

B. 经工程所在地建设行政主管部门同意，可以继续使用

C. 所住员工必须无条件迁出

D. 经工程所在地质量监督机构同意，可以继续使用

22. 施工单位与建设单位签订施工合同后，将其中的部分工程分包给分包单位，则施工现场的安全生产由（　　）负总责。

A. 建设单位　　B. 施工单位

C. 分包单位　　D. 工程监理单位

23. 联合体中标的，联合体各方应当（　　）与招标人签订合同。

A. 分别　　B. 共同

C. 推选 1 名代表　　D. 由承担主要责任的公司

24. 在下列表述中，正确的是（　　）。

A. 招标人可以完全按自己的意愿确定中标人

B. 对投标人报价进行评审时应当参考标底

C. 评标过程必须保密

D. 招标人与投标人可就投标价格以外的内容进行谈判

25. 在下列关于开标的有关规定中，正确的是（　　）。

A. 开标过程应当记录

B. 开标应在投标文件截止时间之后尽快进行

C. 开标应在投标有效期至少30天前进行

D. 开标应由公正机构主持

26. 下列情形中,招标人应当拒收投标人送达的投标文件的是(　　)。

A. 在招标文件要求提交投标文件的截止时间后送达的

B. 投标文件提前送达

C. 投标联合体提交的投标文件未附共同投标协议的

D. 投标文件未提交投标保证金的

27. 根据《危险性较大的分部分项工程安全管理规定》,关于危大工程专项施工方案编制的说法,正确的是(　　)。

A. 专项施工方案应当由施工企业技术负责人审核签字并加盖单位公章

B. 危大工程实行分包的,专项施工方案应当由施工总承包单位组织编制

C. 对于超过一定规模的危险性较大工程,专项施工方案经施工企业审核和分包单位技术负责人审查后即可进行专家论证

D. 专项施工方案论证不通过的,施工企业整改后即可直接实施

28. 建筑施工企业以欺骗、贿赂等不正当手段取得安全生产许可证的,撤销安全生产许可证(　　)内不得再次申请安全生产许可证。

A. 1 年　　B. 2 年　　C. 3 年　　D. 5 年

29. 根据《建设工程质量管理条例》,建设单位办理工程质量监督手续的时间是在(　　)。

A. 竣工验收之前

B. 订立施工合同时

C. 主体封顶之前

D. 开工之前

30. 下列行政强制中,属于行政强制措施的是(　　)。

A. 查封场所　　B. 加处罚款　　C. 排除妨碍　　D. 划拨存款

二、简答题

1. 简述水利工程建设项目法人的基本职责。
2. 简述建设工程的发包方式。
3. 简述建设项目必须招标和可以不招标的情形。
4. 简述公开招标和邀请招标的异同点。
5. 简述施工投标文件被作为废标处理的情形。
6. 简述投标保证金被没收的情形。
7. 简述招标投标的完整程序。
8. 简述建设工程合同的分类。
9. 建设工程合同的订立通常经历哪些程序?
10. 被认定无效建设工程合同的情形有哪些?
11. 建设工程合同履行的担保方式有哪些?保全措施有几种?分别适用于什么情形?
12. 简述可撤销合同与无效合同的区别。

13. 简述建设工程监理的依据、必须实行监理的范围和监理工作内容。

14. 简述安全生产的基本方针。

15. 简述水利水电建设项目各参与方分别承担哪些安全责任?

16. 简述施工单位安全生产管理机构和专职安全生产管理人员的安全责任。

17. 简述安全事故应急救援预案如何编制、应急救援如何开展?

18. 哪些企业应当申领安全生产许可证?申领安全生产许可证应当具备哪些条件?

19. 总承包单位和分包单位的质量责任如何划分?

20. 简述建设工程竣工验收应当具备的条件。

21.《建设工程质量管理条例》对最低保修期限是如何规定的?质量问题返修责任如何认定?

模块4 水利水电工程建设与管理常用法律选编

中华人民共和国水法

（1988年1月21日第六届全国人民代表大会常务委员会第二十四次会议通过 2002年8月29日第九届全国人民代表大会常务委员会第二十九次会议修订 根据2009年8月27日第十一届全国人民代表大会常务委员会第十次会议《关于修改部分法律的决定》第一次修正 根据2016年7月2日第十二届全国人民代表大会常务委员会第二十一次会议《关于修改〈中华人民共和国节约能源法〉等六部法律的决定》第二次修正）

第一章 总 则

第一条 为了合理开发、利用、节约和保护水资源，防治水害，实现水资源的可持续利用，适应国民经济和社会发展的需要，制定本法。

第二条 在中华人民共和国领域内开发、利用、节约、保护、管理水资源，防治水害，适用本法。

本法所称水资源，包括地表水和地下水。

第三条 水资源属于国家所有。水资源的所有权由国务院代表国家行使。农村集体经济组织的水塘和由农村集体经济组织修建管理的水库中的水，归各该农村集体经济组织使用。

第四条 开发、利用、节约、保护水资源和防治水害，应当全面规划、统筹兼顾、标本兼治、综合利用、讲求效益，发挥水资源的多种功能，协调好生活、生产经营和生态环境用水。

第五条 县级以上人民政府应当加强水利基础设施建设，并将其纳入本级国民经济和社会发展计划。

第六条 国家鼓励单位和个人依法开发、利用水资源，并保护其合法权益。开发、利用水资源的单位和个人有依法保护水资源的义务。

第七条 国家对水资源依法实行取水许可制度和有偿使用制度。但是，农村集体经济组织及其成员使用本集体经济组织的水塘、水库中的水的除外。国务院水行政主管部门负责全国取水许可制度和水资源有偿使用制度的组织实施。

第八条 国家厉行节约用水，大力推行节约用水措施，推广节约用水新技术、新工艺，发展节水型工业、农业和服务业，建立节水型社会。

各级人民政府应当采取措施，加强对节约用水的管理，建立节约用水技术开发推广体系，培育和发展节约用水产业。

单位和个人有节约用水的义务。

第九条 国家保护水资源，采取有效措施，保护植被，植树种草，涵养水源，防治水土流失和水体污染，改善生态环境。

第十条 国家鼓励和支持开发、利用、节约、保护、管理水资源和防治水害的先进科学技术的研究、推广和应用。

第十一条 在开发、利用、节约、保护、管理水资源和防治水害等方面成绩显著的单位和个人，由人民政府给予奖励。

第十二条 国家对水资源实行流域管理与行政区域管理相结合的管理体制。

国务院水行政主管部门负责全国水资源的统一管理和监督工作。

国务院水行政主管部门在国家确定的重要江河、湖泊设立的流域管理机构(以下简称流域管理机构),在所管辖的范围内行使法律、行政法规规定的和国务院水行政主管部门授予的水资源管理和监督职责。

县级以上地方人民政府水行政主管部门按照规定的权限,负责本行政区域内水资源的统一管理和监督工作。

第十三条 国务院有关部门按照职责分工,负责水资源开发、利用、节约和保护的有关工作。

县级以上地方人民政府有关部门按照职责分工,负责本行政区域内水资源开发、利用、节约和保护的有关工作。

第二章　水资源规划

第十四条 国家制定全国水资源战略规划。

开发、利用、节约、保护水资源和防治水害,应当按照流域、区域统一制定规划。规划分为流域规划和区域规划。流域规划包括流域综合规划和流域专业规划;区域规划包括区域综合规划和区域专业规划。

前款所称综合规划,是指根据经济社会发展需要和水资源开发利用现状编制的开发、利用、节约、保护水资源和防治水害的总体部署。前款所称专业规划,是指防洪、治涝、灌溉、航运、供水、水力发电、竹木流放、渔业、水资源保护、水土保持、防沙治沙、节约用水等规划。

第十五条 流域范围内的区域规划应当服从流域规划,专业规划应当服从综合规划。

流域综合规划和区域综合规划以及与土地利用关系密切的专业规划,应当与国民经济和社会发展规划以及土地利用总体规划、城市总体规划和环境保护规划相协调,兼顾各地区、各行业的需要。

第十六条 制定规划,必须进行水资源综合科学考察和调查评价。水资源综合科学考察和调查评价,由县级以上人民政府水行政主管部门会同同级有关部门组织进行。

县级以上人民政府应当加强水文、水资源信息系统建设。县级以上人民政府水行政主管部门和流域管理机构应当加强对水资源的动态监测。

基本水文资料应当按照国家有关规定予以公开。

第十七条 国家确定的重要江河、湖泊的流域综合规划,由国务院水行政主管部门会同国务院有关部门和有关省、自治区、直辖市人民政府编制,报国务院批准。跨省、自治区、直辖市的其他江河、湖泊的流域综合规划和区域综合规划,由有关流域管理机构会同江河、湖泊所在地的省、自治区、直辖市人民政府水行政主管部门和有关部门编制,分别经有关省、自治区、直辖市人民政府审查提出意见后,报国务院水行政主管部门审核;国务院水行政主管部门征求国务院有关部门意见后,报国务院或者其授权的部门批准。

前款规定以外的其他江河、湖泊的流域综合规划和区域综合规划,由县级以上地方人民政府水行政主管部门会同同级有关部门和有关地方人民政府编制,报本级人民政府或者其授权的部门批准,并报上一级水行政主管部门备案。

专业规划由县级以上人民政府有关部门编制,征求同级其他有关部门意见后,报本级人民政府批准。其中,防洪规划、水土保持规划的编制、批准,依照防洪法、水土保持法的有关规定执行。

第十八条 规划一经批准,必须严格执行。

经批准的规划需要修改时,必须按照规划编制程序经原批准机关批准。

第十九条　建设水工程,必须符合流域综合规划。在国家确定的重要江河、湖泊和跨省、自治区、直辖市的江河、湖泊上建设水工程,未取得有关流域管理机构签署的符合流域综合规划要求的规划同意书的,建设单位不得开工建设;在其他江河、湖泊上建设水工程,未取得县级以上地方人民政府水行政主管部门按照管理权限签署的符合流域综合规划要求的规划同意书的,建设单位不得开工建设。水工程建设涉及防洪的,依照防洪法的有关规定执行;涉及其他地区和行业的,建设单位应当事先征求有关地区和部门的意见。

第三章　水资源开发利用

第二十条　开发、利用水资源,应当坚持兴利与除害相结合,兼顾上下游、左右岸和有关地区之间的利益,充分发挥水资源的综合效益,并服从防洪的总体安排。

第二十一条　开发、利用水资源,应当首先满足城乡居民生活用水,并兼顾农业、工业、生态环境用水以及航运等需要。

在干旱和半干旱地区开发、利用水资源,应当充分考虑生态环境用水需要。

第二十二条　跨流域调水,应当进行全面规划和科学论证,统筹兼顾调出和调入流域的用水需要,防止对生态环境造成破坏。

第二十三条　地方各级人民政府应当结合本地区水资源的实际情况,按照地表水与地下水统一调度开发、开源与节流相结合、节流优先和污水处理再利用的原则,合理组织开发、综合利用水资源。

国民经济和社会发展规划以及城市总体规划的编制、重大建设项目的布局,应当与当地水资源条件和防洪要求相适应,并进行科学论证;在水资源不足的地区,应当对城市规模和建设耗水量大的工业、农业和服务业项目加以限制。

第二十四条　在水资源短缺的地区,国家鼓励对雨水和微咸水的收集、开发、利用和对海水的利用、淡化。

第二十五条　地方各级人民政府应当加强对灌溉、排涝、水土保持工作的领导,促进农业生产发展;在容易发生盐碱化和渍害的地区,应当采取措施,控制和降低地下水的水位。

农村集体经济组织或者其成员依法在本集体经济组织所有的集体土地或者承包土地上投资兴建水工程设施的,按照谁投资建设谁管理和谁受益的原则,对水工程设施及其蓄水进行管理和合理使用。

农村集体经济组织修建水库应当经县级以上地方人民政府水行政主管部门批准。

第二十六条　国家鼓励开发、利用水能资源。在水能丰富的河流,应当有计划地进行多目标梯级开发。

建设水力发电站,应当保护生态环境,兼顾防洪、供水、灌溉、航运、竹木流放和渔业等方面的需要。

第二十七条　国家鼓励开发、利用水运资源。在水生生物洄游通道、通航或者竹木流放的河流上修建永久性拦河闸坝,建设单位应当同时修建过鱼、过船、过木设施,或者经国务院授权的部门批准采取其他补救措施,并妥善安排施工和蓄水期间的水生生物保护、航运和竹木流放,所需费用由建设单位承担。

在不通航的河流或者人工水道上修建闸坝后可以通航的,闸坝建设单位应当同时修建过船设施或者预留过船设施位置。

第二十八条　任何单位和个人引水、截(蓄)水、排水,不得损害公共利益和他人的合法权益。

第二十九条　国家对水工程建设移民实行开发性移民的方针,按照前期补偿、补助与后期扶持相结合的原则,妥善安排移民的生产和生活,保护移民的合法权益。

移民安置应当与工程建设同步进行。建设单位应当根据安置地区的环境容量和可持续发展的原则,因地制宜,编制移民安置规划,经依法批准后,由有关地方人民政府组织实施。所需移民经费列入工程建设投资计划。

第四章 水资源、水域和水工程的保护

第三十条 县级以上人民政府水行政主管部门、流域管理机构以及其他有关部门在制定水资源开发、利用规划和调度水资源时，应当注意维持江河的合理流量和湖泊、水库以及地下水的合理水位，维护水体的自然净化能力。

第三十一条 从事水资源开发、利用、节约、保护和防治水害等水事活动，应当遵守经批准的规划；因违反规划造成江河和湖泊水域使用功能降低、地下水超采、地面沉降、水体污染的，应当承担治理责任。

开采矿藏或者建设地下工程，因疏干排水导致地下水水位下降、水源枯竭或者地面塌陷，采矿单位或者建设单位应当采取补救措施；对他人生活和生产造成损失的，依法给予补偿。

第三十二条 国务院水行政主管部门会同国务院环境保护行政主管部门、有关部门和有关省、自治区、直辖市人民政府，按照流域综合规划、水资源保护规划和经济社会发展要求，拟定国家确定的重要江河、湖泊的水功能区划，报国务院批准。跨省、自治区、直辖市的其他江河、湖泊的水功能区划，由有关流域管理机构会同江河、湖泊所在地的省、自治区、直辖市人民政府水行政主管部门、环境保护行政主管部门和其他有关部门拟定，分别经有关省、自治区、直辖市人民政府审查提出意见后，由国务院水行政主管部门会同国务院环境保护行政主管部门审核，报国务院或者其授权的部门批准。

前款规定以外的其他江河、湖泊的水功能区划，由县级以上地方人民政府水行政主管部门会同同级人民政府环境保护行政主管部门和有关部门拟定，报同级人民政府或者其授权的部门批准，并报上一级水行政主管部门和环境保护行政主管部门备案。

县级以上人民政府水行政主管部门或者流域管理机构应当按照水功能区对水质的要求和水体的自然净化能力，核定该水域的纳污能力，向环境保护行政主管部门提出该水域的限制排污总量意见。

县级以上地方人民政府水行政主管部门和流域管理机构应当对水功能区的水质状况进行监测，发现重点污染物排放总量超过控制指标的，或者水功能区的水质未达到水域使用功能对水质的要求的，应当及时报告有关人民政府采取治理措施，并向环境保护行政主管部门通报。

第三十三条 国家建立饮用水水源保护区制度。省、自治区、直辖市人民政府应当划定饮用水水源保护区，并采取措施，防止水源枯竭和水体污染，保证城乡居民饮用水安全。

第三十四条 禁止在饮用水水源保护区内设置排污口。

在江河、湖泊新建、改建或者扩大排污口，应当经过有管辖权的水行政主管部门或者流域管理机构同意，由环境保护行政主管部门负责对该建设项目的环境影响报告书进行审批。

第三十五条 从事工程建设，占用农业灌溉水源、灌排工程设施，或者对原有灌溉用水、供水水源有不利影响的，建设单位应当采取相应的补救措施；造成损失的，依法给予补偿。

第三十六条 在地下水超采地区，县级以上地方人民政府应当采取措施，严格控制开采地下水。在地下水严重超采地区，经省、自治区、直辖市人民政府批准，可以划定地下水禁止开采或者限制开采区。在沿海地区开采地下水，应当经过科学论证，并采取措施，防止地面沉降和海水入侵。

第三十七条 禁止在江河、湖泊、水库、运河、渠道内弃置、堆放阻碍行洪的物体和种植阻碍行洪的林木及高秆作物。

禁止在河道管理范围内建设妨碍行洪的建筑物、构筑物以及从事影响河势稳定、危害河岸堤防安全和其他妨碍河道行洪的活动。

第三十八条 在河道管理范围内建设桥梁、码头和其他拦河、跨河、临河建筑物、构筑物，铺设跨河管道、电缆，应当符合国家规定的防洪标准和其他有关的技术要求，工程建设方案应当依照防洪法的有关规定报经有关水行政主管部门审查同意。

因建设前款工程设施,需要扩建、改建、拆除或者损坏原有水工程设施的,建设单位应当负担扩建、改建的费用和损失补偿。但是,原有工程设施属于违法工程的除外。

第三十九条 国家实行河道采砂许可制度。河道采砂许可制度实施办法,由国务院规定。

在河道管理范围内采砂,影响河势稳定或者危及堤防安全的,有关县级以上人民政府水行政主管部门应当划定禁采区和规定禁采期,并予以公告。

第四十条 禁止围湖造地。已经围垦的,应当按照国家规定的防洪标准有计划地退地还湖。

禁止围垦河道。确需围垦的,应当经过科学论证,经省、自治区、直辖市人民政府水行政主管部门或者国务院水行政主管部门同意后,报本级人民政府批准。

第四十一条 单位和个人有保护水工程的义务,不得侵占、毁坏堤防、护岸、防汛、水文监测、水文地质监测等工程设施。

第四十二条 县级以上地方人民政府应当采取措施,保障本行政区域内水工程,特别是水坝和堤防的安全,限期消除险情。水行政主管部门应当加强对水工程安全的监督管理。

第四十三条 国家对水工程实施保护。国家所有的水工程应当按照国务院的规定划定工程管理和保护范围。

国务院水行政主管部门或者流域管理机构管理的水工程,由主管部门或者流域管理机构商有关省、自治区、直辖市人民政府划定工程管理和保护范围。

前款规定以外的其他水工程,应当按照省、自治区、直辖市人民政府的规定,划定工程保护范围和保护职责。

在水工程保护范围内,禁止从事影响水工程运行和危害水工程安全的爆破、打井、采石、取土等活动。

第五章 水资源配置和节约使用

第四十四条 国务院发展计划主管部门和国务院水行政主管部门负责全国水资源的宏观调配。全国的和跨省、自治区、直辖市的水中长期供求规划,由国务院水行政主管部门会同有关部门制订,经国务院发展计划主管部门审查批准后执行。地方的水中长期供求规划,由县级以上地方人民政府水行政主管部门会同同级有关部门依据上一级水中长期供求规划和本地区的实际情况制订,经本级人民政府发展计划主管部门审查批准后执行。

水中长期供求规划应当依据水的供求现状、国民经济和社会发展规划、流域规划、区域规划,按照水资源供需协调、综合平衡、保护生态、厉行节约、合理开源的原则制定。

第四十五条 调蓄径流和分配水量,应当依据流域规划和水中长期供求规划,以流域为单元制定水量分配方案。

跨省、自治区、直辖市的水量分配方案和旱情紧急情况下的水量调度预案,由流域管理机构商有关省、自治区、直辖市人民政府制订,报国务院或者其授权的部门批准后执行。其他跨行政区域的水量分配方案和旱情紧急情况下的水量调度预案,由共同的上一级人民政府水行政主管部门商有关地方人民政府制订,报本级人民政府批准后执行。

水量分配方案和旱情紧急情况下的水量调度预案经批准后,有关地方人民政府必须执行。

在不同行政区域之间的边界河流上建设水资源开发、利用项目,应当符合该流域经批准的水量分配方案,由有关县级以上地方人民政府报共同的上一级人民政府水行政主管部门或者有关流域管理机构批准。

第四十六条 县级以上地方人民政府水行政主管部门或者流域管理机构应当根据批准的水量分配方案和年度预测来水量,制定年度水量分配方案和调度计划,实施水量统一调度;有关地方人民政府必须服从。

国家确定的重要江河、湖泊的年度水量分配方案,应当纳入国家的国民经济和社会发展年度计划。

第四十七条 国家对用水实行总量控制和定额管理相结合的制度。

省、自治区、直辖市人民政府有关行业主管部门应当制订本行政区域内行业用水定额,报同级水行政主管部门和质量监督检验行政主管部门审核同意后,由省、自治区、直辖市人民政府公布,并报国务院水行政主管部门和国务院质量监督检验行政主管部门备案。

县级以上地方人民政府发展计划主管部门会同同级水行政主管部门,根据用水定额、经济技术条件以及水量分配方案确定的可供本行政区域使用的水量,制定年度用水计划,对本行政区域内的年度用水实行总量控制。

第四十八条 直接从江河、湖泊或者地下取用水资源的单位和个人,应当按照国家取水许可制度和水资源有偿使用制度的规定,向水行政主管部门或者流域管理机构申请领取取水许可证,并缴纳水资源费,取得取水权。但是,家庭生活和零星散养、圈养畜禽饮用等少量取水的除外。

实施取水许可制度和征收管理水资源费的具体办法,由国务院规定。

第四十九条 用水应当计量,并按照批准的用水计划用水。

用水实行计量收费和超定额累进加价制度。

第五十条 各级人民政府应当推行节水灌溉方式和节水技术,对农业蓄水、输水工程采取必要的防渗漏措施,提高农业用水效率。

第五十一条 工业用水应当采用先进技术、工艺和设备,增加循环用水次数,提高水的重复利用率。

国家逐步淘汰落后的、耗水量高的工艺、设备和产品,具体名录由国务院经济综合主管部门会同国务院水行政主管部门和有关部门制定并公布。生产者、销售者或者生产经营中的使用者应当在规定的时间内停止生产、销售或者使用列入名录的工艺、设备和产品。

第五十二条 城市人民政府应当因地制宜采取有效措施,推广节水型生活用水器具,降低城市供水管网漏失率,提高生活用水效率;加强城市污水集中处理,鼓励使用再生水,提高污水再生利用率。

第五十三条 新建、扩建、改建建设项目,应当制订节水措施方案,配套建设节水设施。节水设施应当与主体工程同时设计、同时施工、同时投产。

供水企业和自建供水设施的单位应当加强供水设施的维护管理,减少水的漏失。

第五十四条 各级人民政府应当积极采取措施,改善城乡居民的饮用水条件。

第五十五条 使用水工程供应的水,应当按照国家规定向供水单位缴纳水费。供水价格应当按照补偿成本、合理收益、优质优价、公平负担的原则确定。具体办法由省级以上人民政府价格主管部门会同同级水行政主管部门或者其他供水行政主管部门依据职权制定。

第六章 水事纠纷处理与执法监督检查

第五十六条 不同行政区域之间发生水事纠纷的,应当协商处理;协商不成的,由上一级人民政府裁决,有关各方必须遵照执行。在水事纠纷解决前,未经各方达成协议或者共同的上一级人民政府批准,在行政区域交界线两侧一定范围内,任何一方不得修建排水、阻水、取水和截(蓄)水工程,不得单方面改变水的现状。

第五十七条 单位之间、个人之间、单位与个人之间发生的水事纠纷,应当协商解决;当事人不愿协商或者协商不成的,可以申请县级以上地方人民政府或者其授权的部门调解,也可以直接向人民法院提起民事诉讼。县级以上地方人民政府或者其授权的部门调解不成的,当事人可以向人民法院提起民事诉讼。

在水事纠纷解决前,当事人不得单方面改变现状。

第五十八条 县级以上人民政府或者其授权的部门在处理水事纠纷时，有权采取临时处置措施，有关各方或者当事人必须服从。

第五十九条 县级以上人民政府水行政主管部门和流域管理机构应当对违反本法的行为加强监督检查并依法进行查处。

水政监督检查人员应当忠于职守，秉公执法。

第六十条 县级以上人民政府水行政主管部门、流域管理机构及其水政监督检查人员履行本法规定的监督检查职责时，有权采取下列措施：

(一)要求被检查单位提供有关文件、证照、资料；

(二)要求被检查单位就执行本法的有关问题作出说明；

(三)进入被检查单位的生产场所进行调查；

(四)责令被检查单位停止违反本法的行为，履行法定义务。

第六十一条 有关单位或者个人对水政监督检查人员的监督检查工作应当给予配合，不得拒绝或者阻碍水政监督检查人员依法执行职务。

第六十二条 水政监督检查人员在履行监督检查职责时，应当向被检查单位或者个人出示执法证件。

第六十三条 县级以上人民政府或者上级水行政主管部门发现本级或者下级水行政主管部门在监督检查工作中有违法或者失职行为的，应当责令其限期改正。

第七章 法律责任

第六十四条 水行政主管部门或者其他有关部门以及水工程管理单位及其工作人员，利用职务上的便利收取他人财物、其他好处或者玩忽职守，对不符合法定条件的单位或者个人核发许可证、签署审查同意意见，不按照水量分配方案分配水量，不按照国家有关规定收取水资源费，不履行监督职责，或者发现违法行为不予查处，造成严重后果，构成犯罪的，对负有责任的主管人员和其他直接责任人员依照刑法的有关规定追究刑事责任；尚不够刑事处罚的，依法给予行政处分。

第六十五条 在河道管理范围内建设妨碍行洪的建筑物、构筑物，或者从事影响河势稳定、危害河岸堤防安全和其他妨碍河道行洪的活动的，由县级以上人民政府水行政主管部门或者流域管理机构依据职权，责令停止违法行为，限期拆除违法建筑物、构筑物，恢复原状；逾期不拆除、不恢复原状的，强行拆除，所需费用由违法单位或者个人负担，并处一万元以上十万元以下的罚款。

未经水行政主管部门或者流域管理机构同意，擅自修建水工程，或者建设桥梁、码头和其他拦河、跨河、临河建筑物、构筑物，铺设跨河管道、电缆，且防洪法未作规定的，由县级以上人民政府水行政主管部门或者流域管理机构依据职权，责令停止违法行为，限期补办有关手续；逾期不补办或者补办未被批准的，责令限期拆除违法建筑物、构筑物；逾期不拆除的，强行拆除，所需费用由违法单位或者个人负担，并处一万元以上十万元以下的罚款。

虽经水行政主管部门或者流域管理机构同意，但未按照要求修建前款所列工程设施的，由县级以上人民政府水行政主管部门或者流域管理机构依据职权，责令限期改正，按照情节轻重，处一万元以上十万元以下的罚款。

第六十六条 有下列行为之一，且防洪法未作规定的，由县级以上人民政府水行政主管部门或者流域管理机构依据职权，责令停止违法行为，限期清除障碍或者采取其他补救措施，处一万元以上五万元以下的罚款：

(一)在江河、湖泊、水库、运河、渠道内弃置、堆放阻碍行洪的物体和种植阻碍行洪的林木及高秆作物的；

（二）围湖造地或者未经批准围垦河道的。

第六十七条 在饮用水水源保护区内设置排污口的，由县级以上地方人民政府责令限期拆除、恢复原状；逾期不拆除、不恢复原状的，强行拆除、恢复原状，并处五万元以上十万元以下的罚款。

未经水行政主管部门或者流域管理机构审查同意，擅自在江河、湖泊新建、改建或者扩大排污口的，由县级以上人民政府水行政主管部门或者流域管理机构依据职权，责令停止违法行为，限期恢复原状，处五万元以上十万元以下的罚款。

第六十八条 生产、销售或者在生产经营中使用国家明令淘汰的落后的、耗水量高的工艺、设备和产品的，由县级以上地方人民政府经济综合主管部门责令停止生产、销售或者使用，处二万元以上十万元以下的罚款。

第六十九条 有下列行为之一的，由县级以上人民政府水行政主管部门或者流域管理机构依据职权，责令停止违法行为，限期采取补救措施，处二万元以上十万元以下的罚款；情节严重的，吊销其取水许可证：

（一）未经批准擅自取水的；

（二）未依照批准的取水许可规定条件取水的。

第七十条 拒不缴纳、拖延缴纳或者拖欠水资源费的，由县级以上人民政府水行政主管部门或者流域管理机构依据职权，责令限期缴纳；逾期不缴纳的，从滞纳之日起按日加收滞纳部分千分之二的滞纳金，并处应缴或者补缴水资源费一倍以上五倍以下的罚款。

第七十一条 建设项目的节水设施没有建成或者没有达到国家规定的要求，擅自投入使用的，由县级以上人民政府有关部门或者流域管理机构依据职权，责令停止使用，限期改正，处五万元以上十万元以下的罚款。

第七十二条 有下列行为之一，构成犯罪的，依照刑法的有关规定追究刑事责任；尚不够刑事处罚，且防洪法未作规定的，由县级以上地方人民政府水行政主管部门或者流域管理机构依据职权，责令停止违法行为，采取补救措施，处一万元以上五万元以下的罚款；违反治安管理处罚法的，由公安机关依法给予治安管理处罚；给他人造成损失的，依法承担赔偿责任：

（一）侵占、毁坏水工程及堤防、护岸等有关设施，毁坏防汛、水文监测、水文地质监测设施的；

（二）在水工程保护范围内，从事影响水工程运行和危害水工程安全的爆破、打井、采石、取土等活动的。

第七十三条 侵占、盗窃或者抢夺防汛物资，防洪排涝、农田水利、水文监测和测量以及其他水工程设备和器材，贪污或者挪用国家救灾、抢险、防汛、移民安置和补偿及其他水利建设款物，构成犯罪的，依照刑法的有关规定追究刑事责任。

第七十四条 在水事纠纷发生及其处理过程中煽动闹事、结伙斗殴、抢夺或者损坏公私财物、非法限制他人人身自由，构成犯罪的，依照刑法的有关规定追究刑事责任；尚不够刑事处罚的，由公安机关依法给予治安管理处罚。

第七十五条 不同行政区域之间发生水事纠纷，有下列行为之一的，对负有责任的主管人员和其他直接责任人员依法给予行政处分：

（一）拒不执行水量分配方案和水量调度预案的；

（二）拒不服从水量统一调度的；

（三）拒不执行上一级人民政府的裁决的；

（四）在水事纠纷解决前，未经各方达成协议或者上一级人民政府批准，单方面违反本法规定改变水的现状的。

第七十六条 引水、截（蓄）水、排水，损害公共利益或者他人合法权益的，依法承担民事责任。

第七十七条 对违反本法第三十九条有关河道采砂许可制度规定的行政处罚，由国务院规定。

第八章 附 则

第七十八条 中华人民共和国缔结或者参加的与国际或者国境边界河流、湖泊有关的国际条约、协定与中华人民共和国法律有不同规定的,适用国际条约、协定的规定。但是,中华人民共和国声明保留的条款除外。

第七十九条 本法所称水工程,是指在江河、湖泊和地下水源上开发、利用、控制、调配和保护水资源的各类工程。

第八十条 海水的开发、利用、保护和管理,依照有关法律的规定执行。

第八十一条 从事防洪活动,依照防洪法的规定执行。

水污染防治,依照水污染防治法的规定执行。

第八十二条 本法自2002年10月1日起施行。

中华人民共和国水污染防治法

（1984 年 5 月 11 日第六届全国人民代表大会常务委员会第五次会议通过　根据 1996 年 5 月 15 日第八届全国人民代表大会常务委员会第十九次会议《关于修改〈中华人民共和国水污染防治法〉的决定》第一次修正　2008 年 2 月 28 日第十届全国人民代表大会常务委员会第三十二次会议修订　根据 2017 年 6 月 27 日第十二届全国人民代表大会常务委员会第二十八次会议《关于修改〈中华人民共和国水污染防治法〉的决定》第二次修正）

第一章　总　则

第一条　为了保护和改善环境，防治水污染，保护水生态，保障饮用水安全，维护公众健康，推进生态文明建设，促进经济社会可持续发展，制定本法。

第二条　本法适用于中华人民共和国领域内的江河、湖泊、运河、渠道、水库等地表水体以及地下水体的污染防治。

海洋污染防治适用《中华人民共和国海洋环境保护法》。

第三条　水污染防治应当坚持预防为主、防治结合、综合治理的原则，优先保护饮用水水源，严格控制工业污染、城镇生活污染，防治农业面源污染，积极推进生态治理工程建设，预防、控制和减少水环境污染和生态破坏。

第四条　县级以上人民政府应当将水环境保护工作纳入国民经济和社会发展规划。

地方各级人民政府对本行政区域的水环境质量负责，应当及时采取措施防治水污染。

第五条　省、市、县、乡建立河长制，分级分段组织领导本行政区域内江河、湖泊的水资源保护、水域岸线管理、水污染防治、水环境治理等工作。

第六条　国家实行水环境保护目标责任制和考核评价制度，将水环境保护目标完成情况作为对地方人民政府及其负责人考核评价的内容。

第七条　国家鼓励、支持水污染防治的科学技术研究和先进适用技术的推广应用，加强水环境保护的宣传教育。

第八条　国家通过财政转移支付等方式，建立健全对位于饮用水水源保护区区域和江河、湖泊、水库上游地区的水环境生态保护补偿机制。

第九条　县级以上人民政府环境保护主管部门对水污染防治实施统一监督管理。

县级以上人民政府水行政、国土资源、卫生、建设、农业、渔业等部门以及重要江河、湖泊的流域水资源保护机构，在各自的职责范围内，对有关水污染防治实施监督管理。

第十条　排放水污染物，不得超过国家或者地方规定的水污染物排放标准和重点水污染物排放总量控制指标。

第十一条　任何单位和个人都有义务保护水环境，并有权对污染损害水环境的行为进行检举。

县级以上人民政府及其有关主管部门对在水污染防治工作中做出显著成绩的单位和个人给予表彰和奖励。

第二章　水污染防治的标准和规划

第十二条　国务院环境保护主管部门制定国家水环境质量标准。

省、自治区、直辖市人民政府可以对国家水环境质量标准中未作规定的项目，制定地方标准，并报国务院环境保护主管部门备案。

第十三条　国务院环境保护主管部门会同国务院水行政主管部门和有关省、自治区、直辖市人民政府，可以根据国家确定的重要江河、湖泊流域水体的使用功能以及有关地区的经济、技术条件，确定该重要江河、湖泊流域的省界水体适用的水环境质量标准，报国务院批准后施行。

第十四条　国务院环境保护主管部门根据国家水环境质量标准和国家经济、技术条件，制定国家水污染物排放标准。

省、自治区、直辖市人民政府对国家水污染物排放标准中未作规定的项目，可以制定地方水污染物排放标准；对国家水污染物排放标准中已作规定的项目，可以制定严于国家水污染物排放标准的地方水污染物排放标准。地方水污染物排放标准须报国务院环境保护主管部门备案。

向已有地方水污染物排放标准的水体排放污染物的，应当执行地方水污染物排放标准。

第十五条　国务院环境保护主管部门和省、自治区、直辖市人民政府，应当根据水污染防治的要求和国家或者地方的经济、技术条件，适时修订水环境质量标准和水污染物排放标准。

第十六条　防治水污染应当按流域或者按区域进行统一规划。国家确定的重要江河、湖泊的流域水污染防治规划，由国务院环境保护主管部门会同国务院经济综合宏观调控、水行政等部门和有关省、自治区、直辖市人民政府编制，报国务院批准。

前款规定外的其他跨省、自治区、直辖市江河、湖泊的流域水污染防治规划，根据国家确定的重要江河、湖泊的流域水污染防治规划和本地实际情况，由有关省、自治区、直辖市人民政府环境保护主管部门会同同级水行政等部门和有关市、县人民政府编制，经有关省、自治区、直辖市人民政府审核，报国务院批准。

省、自治区、直辖市内跨县江河、湖泊的流域水污染防治规划，根据国家确定的重要江河、湖泊的流域水污染防治规划和本地实际情况，由省、自治区、直辖市人民政府环境保护主管部门会同同级水行政等部门编制，报省、自治区、直辖市人民政府批准，并报国务院备案。

经批准的水污染防治规划是防治水污染的基本依据，规划的修订须经原批准机关批准。

县级以上地方人民政府应当根据依法批准的江河、湖泊的流域水污染防治规划，组织制定本行政区域的水污染防治规划。

第十七条　有关市、县级人民政府应当按照水污染防治规划确定的水环境质量改善目标的要求，制定限期达标规划，采取措施按期达标。

有关市、县级人民政府应当将限期达标规划报上一级人民政府备案，并向社会公开。

第十八条　市、县级人民政府每年在向本级人民代表大会或者其常务委员会报告环境状况和环境保护目标完成情况时，应当报告水环境质量限期达标规划执行情况，并向社会公开。

第三章　水污染防治的监督管理

第十九条　新建、改建、扩建直接或者间接向水体排放污染物的建设项目和其他水上设施，应当依法进行环境影响评价。

建设单位在江河、湖泊新建、改建、扩建排污口的，应当取得水行政主管部门或者流域管理机构同意；涉及通航、渔业水域的，环境保护主管部门在审批环境影响评价文件时，应当征求交通、渔业主管部门的意见。

建设项目的水污染防治设施，应当与主体工程同时设计、同时施工、同时投入使用。水污染防治设施应当符合经批准或者备案的环境影响评价文件的要求。

第二十条　国家对重点水污染物排放实施总量控制制度。

重点水污染物排放总量控制指标，由国务院环境保护主管部门在征求国务院有关部门和各省、自治区、直辖市人民政府意见后，会同国务院经济综合宏观调控部门报国务院批准并下达实施。

省、自治区、直辖市人民政府应当按照国务院的规定削减和控制本行政区域的重点水污染物排放总量。具体办法由国务院环境保护主管部门会同国务院有关部门规定。

省、自治区、直辖市人民政府可以根据本行政区域水环境质量状况和水污染防治工作的需要，对国家重点水污染物之外的其他水污染物排放实行总量控制。

对超过重点水污染物排放总量控制指标或者未完成水环境质量改善目标的地区，省级以上人民政府环境保护主管部门应当会同有关部门约谈该地区人民政府的主要负责人，并暂停审批新增重点水污染物排放总量的建设项目的环境影响评价文件。约谈情况应当向社会公开。

第二十一条 直接或者间接向水体排放工业废水和医疗污水以及其他按照规定应当取得排污许可证方可排放的废水、污水的企业事业单位和其他生产经营者，应当取得排污许可证；城镇污水集中处理设施的运营单位，也应当取得排污许可证。排污许可证应当明确排放水污染物的种类、浓度、总量和排放去向等要求。排污许可的具体办法由国务院规定。

禁止企业事业单位和其他生产经营者无排污许可证或者违反排污许可证的规定向水体排放前款规定的废水、污水。

第二十二条 向水体排放污染物的企业事业单位和其他生产经营者，应当按照法律、行政法规和国务院环境保护主管部门的规定设置排污口；在江河、湖泊设置排污口的，还应当遵守国务院水行政主管部门的规定。

第二十三条 实行排污许可管理的企业事业单位和其他生产经营者应当按照国家有关规定和监测规范，对所排放的水污染物自行监测，并保存原始监测记录。重点排污单位还应当安装水污染物排放自动监测设备，与环境保护主管部门的监控设备联网，并保证监测设备正常运行。具体办法由国务院环境保护主管部门规定。

第二十四条 实行排污许可管理的企业事业单位和其他生产经营者应当对监测数据的真实性和准确性负责。

环境保护主管部门发现重点排污单位的水污染物排放自动监测设备传输数据异常，应当及时进行调查。

第二十五条 国家建立水环境质量监测和水污染物排放监测制度。国务院环境保护主管部门负责制定水环境监测规范，统一发布国家水环境状况信息，会同国务院水行政等部门组织监测网络，统一规划国家水环境质量监测站(点)的设置，建立监测数据共享机制，加强对水环境监测的管理。

第二十六条 国家确定的重要江河、湖泊流域的水资源保护工作机构负责监测其所在流域的省界水体的水环境质量状况，并将监测结果及时报国务院环境保护主管部门和国务院水行政主管部门；有经国务院批准成立的流域水资源保护领导机构的，应当将监测结果及时报告流域水资源保护领导机构。

第二十七条 国务院有关部门和县级以上地方人民政府开发、利用和调节、调度水资源时，应当统筹兼顾，维持江河的合理流量和湖泊、水库以及地下水体的合理水位，保障基本生态用水，维护水体的生态功能。

第二十八条 国务院环境保护主管部门应当会同国务院水行政等部门和有关省、自治区、直辖市人民政府，建立重要江河、湖泊的流域水环境保护联合协调机制，实行统一规划、统一标准、统一监测、统一的防治措施。

第二十九条 国务院环境保护主管部门和省、自治区、直辖市人民政府环境保护主管部门应当会同同级有关部门根据流域生态环境功能需要，明确流域生态环境保护要求，组织开展流域环境资源承载能力监测、评价，实施流域环境资源承载能力预警。

县级以上地方人民政府应当根据流域生态环境功能需要，组织开展江河、湖泊、湿地保护与修复，因地制宜建设人工湿地、水源涵养林、沿河沿湖植被缓冲带和隔离带等生态环境治理与保护工程，整治黑臭水体，提高流域环境资源承载能力。

从事开发建设活动,应当采取有效措施,维护流域生态环境功能,严守生态保护红线。

第三十条　环境保护主管部门和其他依照本法规定行使监督管理权的部门,有权对管辖范围内的排污单位进行现场检查,被检查的单位应当如实反映情况,提供必要的资料。检查机关有义务为被检查的单位保守在检查中获取的商业秘密。

第三十一条　跨行政区域的水污染纠纷,由有关地方人民政府协商解决,或者由其共同的上级人民政府协调解决。

第四章　水污染防治措施

第一节　一般规定

第三十二条　国务院环境保护主管部门应当会同国务院卫生主管部门,根据对公众健康和生态环境的危害和影响程度,公布有毒有害水污染物名录,实行风险管理。

排放前款规定名录中所列有毒有害水污染物的企业事业单位和其他生产经营者,应当对排污口和周边环境进行监测,评估环境风险,排查环境安全隐患,并公开有毒有害水污染物信息,采取有效措施防范环境风险。

第三十三条　禁止向水体排放油类、酸液、碱液或者剧毒废液。

禁止在水体清洗装贮过油类或者有毒污染物的车辆和容器。

第三十四条　禁止向水体排放、倾倒放射性固体废物或者含有高放射性和中放射性物质的废水。

向水体排放含低放射性物质的废水,应当符合国家有关放射性污染防治的规定和标准。

第三十五条　向水体排放含热废水,应当采取措施,保证水体的水温符合水环境质量标准。

第三十六条　含病原体的污水应当经过消毒处理;符合国家有关标准后,方可排放。

第三十七条　禁止向水体排放、倾倒工业废渣、城镇垃圾和其他废弃物。

禁止将含有汞、镉、砷、铬、铅、氰化物、黄磷等的可溶性剧毒废渣向水体排放、倾倒或者直接埋入地下。

存放可溶性剧毒废渣的场所,应当采取防水、防渗漏、防流失的措施。

第三十八条　禁止在江河、湖泊、运河、渠道、水库最高水位线以下的滩地和岸坡堆放、存贮固体废弃物和其他污染物。

第三十九条　禁止利用渗井、渗坑、裂隙、溶洞,私设暗管,篡改、伪造监测数据,或者不正常运行水污染防治设施等逃避监管的方式排放水污染物。

第四十条　化学品生产企业以及工业集聚区、矿山开采区、尾矿库、危险废物处置场、垃圾填埋场等的运营、管理单位,应当采取防渗漏等措施,并建设地下水水质监测井进行监测,防止地下水污染。

加油站等的地下油罐应当使用双层罐或者采取建造防渗池等其他有效措施,并进行防渗漏监测,防止地下水污染。

禁止利用无防渗漏措施的沟渠、坑塘等输送或者存贮含有毒污染物的废水、含病原体的污水和其他废弃物。

第四十一条　多层地下水的含水层水质差异大的,应当分层开采;对已受污染的潜水和承压水,不得混合开采。

第四十二条　兴建地下工程设施或者进行地下勘探、采矿等活动,应当采取防护性措施,防止地下水污染。

报废矿井、钻井或者取水井等,应当实施封井或者回填。

第四十三条　人工回灌补给地下水,不得恶化地下水质。

第二节　工业水污染防治

第四十四条　国务院有关部门和县级以上地方人民政府应当合理规划工业布局,要求造成水污染的企业进行技术改造，采取综合防治措施，提高水的重复利用率，减少废水和污染物排放量。

第四十五条 排放工业废水的企业应当采取有效措施，收集和处理产生的全部废水，防止污染环境。含有毒有害水污染物的工业废水应当分类收集和处理，不得稀释排放。

工业集聚区应当配套建设相应的污水集中处理设施，安装自动监测设备，与环境保护主管部门的监控设备联网，并保证监测设备正常运行。

向污水集中处理设施排放工业废水的，应当按照国家有关规定进行预处理，达到集中处理设施处理工艺要求后方可排放。

第四十六条 国家对严重污染水环境的落后工艺和设备实行淘汰制度。

国务院经济综合宏观调控部门会同国务院有关部门，公布限期禁止采用的严重污染水环境的工艺名录和限期禁止生产、销售、进口、使用的严重污染水环境的设备名录。

生产者、销售者、进口者或者使用者应当在规定的期限内停止生产、销售、进口或者使用列入前款规定的设备名录中的设备。工艺的采用者应当在规定的期限内停止采用列入前款规定的工艺名录中的工艺。

依照本条第二款、第三款规定被淘汰的设备，不得转让给他人使用。

第四十七条 国家禁止新建不符合国家产业政策的小型造纸、制革、印染、染料、炼焦、炼硫、炼砷、炼汞、炼油、电镀、农药、石棉、水泥、玻璃、钢铁、火电以及其他严重污染水环境的生产项目。

第四十八条 企业应当采用原材料利用效率高、污染物排放量少的清洁工艺，并加强管理，减少水污染物的产生。

第三节 城镇水污染防治

第四十九条 城镇污水应当集中处理。

县级以上地方人民政府应当通过财政预算和其他渠道筹集资金，统筹安排建设城镇污水集中处理设施及配套管网，提高本行政区域城镇污水的收集率和处理率。

国务院建设主管部门应当会同国务院经济综合宏观调控、环境保护主管部门，根据城乡规划和水污染防治规划，组织编制全国城镇污水处理设施建设规划。县级以上地方人民政府组织建设、经济综合宏观调控、环境保护、水行政等部门编制本行政区域的城镇污水处理设施建设规划。县级以上地方人民政府建设主管部门应当按照城镇污水处理设施建设规划，组织建设城镇污水集中处理设施及配套管网，并加强对城镇污水集中处理设施运营的监督管理。

第五十条 向城镇污水集中处理设施排放水污染物，应当符合国家或者地方规定的水污染物排放标准。

城镇污水集中处理设施的运营单位，应当对城镇污水集中处理设施的出水水质负责。

环境保护主管部门应当对城镇污水集中处理设施的出水水质和水量进行监督检查。

第五十一条 城镇污水集中处理设施的运营单位或者污泥处理处置单位应当安全处理处置污泥，保证处理处置后的污泥符合国家标准，并对污泥的去向等进行记录。

第四节 农业和农村水污染防治

第五十二条 国家支持农村污水、垃圾处理设施的建设，推进农村污水、垃圾集中处理。

地方各级人民政府应当统筹规划建设农村污水、垃圾处理设施，并保障其正常运行。

第五十三条 制定化肥、农药等产品的质量标准和使用标准，应当适应水环境保护要求。

第五十四条 使用农药，应当符合国家有关农药安全使用的规定和标准。

运输、存贮农药和处置过期失效农药，应当加强管理，防止造成水污染。

第五十五条 县级以上地方人民政府农业主管部门和其他有关部门，应当采取措施，指导农业生产者科学、合理地施用化肥和农药，推广测土配方施肥技术和高效低毒低残留农药，控制化肥和农药的过量使用,防止造成水污染。

第五十六条 国家支持畜禽养殖场、养殖小区建设畜禽粪便、废水的综合利用或者无害化处理设施。

畜禽养殖场、养殖小区应当保证其畜禽粪便、废水的综合利用或者无害化处理设施正常运转,保证污水达标排放,防止污染水环境。

畜禽散养密集区所在地县、乡级人民政府应当组织对畜禽粪便污水进行分户收集、集中处理利用。

第五十七条 从事水产养殖应当保护水域生态环境,科学确定养殖密度,合理投饵和使用药物,防止污染水环境。

第五十八条 农田灌溉用水应当符合相应的水质标准,防止污染土壤、地下水和农产品。

禁止向农田灌溉渠道排放工业废水或者医疗污水。向农田灌溉渠道排放城镇污水以及未综合利用的畜禽养殖废水、农产品加工废水的,应当保证其下游最近的灌溉取水点的水质符合农田灌溉水质标准。

第五十九条 船舶排放含油污水、生活污水,应当符合船舶污染物排放标准。从事海洋航运的船舶进入内河和港口的,应当遵守内河的船舶污染物排放标准。

船舶的残油、废油应当回收,禁止排入水体。

禁止向水体倾倒船舶垃圾。

船舶装载运输油类或者有毒货物,应当采取防止溢流和渗漏的措施,防止货物落水造成水污染。

进入中华人民共和国内河的国际航线船舶排放压载水的,应当采用压载水处理装置或者采取其他等效措施,对压载水进行灭活等处理。禁止排放不符合规定的船舶压载水。

第六十条 船舶应当按照国家有关规定配置相应的防污设备和器材,并持有合法有效的防止水域环境污染的证书与文书。

船舶进行涉及污染物排放的作业,应当严格遵守操作规程,并在相应的记录簿上如实记载。

第六十一条 港口、码头、装卸站和船舶修造厂所在地市、县级人民政府应当统筹规划建设船舶污染物、废弃物的接收、转运及处理处置设施。

港口、码头、装卸站和船舶修造厂应当备有足够的船舶污染物、废弃物的接收设施。从事船舶污染物、废弃物接收作业,或者从事装载油类、污染危害性货物船舱清洗作业的单位,应当具备与其运营规模相适应的接收处理能力。

第六十二条 船舶及有关作业单位从事有污染风险的作业活动,应当按照有关法律法规和标准,采取有效措施,防止造成水污染。海事管理机构、渔业主管部门应当加强对船舶及有关作业活动的监督管理。

船舶进行散装液体污染危害性货物的过驳作业,应当编制作业方案,采用有效的安全和污染防治措施,并报作业地海事管理机构批准。

禁止采取冲滩方式进行船舶拆解作业。

第五章 饮用水水源和其他特殊水体保护

第六十三条 国家建立饮用水水源保护区制度。饮用水水源保护区分为一级保护区和二级保护区;必要时,可以在饮用水水源保护区外围划定一定的区域作为准保护区。

饮用水水源保护区的划定,由有关市、县人民政府提出划定方案,报省、自治区、直辖市人民政府批准;跨市、县饮用水水源保护区的划定,由有关市、县人民政府协商提出划定方案,报省、自治区、直辖市人民政府批准;协商不成的,由省、自治区、直辖市人民政府环境保护主管部门会同同级水行政、国土资源、卫生、建设等部门提出划定方案,征求同级有关部门的意见后,报省、自治区、直辖市人民政府批准。

国务院和省、自治区、直辖市人民政府可以根据保护饮用水水源的实际需要,调整饮用水水源保护区的范围,确保饮用水安全。有关地方人民政府应当在饮用水水源保护区的边界设立明确的地理界标和明显的警示标志。

第六十四条 在饮用水水源保护区内,禁止设置排污口。

第六十五条 禁止在饮用水水源一级保护区内新建、改建、扩建与供水设施和保护水源无关的建设项目;已建成的与供水设施和保护水源无关的建设项目,由县级以上人民政府责令拆除或者关闭。

禁止在饮用水水源一级保护区内从事网箱养殖、旅游、游泳、垂钓或者其他可能污染饮用水水体的活动。

第六十六条 禁止在饮用水水源二级保护区内新建、改建、扩建排放污染物的建设项目;已建成的排放污染物的建设项目,由县级以上人民政府责令拆除或者关闭。

在饮用水水源二级保护区内从事网箱养殖、旅游等活动的,应当按照规定采取措施,防止污染饮用水水体。

第六十七条 禁止在饮用水水源准保护区内新建、扩建对水体污染严重的建设项目;改建建设项目,不得增加排污量。

第六十八条 县级以上地方人民政府应当根据保护饮用水水源的实际需要,在准保护区内采取工程措施或者建造湿地、水源涵养林等生态保护措施,防止水污染物直接排入饮用水水体,确保饮用水安全。

第六十九条 县级以上地方人民政府应当组织环境保护等部门,对饮用水水源保护区、地下水型饮用水源的补给区及供水单位周边区域的环境状况和污染风险进行调查评估,筛查可能存在的污染风险因素,并采取相应的风险防范措施。

饮用水水源受到污染可能威胁供水安全的,环境保护主管部门应当责令有关企业事业单位和其他生产经营者采取停止排放水污染物等措施,并通报饮用水供水单位和供水、卫生、水行政等部门;跨行政区域的,还应当通报相关地方人民政府。

第七十条 单一水源供水城市的人民政府应当建设应急水源或者备用水源,有条件的地区可以开展区域联网供水。

县级以上地方人民政府应当合理安排、布局农村饮用水水源,有条件的地区可以采取城镇供水管网延伸或者建设跨村、跨乡镇联片集中供水工程等方式,发展规模集中供水。

第七十一条 饮用水供水单位应当做好取水口和出水口的水质检测工作。发现取水口水质不符合饮用水水源水质标准或者出水口水质不符合饮用水卫生标准的,应当及时采取相应措施,并向所在地市、县级人民政府供水主管部门报告。供水主管部门接到报告后,应当通报环境保护、卫生、水行政等部门。

饮用水供水单位应当对供水水质负责,确保供水设施安全可靠运行,保证供水水质符合国家有关标准。

第七十二条 县级以上地方人民政府应当组织有关部门监测、评估本行政区域内饮用水水源、供水单位供水和用户水龙头出水的水质等饮用水安全状况。

县级以上地方人民政府有关部门应当至少每季度向社会公开一次饮用水安全状况信息。

第七十三条 国务院和省、自治区、直辖市人民政府根据水环境保护的需要,可以规定在饮用水水源保护区内,采取禁止或者限制使用含磷洗涤剂、化肥、农药以及限制种植养殖等措施。

第七十四条 县级以上人民政府可以对风景名胜区水体、重要渔业水体和其他具有特殊经济文化价值的水体划定保护区,并采取措施,保证保护区的水质符合规定用途的水环境质量标准。

第七十五条 在风景名胜区水体、重要渔业水体和其他具有特殊经济文化价值的水体的保护区内,不得新建排污口。在保护区附近新建排污口,应当保证保护区水体不受污染。

第六章　水污染事故处置

第七十六条　各级人民政府及其有关部门，可能发生水污染事故的企业事业单位，应当依照《中华人民共和国突发事件应对法》的规定，做好突发水污染事故的应急准备、应急处置和事后恢复等工作。

第七十七条　可能发生水污染事故的企业事业单位，应当制定有关水污染事故的应急方案，做好应急准备，并定期进行演练。

生产、储存危险化学品的企业事业单位，应当采取措施，防止在处理安全生产事故过程中产生的可能严重污染水体的消防废水、废液直接排入水体。

第七十八条　企业事业单位发生事故或者其他突发性事件，造成或者可能造成水污染事故的，应当立即启动本单位的应急方案，采取隔离等应急措施，防止水污染物进入水体，并向事故发生地的县级以上地方人民政府或者环境保护主管部门报告。环境保护主管部门接到报告后，应当及时向本级人民政府报告，并抄送有关部门。

造成渔业污染事故或者渔业船舶造成水污染事故的，应当向事故发生地的渔业主管部门报告，接受调查处理。其他船舶造成水污染事故的，应当向事故发生地的海事管理机构报告，接受调查处理；给渔业造成损害的，海事管理机构应当通知渔业主管部门参与调查处理。

第七十九条　市、县级人民政府应当组织编制饮用水安全突发事件应急预案。

饮用水供水单位应当根据所在地饮用水安全突发事件应急预案，制定相应的突发事件应急方案，报所在地市、县级人民政府备案，并定期进行演练。

饮用水水源发生水污染事故，或者发生其他可能影响饮用水安全的突发性事件，饮用水供水单位应当采取应急处理措施，向所在地市、县级人民政府报告，并向社会公开。有关人民政府应当根据情况及时启动应急预案，采取有效措施，保障供水安全。

第七章　法律责任

第八十条　环境保护主管部门或者其他依照本法规定行使监督管理权的部门，不依法作出行政许可或者办理批准文件的，发现违法行为或者接到对违法行为的举报后不予查处的，或者有其他未依照本法规定履行职责的行为的，对直接负责的主管人员和其他直接责任人员依法给予处分。

第八十一条　以拖延、围堵、滞留执法人员等方式拒绝、阻挠环境保护主管部门或者其他依照本法规定行使监督管理权的部门的监督检查，或者在接受监督检查时弄虚作假的，由县级以上人民政府环境保护主管部门或者其他依照本法规定行使监督管理权的部门责令改正，处二万元以上二十万元以下的罚款。

第八十二条　违反本法规定，有下列行为之一的，由县级以上人民政府环境保护主管部门责令限期改正，处二万元以上二十万元以下的罚款；逾期不改正的，责令停产整治：

（一）未按照规定对所排放的水污染物自行监测，或者未保存原始监测记录的；

（二）未按照规定安装水污染物排放自动监测设备，未按照规定与环境保护主管部门的监控设备联网，或者未保证监测设备正常运行的；

（三）未按照规定对有毒有害水污染物的排污口和周边环境进行监测，或者未公开有毒有害水污染物信息的。

第八十三条　违反本法规定，有下列行为之一的，由县级以上人民政府环境保护主管部门责令改正或者责令限制生产、停产整治，并处十万元以上一百万元以下的罚款；情节严重的，报经有批准权的人民政府批准，责令停业、关闭：

（一）未依法取得排污许可证排放水污染物的；

（二）超过水污染物排放标准或者超过重点水污染物排放总量控制指标排放水污染物的；

（三）利用渗井、渗坑、裂隙、溶洞，私设暗管，篡改、伪造监测数据，或者不正常运行水污染防治设施等逃避监管的方式排放水污染物的；

（四）未按照规定进行预处理，向污水集中处理设施排放不符合处理工艺要求的工业废水的。

第八十四条 在饮用水水源保护区内设置排污口的，由县级以上地方人民政府责令限期拆除，处十万元以上五十万元以下的罚款；逾期不拆除的，强制拆除，所需费用由违法者承担，处五十万元以上一百万元以下的罚款，并可以责令停产整治。

除前款规定外，违反法律、行政法规和国务院环境保护主管部门的规定设置排污口的，由县级以上地方人民政府环境保护主管部门责令限期拆除，处二万元以上十万元以下的罚款；逾期不拆除的，强制拆除，所需费用由违法者承担，处十万元以上五十万元以下的罚款；情节严重的，可以责令停产整治。

未经水行政主管部门或者流域管理机构同意，在江河、湖泊新建、改建、扩建排污口的，由县级以上人民政府水行政主管部门或者流域管理机构依据职权，依照前款规定采取措施、给予处罚。

第八十五条 有下列行为之一的，由县级以上地方人民政府环境保护主管部门责令停止违法行为，限期采取治理措施，消除污染，处以罚款；逾期不采取治理措施的，环境保护主管部门可以指定有治理能力的单位代为治理，所需费用由违法者承担：

（一）向水体排放油类、酸液、碱液的；

（二）向水体排放剧毒废液，或者将含有汞、镉、砷、铬、铅、氰化物、黄磷等的可溶性剧毒废渣向水体排放、倾倒或者直接埋入地下的；

（三）在水体清洗装贮过油类、有毒污染物的车辆或者容器的；

（四）向水体排放、倾倒工业废渣、城镇垃圾或者其他废弃物，或者在江河、湖泊、运河、渠道、水库最高水位线以下的滩地、岸坡堆放、存贮固体废弃物或者其他污染物的；

（五）向水体排放、倾倒放射性固体废物或者含有高放射性、中放射性物质的废水的；

（六）违反国家有关规定或者标准，向水体排放含低放射性物质的废水、热废水或者含病原体的污水的；

（七）未采取防渗漏等措施，或者未建设地下水水质监测井进行监测的；

（八）加油站等的地下油罐未使用双层罐或者采取建造防渗池等其他有效措施，或者未进行防渗漏监测的；

（九）未按照规定采取防护性措施，或者利用无防渗漏措施的沟渠、坑塘等输送或者存贮含有毒污染物的废水、含病原体的污水或者其他废弃物的。

有前款第三项、第四项、第六项、第七项、第八项行为之一的，处二万元以上二十万元以下的罚款。有前款第一项、第二项、第五项、第九项行为之一的，处十万元以上一百万元以下的罚款；情节严重的，报经有批准权的人民政府批准，责令停业、关闭。

第八十六条 违反本法规定，生产、销售、进口或者使用列入禁止生产、销售、进口、使用的严重污染水环境的设备名录中的设备，或者采用列入禁止采用的严重污染水环境的工艺名录中的工艺的，由县级以上人民政府经济综合宏观调控部门责令改正，处五万元以上二十万元以下的罚款；情节严重的，由县级以上人民政府经济综合宏观调控部门提出意见，报请本级人民政府责令停业、关闭。

第八十七条 违反本法规定，建设不符合国家产业政策的小型造纸、制革、印染、染料、炼焦、炼硫、炼砷、炼汞、炼油、电镀、农药、石棉、水泥、玻璃、钢铁、火电以及其他严重污染水环境的生产项目的，由所在地的市、县人民政府责令关闭。

第八十八条 城镇污水集中处理设施的运营单位或者污泥处理处置单位，处理处置后的污泥不符合国家标准，或者对污泥去向等未进行记录的，由城镇排水主管部门责令限期采取治理措施，给予警告；造成严重后果的，处十万元以上二十万元以下的罚款；逾期不采取治理措施的，城镇排水主管部门可以指定有治理能力的单位代为治理，所需费用由违法者承担。

第八十九条　船舶未配置相应的防污染设备和器材，或者未持有合法有效的防止水域环境污染的证书与文书的，由海事管理机构、渔业主管部门按照职责分工责令限期改正，处二千元以上二万元以下的罚款；逾期不改正的，责令船舶临时停航。

船舶进行涉及污染物排放的作业，未遵守操作规程或者未在相应的记录簿上如实记载的，由海事管理机构、渔业主管部门按照职责分工责令改正，处二千元以上二万元以下的罚款。

第九十条　违反本法规定，有下列行为之一的，由海事管理机构、渔业主管部门按照职责分工责令停止违法行为，处一万元以上十万元以下的罚款；造成水污染的，责令限期采取治理措施，消除污染，处二万元以上二十万元以下的罚款；逾期不采取治理措施的，海事管理机构、渔业主管部门按照职责分工可以指定有治理能力的单位代为治理，所需费用由船舶承担：

（一）向水体倾倒船舶垃圾或者排放船舶的残油、废油的；

（二）未经作业地海事管理机构批准，船舶进行散装液体污染危害性货物的过驳作业的；

（三）船舶及有关作业单位从事有污染风险的作业活动，未按照规定采取污染防治措施的；

（四）以冲滩方式进行船舶拆解的；

（五）进入中华人民共和国内河的国际航线船舶，排放不符合规定的船舶压载水的。

第九十一条　有下列行为之一的，由县级以上地方人民政府环境保护主管部门责令停止违法行为，处十万元以上五十万元以下的罚款；并报经有批准权的人民政府批准，责令拆除或者关闭：

（一）在饮用水水源一级保护区内新建、改建、扩建与供水设施和保护水源无关的建设项目的；

（二）在饮用水水源二级保护区内新建、改建、扩建排放污染物的建设项目的；

（三）在饮用水水源准保护区内新建、扩建对水体污染严重的建设项目，或者改建建设项目增加排污量的。

在饮用水水源一级保护区内从事网箱养殖或者组织进行旅游、垂钓或者其他可能污染饮用水水体的活动的，由县级以上地方人民政府环境保护主管部门责令停止违法行为，处二万元以上十万元以下的罚款。个人在饮用水水源一级保护区内游泳、垂钓或者从事其他可能污染饮用水水体的活动的，由县级以上地方人民政府环境保护主管部门责令停止违法行为，可以处五百元以下的罚款。

第九十二条　饮用水供水单位供水水质不符合国家规定标准的，由所在地市、县级人民政府供水主管部门责令改正，处二万元以上二十万元以下的罚款；情节严重的，报经有批准权的人民政府批准，可以责令停业整顿；对直接负责的主管人员和其他直接责任人员依法给予处分。

第九十三条　企业事业单位有下列行为之一的，由县级以上人民政府环境保护主管部门责令改正；情节严重的，处二万元以上十万元以下的罚款：

（一）不按照规定制定水污染事故的应急方案的；

（二）水污染事故发生后，未及时启动水污染事故的应急方案，采取有关应急措施的。

第九十四条　企业事业单位违反本法规定，造成水污染事故的，除依法承担赔偿责任外，由县级以上人民政府环境保护主管部门依照本条第二款的规定处以罚款，责令限期采取治理措施，消除污染；未按照要求采取治理措施或者不具备治理能力的，由环境保护主管部门指定有治理能力的单位代为治理，所需费用由违法者承担；对造成重大或者特大水污染事故的，还可以报经有批准权的人民政府批准，责令关闭；对直接负责的主管人员和其他直接责任人员可以处上一年度从本单位取得的收入50%以下的罚款；有《中华人民共和国环境保护法》第六十三条规定的违法排放水污染物等行为之一，尚不构成犯罪的，由公安机关对直接负责的主管人员和其他直接责任人员处十日以上十五日以下的拘留；情节较轻的，处五日以上十日以下的拘留。

对造成一般或者较大水污染事故的，按照水污染事故造成的直接损失的20%计算罚款；对造成重大或者特大水污染事故的，按照水污染事故造成的直接损失的30%计算罚款。

造成渔业污染事故或者渔业船舶造成水污染事故的，由渔业主管部门进行处罚；其他船舶造成水污染事故的，由海事管理机构进行处罚。

第九十五条 企业事业单位和其他生产经营者违法排放水污染物，受到罚款处罚，被责令改正的，依法作出处罚决定的行政机关应当组织复查，发现其继续违法排放水污染物或者拒绝、阻挠复查的，依照《中华人民共和国环境保护法》的规定按日连续处罚。

第九十六条 因水污染受到损害的当事人，有权要求排污方排除危害和赔偿损失。

由于不可抗力造成水污染损害的，排污方不承担赔偿责任；法律另有规定的除外。

水污染损害是由受害人故意造成的，排污方不承担赔偿责任。水污染损害是由受害人重大过失造成的，可以减轻排污方的赔偿责任。

水污染损害是由第三人造成的，排污方承担赔偿责任后，有权向第三人追偿。

第九十七条 因水污染引起的损害赔偿责任和赔偿金额的纠纷，可以根据当事人的请求，由环境保护主管部门或者海事管理机构、渔业主管部门按照职责分工调解处理；调解不成的，当事人可以向人民法院提起诉讼。当事人也可以直接向人民法院提起诉讼。

第九十八条 因水污染引起的损害赔偿诉讼，由排污方就法律规定的免责事由及其行为与损害结果之间不存在因果关系承担举证责任。

第九十九条 因水污染受到损害的当事人人数众多的，可以依法由当事人推选代表人进行共同诉讼。

环境保护主管部门和有关社会团体可以依法支持因水污染受到损害的当事人向人民法院提起诉讼。

国家鼓励法律服务机构和律师为水污染损害诉讼中的受害人提供法律援助。

第一百条 因水污染引起的损害赔偿责任和赔偿金额的纠纷，当事人可以委托环境监测机构提供监测数据。环境监测机构应当接受委托，如实提供有关监测数据。

第一百零一条 违反本法规定，构成犯罪的，依法追究刑事责任。

第八章 附 则

第一百零二条 本法中下列用语的含义：

（一）水污染，是指水体因某种物质的介入，而导致其化学、物理、生物或者放射性等方面特性的改变，从而影响水的有效利用，危害人体健康或者破坏生态环境，造成水质恶化的现象。

（二）水污染物，是指直接或者间接向水体排放的，能导致水体污染的物质。

（三）有毒污染物，是指那些直接或者间接被生物摄入体内后，可能导致该生物或者其后代发病、行为反常、遗传异变、生理机能失常、机体变形或者死亡的污染物。

（四）污泥，是指污水处理过程中产生的半固态或者固态物质。

（五）渔业水体，是指划定的鱼虾类的产卵场、索饵场、越冬场、洄游通道和鱼虾贝藻类的养殖场的水体。

第一百零三条 本法自 2008 年 6 月 1 日起施行。

中华人民共和国防洪法

（1997 年 8 月 29 日第八届全国人民代表大会常务委员会第二十七次会议通过　根据 2009 年 8 月 27 日第十一届全国人民代表大会常务委员会第十次会议《关于修改部分法律的决定》第一次修正　根据 2015 年 4 月 24 日第十二届全国人民代表大会常务委员会第十四次会议《关于修改〈中华人民共和国港口法〉等七部法律的决定》第二次修正　根据 2016 年 7 月 2 日第十二届全国人民代表大会常务委员会第二十一次会议《关于修改〈中华人民共和国节约能源法〉等六部法律的决定》第三次修正）

第一章　总　则

第一条　为了防治洪水，防御、减轻洪涝灾害，维护人民的生命财产安全，保障社会主义现代化建设顺利进行，制定本法。

第二条　防洪工程实行全面规划、统筹兼顾、预防为主、综合治理、局部利益服从全局利益原则。

第三条　防洪工程设施建设，应当纳入国民经济和社会发展计划。

防洪费用按照政府投入同受益者合理承担相结合的原则筹集。

第四条　开发利用和保护水资源，应当服从防洪总体安排，实行兴利与除害相结合的原则。

江河、湖泊治理以及防洪工程设施建设，应当符合流域综合规划，与流域水资源的综合开发相结合。

本法所称综合规划是指开发利用水资源和防治水害的综合规划。

第五条　防洪工作按照流域或者区域实行统一规划、分级实施和流域管理与行政区域管理相结合的制度。

第六条　任何单位和个人都有保护防洪工程设施和依法参加防汛的义务。

第七条　各级人民政府应当加强对防洪工作的统一领导，组织有关部门、单位，动员社会力量，依靠科技进步，有计划地进行江河、湖泊治理，采取措施加强防洪工程设施建设，巩固、提高防洪能力。

各级人民政府应当组织有关部门、单位，动员社会力量，做好防汛抗洪和洪涝灾害后的恢复与救济工作。

各级人民政府应当对蓄滞洪区予以扶持；蓄滞洪后，应当依照国家规定予以补偿或者救助。

第八条　国务院水行政主管部门在国务院的领导下，负责全国防洪的组织、协调、监督、指导等日常工作。国务院水行政主管部门在国家确定的重要江河、湖泊设立的流域管理机构，在所管辖的范围内行使法律、行政法规规定和国务院水行政主管部门授权的防洪协调和监督管理职责。

国务院建设行政主管部门和其他有关部门在国务院的领导下，按照各自的职责，负责有关的防洪工作。

县级以上地方人民政府水行政主管部门在本级人民政府的领导下，负责本行政区域内防洪的组织、协调、监督、指导等日常工作。县级以上地方人民政府建设行政主管部门和其他有关部门在本级人民政府的领导下，按照各自的职责，负责有关的防洪工作。

第二章　防洪规划

第九条　防洪规划是指为防治某一流域、河段或者区域的洪涝灾害而制定的总体部署，包括国家确定的重要江河、湖泊的流域防洪规划，其他江河、河段、湖泊的防洪规划以及区域防洪规划。

防洪规划应当服从所在流域、区域的综合规划；区域防洪规划应当服从所在流域的流域防洪规划。

防洪规划是江河、湖泊治理和防洪工程设施建设的基本依据。

第十条　国家确定的重要江河、湖泊的防洪规划，由国务院水行政主管部门依据该江河、湖泊的流域综合规划，会同有关部门和有关省、自治区、直辖市人民政府编制，报国务院批准。

其他江河、河段、湖泊的防洪规划或者区域防洪规划，由县级以上地方人民政府水行政主管部门分别依据流域综合规划、区域综合规划，会同有关部门和有关地区编制，报本级人民政府批准，并报上一级人民政府水行政主管部门备案；跨省、自治区、直辖市的江河、河段、湖泊的防洪规划由有关流域管理机构会同江河、河段、湖泊所在地的省、自治区、直辖市人民政府水行政主管部门、有关主管部门拟定，分别经有关省、自治区、直辖市人民政府审查提出意见后，报国务院水行政主管部门批准。

城市防洪规划，由城市人民政府组织水行政主管部门、建设行政主管部门和其他有关部门依据流域防洪规划、上一级人民政府区域防洪规划编制，按照国务院规定的审批程序批准后纳入城市总体规划。

修改防洪规划，应当报经原批准机关批准。

第十一条 编制防洪规划，应当遵循确保重点、兼顾一般，以及防汛和抗旱相结合、工程措施和非工程措施相结合的原则，充分考虑洪涝规律和上下游、左右岸的关系以及国民经济对防洪的要求，并与国土规划和土地利用总体规划相协调。

防洪规划应当确定防护对象、治理目标和任务、防洪措施和实施方案，划定洪泛区、蓄滞洪区和防洪保护区的范围，规定蓄滞洪区的使用原则。

第十二条 受风暴潮威胁的沿海地区的县级以上地方人民政府，应当把防御风暴潮纳入本地区的防洪规划，加强海堤（海塘）、挡潮闸和沿海防护林等防御风暴潮工程体系建设，监督建筑物、构筑物的设计和施工符合防御风暴潮的需要。

第十三条 山洪可能诱发山体滑坡、崩塌和泥石流的地区以及其他山洪多发地区的县级以上地方人民政府，应当组织负责地质矿产管理工作的部门、水行政主管部门和其他有关部门对山体滑坡、崩塌和泥石流隐患进行全面调查，划定重点防治区，采取防洪措施。

城市、村镇和其他居民点以及工厂、矿山、铁路和公路干线的布局，应当避开山洪威胁；已经建在受山洪威胁的地方的，应当采取防御措施。

第十四条 平原、洼地、水网圩区、山谷、盆地等易涝地区的有关地方人民政府，应当制定除涝治涝规划，组织有关部门、单位采取相应的治理措施，完善排水系统，发展耐涝农作物种类和品种，开展洪涝、干旱、盐碱综合治理。

城市人民政府应当加强对城区排涝管网、泵站的建设和管理。

第十五条 国务院水行政主管部门应当会同有关部门和省、自治区、直辖市人民政府制定长江、黄河、珠江、辽河、淮河、海河入海河口的整治规划。

在前款入海河口围海造地，应当符合河口整治规划。

第十六条 防洪规划确定的河道整治计划用地和规划建设的堤防用地范围内的土地，经土地管理部门和水行政主管部门会同有关地区核定，报经县级以上人民政府按照国务院规定的权限批准后，可以划定为规划保留区；该规划保留区范围内的土地涉及其他项目用地的，有关土地管理部门和水行政主管部门核定时，应当征求有关部门的意见。

规划保留区依照前款规定划定后，应当公告。

前款规划保留区内不得建设与防洪无关的工矿工程设施；在特殊情况下，国家工矿建设项目确需占用前款规划保留区内的土地的，应当按照国家规定的基本建设程序报请批准，并征求有关水行政主管部门的意见。

防洪规划确定的扩大或者开辟的人工排洪道用地范围内的土地，经省级以上人民政府土地管理部门和水行政主管部门会同有关部门、有关地区核定，报省级以上人民政府按照国务院规定的权限批准后，可以划定为规划保留区，适用前款规定。

第十七条 在江河、湖泊上建设防洪工程和其他水工程、水电站等，应当符合防洪规划的要求；水库应当按照防洪规划的要求留足防洪库容。

前款规定的防洪工程和其他水工程、水电站未取得有关水行政主管部门签署的符合防洪规划要求的规划同意书的，建设单位不得开工建设。

第三章 治理与防护

第十八条 防治江河洪水，应当蓄泄兼施，充分发挥河道行洪能力和水库、洼淀、湖泊调蓄洪水的功能，加强河道防护，因地制宜地采取定期清淤疏浚等措施，保持行洪畅通。

防治江河洪水，应当保护、扩大流域林草植被，涵养水源，加强流域水土保持综合治理。

第十九条 整治河道和修建控制引导河水流向、保护堤岸等工程，应当兼顾上下游、左右岸的关系，按照规划治导线实施，不得任意改变河水流向。

国家确定的重要江河的规划治导线由流域管理机构拟定，报国务院水行政主管部门批准。

其他江河、河段的规划治导线由县级以上地方人民政府水行政主管部门拟定，报本级人民政府批准；跨省、自治区、直辖市的江河、河段和省、自治区、直辖市之间的省界河道的规划治导线由有关流域管理机构组织江河、河段所在地的省、自治区、直辖市人民政府水行政主管部门拟定，经有关省、自治区、直辖市人民政府水行政主管部门拟定，经有关省、自治区、直辖市人民政府审查提出意见后，报国务院水行政主管部门批准。

第二十条 整治河道、湖泊，涉及航道的，应当兼顾航运需要，并事先征求交通主管部门的意见。整治航道，应当符合江河、湖泊防洪安全要求，并事先征求水行政主管部门的意见。

在竹木流放的河流和渔业水域整治河道的，应当兼顾竹木水运和渔业发展的需要，并事先征求林业、渔业行政主管部门的意见。在河道中流放竹木，不得影响行洪和防洪工程设施的安全。

第二十一条 河道、湖泊管理实行按水系统一管理和分级管理相结合的原则，加强防护，确保畅通。

国家确定的重要江河、湖泊的主要河段，跨省、自治区、直辖市的重要河段、湖泊，省、自治区、直辖市之间的省界河道、湖泊以及国(边)界河道、湖泊，由流域管理机构和江河、湖泊所在地的省、自治区、直辖市人民政府水行政主管部门按照国务院水行政主管部门的划定依法实施管理。其他河道、湖泊，由县级以上地方人民政府水行政主管部门按照国务院水行政主管部门或者国务院水行政主管部门授权的机构的划定依法实施管理。

有堤防的河道、湖泊，其管理范围为两岸堤防之间的水域、沙洲、滩地、行洪区和堤防及护堤地；无堤防的河道、湖泊，其管理范围为历史最高洪水位或者设计洪水位之间的水域、沙洲、滩地和行洪区。

流域管理机构直接管理的河道、湖泊管理范围，由流域管理机构会同有关县级以上地方人民政府依照前款规定界定；其他河道、湖泊管理范围，由有关县级以上地方人民政府依照前款规定界定。

第二十二条 河道、湖泊管理范围内的土地和岸线的利用，应当符合行洪、输水的要求。

禁止在河道、湖泊管理范围内建设妨碍行洪的建筑物、构筑物，倾倒垃圾、渣土，从事影响河势稳定、危害河岸堤防安全和其他妨碍河道行洪的活动。

禁止在行洪河道内种植阻碍行洪的林木和高秆作物。

在船舶航行可能危及堤岸安全的河段，应当限定航速。限定航速的标志，由交通主管部门与水行政主管部门商定后设置。

第二十三条 禁止围湖造地。已经围垦的，应当按照国家规定的防洪标准进行治理，有计划地退地还湖。

禁止围垦河道。确需围垦的，应当进行科学论证，经水行政主管部门确认不妨碍行洪、输水后，报省级以上人民政府批准。

第二十四条 对居住在行洪河道内的居民，当地人民政府应当有计划地组织外迁。

第二十五条 护堤护岸的林木，由河道、湖泊管理机构组织营造和管理。护堤护岸林木，不得任意砍伐。采伐护堤护岸林木的，须经河道、湖泊管理机构同意后，依法办理采伐许可手续，并完成规定的更新补种任务。

第二十六条 对壅水、阻水严重的桥梁、引道、码头和其他跨河工程设施，根据防洪标准，有关水行政主管部门可以报请县级以上人民政府按照国务院规定的权限责令建设单位限期改建或者拆除。

第二十七条 建设跨河、穿河、穿堤、临河的桥梁、码头、道路、渡口、管道、缆线、取水、排水等工程设施，应当符合防洪标准、岸线规划、航运要求和其他技术要求，不得危害堤防安全、影响河势稳定、妨碍行洪畅通；其工程建设方案未经有关水行政主管部门根据前述防洪要求审查同意的，建设单位不得开工建设。

前款工程设施需要占用河道、湖泊管理范围内土地，跨越河道、湖泊空间或者穿越河床的，建设单位应当经有关水行政主管部门对该工程设施建设的位置和界限审查批准后，方可依法办理开工手续；安排施工时，应当按照水行政主管部门审查批准的位置和界限进行。

第二十八条 对于河道、湖泊管理范围内依照本法规定建设的工程设施，水行政主管部门有权依法检查；水行政主管部门检查时，被检查者应当如实提供有关的情况和资料。

前款规定的工程设施竣工验收时，应当有水行政主管部门参加。

第四章 防洪区和防洪工程设施的管理

第二十九条 防洪区是指洪水泛滥可能淹及的地区，分为洪泛区、蓄滞洪区和防洪保护区。

洪泛区是指尚无工程设施保护的洪水泛滥所及的地区。

蓄滞洪区是指包括分洪口在内的河堤背水面以外临时贮存洪水的低洼地区及湖泊等。

防洪保护区是指在防洪标准内受防洪工程设施保护的地区。

洪泛区、蓄滞洪区和防洪保护区的范围，在防洪规划或者防御洪水方案中划定，并报请省级以上人民政府按照国务院规定的权限批准后予以公告。

第三十条 各级人民政府应当按照防洪规划对防洪区内的土地利用实行分区管理。

第三十一条 地方各级人民政府应当加强对防洪区安全建设工作的领导，组织有关部门、单位对防洪区内的单位和居民进行防洪教育，普及防洪知识，提高水患意识；按照防洪规划和防御洪水方案建立并完善防洪体系和水文、气象、通信、预警以及洪涝灾害监测系统，提高防御洪水能力；组织防洪区内的单位和居民积极参加防洪工作，因地制宜地采取防洪避洪措施。

第三十二条 洪泛区、蓄滞洪区所在地的省、自治区、直辖市人民政府应当组织有关地区和部门，按照防洪规划的要求，制定洪泛区、蓄滞洪区安全建设计划，控制蓄滞洪区人口增长，对居住在经常使用的蓄滞洪区的居民，有计划地组织外迁，并采取其他必要的安全保护措施。

因蓄滞洪区而直接受益的地区和单位，应当对蓄滞洪区承担国家规定的补偿、救助义务。国务院和有关的省、自治区、直辖市人民政府应当建立对蓄滞洪区的扶持和补偿、救助制度。

国务院和有关的省、自治区、直辖市人民政府可以制定洪泛区、蓄滞洪区安全建设管理办法以及对蓄滞洪区的扶持和补偿、救助办法。

第三十三条 在洪泛区、蓄滞洪区内建设非防洪建设项目，应当就洪水对建设项目可能产生的影响和建设项目对防洪可能产生的影响作出评价，编制洪水影响评价报告，提出防御措施。洪水影响评价报告未经有关水行政主管部门审查批准的，建设单位不得开工建设。

在蓄滞洪区内建设的油田、铁路、公路、矿山、电厂、电信设施和管道，其洪水影响评价报告应当包括建设单位自行安排的防洪避洪方案。建设项目投入生产或者使用时，其防洪工程设施应当经水行政主管部门验收。

在蓄滞洪区内建造房屋应当采用平顶式结构。

第三十四条 大中城市,重要的铁路、公路干线,大型骨干企业,应当列为防洪重点,确保安全。

受洪水威胁的城市、经济开发区、工矿区和国家重要的农业生产基地等,应当重点保护,建设必要的防洪工程设施。

城市建设不得擅自填堵原有河道沟叉、贮水湖塘洼淀和废除原有防洪围堤;确需填堵或者废除的,应当经城市人民政府批准。

第三十五条 属于国家所有的防洪工程设施,应当按照经批准的设计,在竣工验收前由县级以上人民政府按照国家规定,划定管理和保护范围。

属于集体所有的防洪工程设施,应当按照省、自治区、直辖市人民政府的规定,划定保护范围。

在防洪工程设施保护范围内,禁止进行爆破、打井、采石、取土等危害防洪工程设施安全的活动。

第三十六条 各级人民政府应当组织有关部门加强对水库大坝的定期检查和监督管理。对未达到设计洪水标准、抗震设防要求或者有严重质量缺陷的险坝,大坝主管部门应当组织有关单位采取除险加固措施,限期消除危险或者重建,有关人民政府应当优先安排所需资金。对可能出现垮坝的水库,应当事先制定应急抢险和居民临时撤离方案。

各级人民政府和有关主管部门应当加强对尾矿坝的监督管理,采取措施,避免因洪水导致垮坝。

第三十七条 任何单位和个人不得破坏、侵占、毁损水库大坝、堤防、水闸、护岸、抽水站、排水渠系等防洪工程和水文、通信设施以及防汛备用的器材、物料等。

第五章 防汛抗洪

第三十八条 防汛抗洪工作实行各级人民政府行政首长负责制,统一指挥、分级分部门负责。

第三十九条 国务院设立国家防汛指挥机构,负责领导、组织全国的防汛抗洪工作,其办事机构设在国务院水行政主管部门。(注:根据国办发〔2019〕12号文件,国家防汛抗旱总指挥部办公室设在应急部)

在国家确定的重要江河、湖泊可以设立由有关省、自治区、直辖市人民政府和该江河、湖泊的流域管理机构负责人等组成的防汛指挥机构,指挥所管辖范围内的防汛抗洪工作,其办事机构设在流域管理机构。

有防汛抗洪任务的县级以上地方人民政府设立由有关部门、当地驻军、人民武装部负责人等组成的防汛指挥机构,在上级防汛指挥机构和本级人民政府的领导下,指挥本地区的防汛抗洪工作,其办事机构设在同级水行政主管部门;必要时,经城市人民政府决定,防汛指挥机构也可以在建设行政主管部门设城市市区办事机构,在防汛指挥机构的统一领导下,负责城市市区的防汛抗洪日常工作。

第四十条 有防汛抗洪任务的县级以上地方人民政府根据流域综合规划、防洪工程实际状况和国家规定的防洪标准,制定防御洪水方案(包括对特大洪水的处置措施)。

长江、黄河、淮河、海河的防御洪水方案,由国家防汛指挥机构制定,报国务院批准;跨省、自治区、直辖市的其他江河的防御洪水方案,由有关流域管理机构会同有关省、自治区、直辖市人民政府制定,报国务院或者国务院授权的有关部门批准。防御洪水方案经批准后,有关地方人民政府必须执行。

各级防汛指挥机构和承担防汛抗洪任务的部门和单位,必须根据防御洪水方案做好防汛抗洪准备工作。

第四十一条 省、自治区、直辖市人民政府防汛指挥机构根据当地的洪水规律,规定汛期起止日期。

当江河、湖泊的水情接近保证水位或者安全流量,水库水位接近设计洪水位,或者防洪工程设施发生重大险情时,有关县级以上人民政府防汛指挥机构可以宣布进入紧急防汛期。

第四十二条 对河道、湖泊范围内阻碍行洪的障碍物，按照谁设障、谁清除的原则，由防汛指挥机构责令限期清除；逾期不清除的，由防汛指挥机构组织强行清除，所需费用由设障者承担。

在紧急防汛期，国家防汛指挥机构或者其授权的流域、省、自治区、直辖市防汛指挥机构有权对壅水、阻水严重的桥梁、引道、码头和其他跨河工程设施作出紧急处置。

第四十三条 在汛期，气象、水文、海洋等有关部门应当按照各自的职责，及时向有关防汛指挥机构提供天气、水文等实时信息和风暴潮预报；电信部门应当优先提供防汛抗洪通信的服务；运输、电力、物资材料供应等有关部门应当优先为防汛抗洪服务。

中国人民解放军、中国人民武装警察部队和民兵应当执行国家赋予的抗洪抢险任务。

第四十四条 在汛期，水库、闸坝和其他水工程设施的运用，必须服从有关的防汛指挥机构的调度指挥和监督。

在汛期，水库不得擅自在汛期限制水位以上蓄水，其汛期限制水位以上的防洪库容的运用，必须服从防汛指挥机构的调度指挥和监督。

在凌汛期，有防凌汛任务的江河的上游水库的下泄水量必须征得有关的防汛指挥机构的同意，并接受其监督。

第四十五条 在紧急防汛期，防汛指挥机构根据防汛抗洪的需要，有权在其管辖范围内调用物资、设备、交通运输工具和人力，决定采取取土占地、砍伐林木、清除阻水障碍物和其他必要的紧急措施；必要时，公安、交通等有关部门按照防汛指挥机构的决定，依法实施陆地和水面交通管制。

依照前款规定调用的物资、设备、交通运输工具等，在汛期结束后应当及时归还；造成损坏或者无法归还的，按照国务院有关规定给予适当补偿或者作其他处理。取土占地、砍伐林木的，在汛期结束后依法向有关部门补办手续；有关地方人民政府对取土后的土地组织复垦，对砍伐的林木组织补种。

第四十六条 江河、湖泊水位或者流量达到国家规定的分洪标准，需要启用蓄滞洪区时，国务院、国家防汛指挥机构，流域防汛指挥机构，省、自治区、直辖市人民政府。省、自治区、直辖市防汛指挥机构，按照依法经批准的防御洪水方案中规定的启用条件和批准程序，决定启用蓄滞洪区。依法启用蓄滞洪区，任何单位和个人不得阻拦、拖延；遇到阻拦、拖延时，由有关县级以上地方人民政府强制实施。

第四十七条 发生洪涝灾害后，有关人民政府应当组织有关部门、单位做好灾区的生活供给、卫生防疫、救灾物资供应、治安管理、学校复课、恢复生产和重建家园等救灾工作以及所管辖地区的各项水毁工程设施修复工作。水毁防洪工程设施的修复，应当优先列入有关部门的年度建设计划。

国家鼓励、扶持开展洪水保险。

第六章 保障措施

第四十八条 各级人民政府应当采取措施，提高防洪投入的总体水平。

第四十九条 江河、湖泊的治理和防洪工程设施的建设和维护所需投资，按照事权和财权相统一的原则，分级负责，由中央和地方财政承担。城市防洪工程设施的建设和维护所需投资，由城市人民政府承担。

受洪水威胁地区的油田、管道、铁路、公路、矿山、电力、电信等企业、事业单位应当自筹资金，兴建必要的防洪自保工程。

第五十条 中央财政应当安排资金，用于国家确定的重要江河、湖泊的堤坝遭受特大洪涝灾害时的抗洪抢险和水毁防洪工程修复。省、自治区、直辖市人民政府应当在本级财政预算中安排资金，用于本行政区域内遭受特大洪涝灾害地区的抗洪抢险和水毁防洪工程修复。

第五十一条 国家设立水利建设基金，用于防洪工程和水利工程的维护和建设。具体办法由国务院规定。受洪水威胁的省、自治区、直辖市为加强本行政区域内防洪工程设施建设，提高防御洪水能力，按照国务院的有关规定，可以规定在防洪保护区范围内征收河道工程修建维护管理费。

第五十二条　任何单位和个人不得截留、挪用防洪、救灾资金和物资。

各级人民政府审计机关应当加强对防洪、救灾资金使用情况的审计监督。

第七章　法律责任

第五十三条　违反本法第十七条规定，未经水行政主管部门签署规划同意书，擅自在江河、湖泊上建设防洪工程和其他水工程、水电站的，责令停止违法行为，补办规划同意书手续；违反规划同意书的要求，严重影响防洪的，责令限期拆除；违反规划同意书的要求，影响防洪但尚可采取补救措施的，责令限期采取补救措施，可以处一万元以上十万元以下的罚款。

第五十四条　违反本法第十九条规定，未按照规划治导线整治河道和修建控制引导河水流向、保护堤岸等工程，影响防洪的，责令停止违法行为，恢复原状或者采取其他补救措施，可以处一万元以上十万元以下的罚款。

第五十五条　违反本法第二十二条第二款、第三款规定，有下列行为之一的，责令停止违法行为，排除阻碍或者采取其他补救措施，可以处五万元以下的罚款：

（一）在河道、湖泊管理范围内建设妨碍行洪的建筑物、构筑物的；

（二）在河道、湖泊管理范围内倾倒垃圾、渣土，从事影响河势稳定、危害河岸堤防安全和其他妨碍河道行洪的活动的；

（三）在行洪河道内种植阻碍行洪的林木和高秆作物的。

第五十六条　违反本法第十五条第二款、第二十三条规定，围海造地、围湖造地、围垦河道的，责令停止违法行为，恢复原状或者采取其他补救措施，可以处五万元以下的罚款；既不恢复原状也不采取其他补救措施的，代为恢复原状或者采取其他补救措施，所需费用由违法者承担。

第五十七条　违反本法第二十七条规定，未经水行政主管部门对其工程建设方案审查同意或者未按照有关水行政主管部门审查批准的位置、界限，在河道、湖泊管理范围内从事工程设施建设活动的，责令停止违法行为，补办审查同意或者审查批准手续；工程设施建设严重影响防洪的，责令限期拆除，逾期不拆除的，强行拆除，所需费用由建设单位承担；影响行洪但尚可采取补救措施的，责令限期采取补救措施，可以处一万元以上十万元以下的罚款。

第五十八条　违反本法第三十三条第一款规定，在洪泛区、蓄滞洪区内建设非防洪建设项目，未编制洪水影响评价报告或者洪水影响评价报告未经审查批准开工建设的，责令限期改正；逾期不改正的，处五万元以下的罚款。

违反本法第三十三条第二款规定，防洪工程设施未经验收，即将建设项目投入生产或者使用的，责令停止生产或者使用，限期验收防洪工程设施，可以处五万元以下的罚款。

第五十九条　违反本法第三十四条规定，因城市建设擅自填堵原有河道沟叉、贮水湖塘洼淀和废除原有防洪围堤的，城市人民政府应当责令停止违法行为，限期恢复原状或者采取其他补救措施。

第六十条　违反本法规定，破坏、侵占、毁损堤防、水闸、护岸、抽水站、排水渠系等防洪工程和水文、通信设施以及防汛备用的器材、物料的，责令停止违法行为，采取补救措施，可以处五万元以下的罚款；造成损坏的，依法承担民事责任；应当给予治安管理处罚的，依照治安管理处罚法的规定处罚；构成犯罪的，依法追究刑事责任。

第六十一条　阻碍、威胁防汛指挥机构、水行政主管部门或者流域管理机构的工作人员依法执行职务，构成犯罪的，依法追究刑事责任；尚不构成犯罪，应当给予治安管理处罚的，依照治安管理处罚法的规定处罚。

第六十二条　截留、挪用防洪、救灾资金和物资，构成犯罪的，依法追究刑事责任；尚不构成犯罪的，给予行政处分。

第六十三条 除本法第五十九条的规定外,本章规定的行政处罚和行政措施,由县级以上人民政府水行政主管部门决定,或者由流域管理机构按照国务院水行政主管部门规定的权限决定。但是,本法第六十条、第六十一条规定的治安管理处罚的决定机关,按照治安管理处罚法的规定执行。

第六十四条 国家工作人员,有下列行为之一,构成犯罪的,依法追究刑事责任;尚不构成犯罪的,给予行政处分:

(一)违反本法第十七条、第十九条、第二十二条第二款、第二十二条第三款、第二十七条或者第三十四条规定,严重影响防洪的;

(二)滥用职权,玩忽职守,徇私舞弊,致使防汛抗洪工作遭受重大损失的;

(三)拒不执行防御洪水方案、防汛抢险指令或者蓄滞洪方案、措施、汛期调度运用计划等防汛调度方案的;

(四)违反本法规定,导致或者加重毗邻地区或者其他单位洪灾损失的。

第八章 附 则

第六十五条 本法自 1998 年 1 月 1 日起施行。

中华人民共和国水土保持法

（1991年6月29日第七届全国人民代表大会常务委员会第二十次会议通过　根据2009年8月27日第十一届全国人民代表大会常务委员会第十次会议《关于修改部分法律的决定》修正　2010年12月25日第十一届全国人民代表大会常务委员会第十八次会议修订）

第一章　总　则

第一条　为了预防和治理水土流失，保护和合理利用水土资源，减轻水、旱、风沙灾害，改善生态环境，保障经济社会可持续发展，制定本法。

第二条　在中华人民共和国境内从事水土保持活动，应当遵守本法。

本法所称水土保持，是指对自然因素和人为活动造成水土流失所采取的预防和治理措施。

第三条　水土保持工作实行预防为主、保护优先、全面规划、综合治理、因地制宜、突出重点、科学管理、注重效益的方针。

第四条　县级以上人民政府应当加强对水土保持工作的统一领导，将水土保持工作纳入本级国民经济和社会发展规划，对水土保持规划确定的任务，安排专项资金，并组织实施。

国家在水土流失重点预防区和重点治理区，实行地方各级人民政府水土保持目标责任制和考核奖惩制度。

第五条　国务院水行政主管部门主管全国的水土保持工作。

国务院水行政主管部门在国家确定的重要江河、湖泊设立的流域管理机构（以下简称流域管理机构），在所管辖范围内依法承担水土保持监督管理职责。

县级以上地方人民政府水行政主管部门主管本行政区域的水土保持工作。

县级以上人民政府林业、农业、国土资源等有关部门按照各自职责，做好有关的水土流失预防和治理工作。

第六条　各级人民政府及其有关部门应当加强水土保持宣传和教育工作，普及水土保持科学知识，增强公众的水土保持意识。

第七条　国家鼓励和支持水土保持科学技术研究，提高水土保持科学技术水平，推广先进的水土保持技术，培养水土保持科学技术人才。

第八条　任何单位和个人都有保护水土资源、预防和治理水土流失的义务，并有权对破坏水土资源、造成水土流失的行为进行举报。

第九条　国家鼓励和支持社会力量参与水土保持工作。

对水土保持工作中成绩显著的单位和个人，由县级以上人民政府给予表彰和奖励。

第二章　规　划

第十条　水土保持规划应当在水土流失调查结果及水土流失重点预防区和重点治理区划定的基础上，遵循统筹协调、分类指导的原则编制。

第十一条　国务院水行政主管部门应当定期组织全国水土流失调查并公告调查结果。

省、自治区、直辖市人民政府水行政主管部门负责本行政区域的水土流失调查并公告调查结果，公告前应当将调查结果报国务院水行政主管部门备案。

第十二条　县级以上人民政府应当依据水土流失调查结果划定并公告水土流失重点预防区和重点

治理区。

对水土流失潜在危险较大的区域，应当划定为水土流失重点预防区；对水土流失严重的区域，应当划定为水土流失重点治理区。

第十三条 水土保持规划的内容应当包括水土流失状况、水土流失类型区划分、水土流失防治目标、任务和措施等。

水土保持规划包括对流域或者区域预防和治理水土流失、保护和合理利用水土资源作出的整体部署，以及根据整体部署对水土保持专项工作或者特定区域预防和治理水土流失作出的专项部署。

水土保持规划应当与土地利用总体规划、水资源规划、城乡规划和环境保护规划等相协调。

编制水土保持规划，应当征求专家和公众的意见。

第十四条 县级以上人民政府水行政主管部门会同同级人民政府有关部门编制水土保持规划，报本级人民政府或者其授权的部门批准后，由水行政主管部门组织实施。

水土保持规划一经批准，应当严格执行；经批准的规划根据实际情况需要修改的，应当按照规划编制程序报原批准机关批准。

第十五条 有关基础设施建设、矿产资源开发、城镇建设、公共服务设施建设等方面的规划，在实施过程中可能造成水土流失的，规划的组织编制机关应当在规划中提出水土流失预防和治理的对策和措施，并在规划报请审批前征求本级人民政府水行政主管部门的意见。

第三章 预 防

第十六条 地方各级人民政府应当按照水土保持规划，采取封育保护、自然修复等措施，组织单位和个人植树种草，扩大林草覆盖面积，涵养水源，预防和减轻水土流失。

第十七条 地方各级人民政府应当加强对取土、挖砂、采石等活动的管理，预防和减轻水土流失。

禁止在崩塌、滑坡危险区和泥石流易发区从事取土、挖砂、采石等可能造成水土流失的活动。崩塌、滑坡危险区和泥石流易发区的范围，由县级以上地方人民政府划定并公告。崩塌、滑坡危险区和泥石流易发区的划定，应当与地质灾害防治规划确定的地质灾害易发区、重点防治区相衔接。

第十八条 水土流失严重、生态脆弱的地区，应当限制或者禁止可能造成水土流失的生产建设活动，严格保护植物、沙壳、结皮、地衣等。

在侵蚀沟的沟坡和沟岸、河流的两岸以及湖泊和水库的周边，土地所有权人、使用权人或者有关管理单位应当营造植物保护带。禁止开垦、开发植物保护带。

第十九条 水土保持设施的所有权人或者使用权人应当加强对水土保持设施的管理与维护，落实管护责任，保障其功能正常发挥。

第二十条 禁止在二十五度以上陡坡地开垦种植农作物。在二十五度以上陡坡地种植经济林的，应当科学选择树种，合理确定规模，采取水土保持措施，防止造成水土流失。

省、自治区、直辖市根据本行政区域的实际情况，可以规定小于二十五度的禁止开垦坡度。禁止开垦的陡坡地的范围由当地县级人民政府划定并公告。

第二十一条 禁止毁林、毁草开垦和采集发菜。禁止在水土流失重点预防区和重点治理区铲草皮、挖树兜或者滥挖虫草、甘草、麻黄等。

第二十二条 林木采伐应当采用合理方式，严格控制皆伐；对水源涵养林、水土保持林、防风固沙林等防护林只能进行抚育和更新性质的采伐；对采伐区和集材道应当采取防止水土流失的措施，并在采伐后及时更新造林。

在林区采伐林木的，采伐方案中应当有水土保持措施。采伐方案经林业主管部门批准后，由林业主管部门和水行政主管部门监督实施。

第二十三条　在五度以上坡地植树造林、抚育幼林、种植中药材等，应当采取水土保持措施。

在禁止开垦坡度以下、五度以上的荒坡地开垦种植农作物，应当采取水土保持措施。具体办法由省、自治区、直辖市根据本行政区域的实际情况规定。

第二十四条　生产建设项目选址、选线应当避让水土流失重点预防区和重点治理区；无法避让的，应当提高防治标准，优化施工工艺，减少地表扰动和植被损坏范围，有效控制可能造成的水土流失。

第二十五条　在山区、丘陵区、风沙区以及水土保持规划确定的容易发生水土流失的其他区域开办可能造成水土流失的生产建设项目，生产建设单位应当编制水土保持方案，报县级以上人民政府水行政主管部门审批，并按照经批准的水土保持方案，采取水土流失预防和治理措施。没有能力编制水土保持方案的，应当委托具备相应技术条件的机构编制。

水土保持方案应当包括水土流失预防和治理的范围、目标、措施和投资等内容。

水土保持方案经批准后，生产建设项目的地点、规模发生重大变化的，应当补充或者修改水土保持方案并报原审批机关批准。水土保持方案实施过程中，水土保持措施需要作出重大变更的，应当经原审批机关批准。

生产建设项目水土保持方案的编制和审批办法，由国务院水行政主管部门制定。

第二十六条　依法应当编制水土保持方案的生产建设项目，生产建设单位未编制水土保持方案或者水土保持方案未经水行政主管部门批准的，生产建设项目不得开工建设。

第二十七条　依法应当编制水土保持方案的生产建设项目中的水土保持设施，应当与主体工程同时设计、同时施工、同时投产使用；生产建设项目竣工验收，应当验收水土保持设施；水土保持设施未经验收或者验收不合格的，生产建设项目不得投产使用。

第二十八条　依法应当编制水土保持方案的生产建设项目，其生产建设活动中排弃的砂、石、土、矸石、尾矿、废渣等应当综合利用；不能综合利用，确需废弃的，应当堆放在水土保持方案确定的专门存放地，并采取措施保证不产生新的危害。

第二十九条　县级以上人民政府水行政主管部门、流域管理机构，应当对生产建设项目水土保持方案的实施情况进行跟踪检查，发现问题及时处理。

第四章　治　理

第三十条　国家加强水土流失重点预防区和重点治理区的坡耕地改梯田、淤地坝等水土保持重点工程建设，加大生态修复力度。

县级以上人民政府水行政主管部门应当加强对水土保持重点工程的建设管理，建立和完善运行管护制度。

第三十一条　国家加强江河源头区、饮用水水源保护区和水源涵养区水土流失的预防和治理工作，多渠道筹集资金，将水土保持生态效益补偿纳入国家建立的生态效益补偿制度。

第三十二条　开办生产建设项目或者从事其他生产建设活动造成水土流失的，应当进行治理。

在山区、丘陵区、风沙区以及水土保持规划确定的容易发生水土流失的其他区域开办生产建设项目或者从事其他生产建设活动，损坏水土保持设施、地貌植被，不能恢复原有水土保持功能的，应当缴纳水土保持补偿费，专项用于水土流失预防和治理。专项水土流失预防和治理由水行政主管部门负责组织实施。水土保持补偿费的收取使用管理办法由国务院财政部门、国务院价格主管部门会同国务院水行政主管部门制定。

生产建设项目在建设过程中和生产过程中发生的水土保持费用，按照国家统一的财务会计制度处理。

第三十三条　国家鼓励单位和个人按照水土保持规划参与水土流失治理，并在资金、技术、税收等方面予以扶持。

第三十四条 国家鼓励和支持承包治理荒山、荒沟、荒丘、荒滩，防治水土流失，保护和改善生态环境，促进土地资源的合理开发和可持续利用，并依法保护土地承包合同当事人的合法权益。

承包治理荒山、荒沟、荒丘、荒滩和承包水土流失严重地区农村土地的，在依法签订的土地承包合同中应当包括预防和治理水土流失责任的内容。

第三十五条 在水力侵蚀地区，地方各级人民政府及其有关部门应当组织单位和个人，以天然沟壑及其两侧山坡地形成的小流域为单元，因地制宜地采取工程措施、植物措施和保护性耕作等措施，进行坡耕地和沟道水土流失综合治理。

在风力侵蚀地区，地方各级人民政府及其有关部门应当组织单位和个人，因地制宜地采取轮封轮牧、植树种草、设置人工沙障和网格林带等措施，建立防风固沙防护体系。

在重力侵蚀地区，地方各级人民政府及其有关部门应当组织单位和个人，采取监测、径流排导、削坡减载、支挡固坡、修建拦挡工程等措施，建立监测、预报、预警体系。

第三十六条 在饮用水水源保护区，地方各级人民政府及其有关部门应当组织单位和个人，采取预防保护、自然修复和综合治理措施，配套建设植物过滤带，积极推广沼气，开展清洁小流域建设，严格控制化肥和农药的使用，减少水土流失引起的面源污染，保护饮用水水源。

第三十七条 已在禁止开垦的陡坡地上开垦种植农作物的，应当按照国家有关规定退耕，植树种草；耕地短缺、退耕确有困难的，应当修建梯田或者采取其他水土保持措施。

在禁止开垦坡度以下的坡耕地上开垦种植农作物的，应当根据不同情况，采取修建梯田、坡面水系整治、蓄水保土耕作或者退耕等措施。

第三十八条 对生产建设活动所占用土地的地表土应当进行分层剥离、保存和利用，做到土石方挖填平衡，减少地表扰动范围；对废弃的砂、石、土、矸石、尾矿、废渣等存放地，应当采取拦挡、坡面防护、防洪排导等措施。生产建设活动结束后，应当及时在取土场、开挖面和存放地的裸露土地上植树种草、恢复植被，对闭库的尾矿库进行复垦。

在干旱缺水地区从事生产建设活动，应当采取防止风力侵蚀措施，设置降水蓄渗设施，充分利用降水资源。

第三十九条 国家鼓励和支持在山区、丘陵区、风沙区以及容易发生水土流失的其他区域，采取下列有利于水土保持的措施：

（一）免耕、等高耕作、轮耕轮作、草田轮作、间作套种等；

（二）封禁抚育、轮封轮牧、舍饲圈养；

（三）发展沼气、节柴灶，利用太阳能、风能和水能，以煤、电、气代替薪柴等；

（四）从生态脆弱地区向外移民；

（五）其他有利于水土保持的措施。

第五章 监测和监督

第四十条 县级以上人民政府水行政主管部门应当加强水土保持监测工作，发挥水土保持监测工作在政府决策、经济社会发展和社会公众服务中的作用。县级以上人民政府应当保障水土保持监测工作经费。

国务院水行政主管部门应当完善全国水土保持监测网络，对全国水土流失进行动态监测。

第四十一条 对可能造成严重水土流失的大中型生产建设项目，生产建设单位应当自行或者委托具备水土保持监测资质的机构，对生产建设活动造成的水土流失进行监测，并将监测情况定期上报当地水行政主管部门。

从事水土保持监测活动应当遵守国家有关技术标准、规范和规程，保证监测质量。

第四十二条 国务院水行政主管部门和省、自治区、直辖市人民政府水行政主管部门应当根据水土保持监测情况，定期对下列事项进行公告：

（一）水土流失类型、面积、强度、分布状况和变化趋势；

（二）水土流失造成的危害；

（三）水土流失预防和治理情况。

第四十三条 县级以上人民政府水行政主管部门负责对水土保持情况进行监督检查。流域管理机构在其管辖范围内可以行使国务院水行政主管部门的监督检查职权。

第四十四条 水政监督检查人员依法履行监督检查职责时，有权采取下列措施：

（一）要求被检查单位或者个人提供有关文件、证照、资料；

（二）要求被检查单位或者个人就预防和治理水土流失的有关情况作出说明；

（三）进入现场进行调查、取证。

被检查单位或者个人拒不停止违法行为，造成严重水土流失的，报经水行政主管部门批准，可以查封、扣押实施违法行为的工具及施工机械、设备等。

第四十五条 水政监督检查人员依法履行监督检查职责时，应当出示执法证件。被检查单位或者个人对水土保持监督检查工作应当给予配合，如实报告情况，提供有关文件、证照、资料；不得拒绝或者阻碍水政监督检查人员依法执行公务。

第四十六条 不同行政区域之间发生水土流失纠纷应当协商解决；协商不成的，由共同的上一级人民政府裁决。

第六章 法律责任

第四十七条 水行政主管部门或者其他依照本法规定行使监督管理权的部门，不依法作出行政许可决定或者办理批准文件的，发现违法行为或者接到对违法行为的举报不予查处的，或者有其他未依照本法规定履行职责的行为的，对直接负责的主管人员和其他直接责任人员依法给予处分。

第四十八条 违反本法规定，在崩塌、滑坡危险区或者泥石流易发区从事取土、挖砂、采石等可能造成水土流失的活动的，由县级以上地方人民政府水行政主管部门责令停止违法行为，没收违法所得，对个人处一千元以上一万元以下的罚款，对单位处二万元以上二十万元以下的罚款。

第四十九条 违反本法规定，在禁止开垦坡度以上陡坡地开垦种植农作物，或者在禁止开垦、开发的植物保护带内开垦、开发的，由县级以上地方人民政府水行政主管部门责令停止违法行为，采取退耕、恢复植被等补救措施；按照开垦或者开发面积，可以对个人处每平方米二元以下的罚款、对单位处每平方米十元以下的罚款。

第五十条 违反本法规定，毁林、毁草开垦的，依照《中华人民共和国森林法》、《中华人民共和国草原法》的有关规定处罚。

第五十一条 违反本法规定，采集发菜，或者在水土流失重点预防区和重点治理区铲草皮、挖树兜、滥挖虫草、甘草、麻黄等的，由县级以上地方人民政府水行政主管部门责令停止违法行为，采取补救措施，没收违法所得，并处违法所得一倍以上五倍以下的罚款；没有违法所得的，可以处五万元以下的罚款。

在草原地区有前款规定违法行为的，依照《中华人民共和国草原法》的有关规定处罚。

第五十二条 在林区采伐林木不依法采取防止水土流失措施的，由县级以上地方人民政府林业主管部门、水行政主管部门责令限期改正，采取补救措施；造成水土流失的，由水行政主管部门按照造成水土流失的面积处每平方米二元以上十元以下的罚款。

第五十三条 违反本法规定,有下列行为之一的,由县级以上人民政府水行政主管部门责令停止违法行为,限期补办手续;逾期不补办手续的,处五万元以上五十万元以下的罚款;对生产建设单位直接负责的主管人员和其他直接责任人员依法给予处分:

(一)依法应当编制水土保持方案的生产建设项目,未编制水土保持方案或者编制的水土保持方案未经批准而开工建设的;

(二)生产建设项目的地点、规模发生重大变化,未补充、修改水土保持方案或者补充、修改的水土保持方案未经原审批机关批准的;

(三)水土保持方案实施过程中,未经原审批机关批准,对水土保持措施作出重大变更的。

第五十四条 违反本法规定,水土保持设施未经验收或者验收不合格将生产建设项目投产使用的,由县级以上人民政府水行政主管部门责令停止生产或者使用,直至验收合格,并处五万元以上五十万元以下的罚款。

第五十五条 违反本法规定,在水土保持方案确定的专门存放地以外的区域倾倒砂、石、土、矸石、尾矿、废渣等的,由县级以上地方人民政府水行政主管部门责令停止违法行为,限期清理,按照倾倒数量处每立方米十元以上二十元以下的罚款;逾期仍不清理的,县级以上地方人民政府水行政主管部门可以指定有清理能力的单位代为清理,所需费用由违法行为人承担。

第五十六条 违反本法规定,开办生产建设项目或者从事其他生产建设活动造成水土流失,不进行治理的,由县级以上人民政府水行政主管部门责令限期治理;逾期仍不治理的,县级以上人民政府水行政主管部门可以指定有治理能力的单位代为治理,所需费用由违法行为人承担。

第五十七条 违反本法规定,拒不缴纳水土保持补偿费的,由县级以上人民政府水行政主管部门责令限期缴纳;逾期不缴纳的,自滞纳之日起按日加收滞纳部分万分之五的滞纳金,可以处应缴水土保持补偿费三倍以下的罚款。

第五十八条 违反本法规定,造成水土流失危害的,依法承担民事责任;构成违反治安管理行为的,由公安机关依法给予治安管理处罚;构成犯罪的,依法追究刑事责任。

第七章 附 则

第五十九条 县级以上地方人民政府根据当地实际情况确定的负责水土保持工作的机构,行使本法规定的水行政主管部门水土保持工作的职责。

第六十条 本法自 2011 年 3 月 1 日起施行。

中华人民共和国民法典(节选)

(2020年5月28日,第十三届全国人民代表大会第三次会议表决通过了《中华人民共和国民法典》,自2021年1月1日起施行。婚姻法、继承法、民法通则、收养法、担保法、合同法、物权法、侵权责任法、民法总则同时废止)

第三编 合同(节选建设工程相关合同)

第十七章 承揽合同

第七百七十条 承揽合同是承揽人按照定作人的要求完成工作,交付工作成果,定作人支付报酬的合同。

承揽包括加工、定作、修理、复制、测试、检验等工作。

第七百七十一条 承揽合同的内容一般包括承揽的标的、数量、质量、报酬,承揽方式,材料的提供,履行期限,验收标准和方法等条款。

第七百七十二条 承揽人应当以自己的设备、技术和劳力,完成主要工作,但是当事人另有约定的除外。

承揽人将其承揽的主要工作交由第三人完成的,应当就该第三人完成的工作成果向定作人负责;未经定作人同意的,定作人也可以解除合同。

第七百七十三条 承揽人可以将其承揽的辅助工作交由第三人完成。承揽人将其承揽的辅助工作交由第三人完成的,应当就该第三人完成的工作成果向定作人负责。

第七百七十四条 承揽人提供材料的,应当按照约定选用材料,并接受定作人检验。

第七百七十五条 定作人提供材料的,应当按照约定提供材料。承揽人对定作人提供的材料应当及时检验,发现不符合约定时,应当及时通知定作人更换、补齐或者采取其他补救措施。

承揽人不得擅自更换定作人提供的材料,不得更换不需要修理的零部件。

第七百七十六条 承揽人发现定作人提供的图纸或者技术要求不合理的,应当及时通知定作人。因定作人怠于答复等原因造成承揽人损失的,应当赔偿损失。

第七百七十七条 定作人中途变更承揽工作的要求,造成承揽人损失的,应当赔偿损失。

第七百七十八条 承揽工作需要定作人协助的,定作人有协助的义务。定作人不履行协助义务致使承揽工作不能完成的,承揽人可以催告定作人在合理期限内履行义务,并可以顺延履行期限;定作人逾期不履行的,承揽人可以解除合同。

第七百七十九条 承揽人在工作期间,应当接受定作人必要的监督检验。定作人不得因监督检验妨碍承揽人的正常工作。

第七百八十条 承揽人完成工作的,应当向定作人交付工作成果,并提交必要的技术资料和有关质量证明。定作人应当验收该工作成果。

第七百八十一条 承揽人交付的工作成果不符合质量要求的,定作人可以合理选择请求承揽人承担修理、重作、减少报酬、赔偿损失等违约责任。

第七百八十二条 定作人应当按照约定的期限支付报酬。对支付报酬的期限没有约定或者约定不明确,依据本法第五百一十条的规定仍不能确定的,定作人应当在承揽人交付工作成果时支付;工作成果部分交付的,定作人应当相应支付。

第七百八十三条 定作人未向承揽人支付报酬或者材料费等价款的,承揽人对完成的工作成果享有留置权或者有权拒绝交付,但是当事人另有约定的除外。

第七百八十四条 承揽人应当妥善保管定作人提供的材料以及完成的工作成果,因保管不善造成毁损、灭失的,应当承担赔偿责任。

第七百八十五条 承揽人应当按照定作人的要求保守秘密,未经定作人许可,不得留存复制品或者技术资料。

第七百八十六条 共同承揽人对定作人承担连带责任,但是当事人另有约定的除外。

第七百八十七条 定作人在承揽人完成工作前可以随时解除合同,造成承揽人损失的,应当赔偿损失。

第十八章 建设工程合同

第七百八十八条 建设工程合同是承包人进行工程建设,发包人支付价款的合同。

建设工程合同包括工程勘察、设计、施工合同。

第七百八十九条 建设工程合同应当采用书面形式。

第七百九十条 建设工程的招标投标活动,应当依照有关法律的规定公开、公平、公正进行。

第七百九十一条 发包人可以与总承包人订立建设工程合同,也可以分别与勘察人、设计人、施工人订立勘察、设计、施工承包合同。发包人不得将应当由一个承包人完成的建设工程支解成若干部分发包给数个承包人。

总承包人或者勘察、设计、施工承包人经发包人同意,可以将自己承包的部分工作交由第三人完成。第三人就其完成的工作成果与总承包人或者勘察、设计、施工承包人向发包人承担连带责任。承包人不得将其承包的全部建设工程转包给第三人或者将其承包的全部建设工程支解以后以分包的名义分别转包给第三人。

禁止承包人将工程分包给不具备相应资质条件的单位。禁止分包单位将其承包的工程再分包。建设工程主体结构的施工必须由承包人自行完成。

第七百九十二条 国家重大建设工程合同,应当按照国家规定的程序和国家批准的投资计划、可行性研究报告等文件订立。

第七百九十三条 建设工程施工合同无效,但是建设工程经验收合格的,可以参照合同关于工程价款的约定折价补偿承包人。

建设工程施工合同无效,且建设工程经验收不合格的,按照以下情形处理:

(一)修复后的建设工程经验收合格的,发包人可以请求承包人承担修复费用;

(二)修复后的建设工程经验收不合格的,承包人无权请求参照合同关于工程价款的约定折价补偿。

发包人对因建设工程不合格造成的损失有过错的,应当承担相应的责任。

第七百九十四条 勘察、设计合同的内容一般包括提交有关基础资料和概预算等文件的期限、质量要求、费用以及其他协作条件等条款。

第七百九十五条 施工合同的内容一般包括工程范围、建设工期、中间交工工程的开工和竣工时间、工程质量、工程造价、技术资料交付时间、材料和设备供应责任、拨款和结算、竣工验收、质量保修范围和质量保证期、相互协作等条款。

第七百九十六条 建设工程实行监理的,发包人应当与监理人采用书面形式订立委托监理合同。发包人与监理人的权利和义务以及法律责任,应当依照本编委托合同以及其他有关法律、行政法规的规定。

第七百九十七条 发包人在不妨碍承包人正常作业的情况下,可以随时对作业进度、质量进行检查。

第七百九十八条 隐蔽工程在隐蔽以前,承包人应当通知发包人检查。发包人没有及时检查的,承包人可以顺延工程日期,并有权请求赔偿停工、窝工等损失。

第七百九十九条 建设工程竣工后,发包人应当根据施工图纸及说明书、国家颁发的施工验收规范和质量检验标准及时进行验收。验收合格的,发包人应当按照约定支付价款,并接收该建设工程。

建设工程竣工经验收合格后,方可交付使用;未经验收或者验收不合格的,不得交付使用。

第八百条 勘察、设计的质量不符合要求或者未按照期限提交勘察、设计文件拖延工期,造成发包人损失的,勘察人、设计人应当继续完善勘察、设计,减收或者免收勘察、设计费并赔偿损失。

第八百零一条 因施工人的原因致使建设工程质量不符合约定的,发包人有权请求施工人在合理期限内无偿修理或者返工、改建。经过修理或者返工、改建后,造成逾期交付的,施工人应当承担违约责任。

第八百零二条 因承包人的原因致使建设工程在合理使用期限内造成人身损害和财产损失的,承包人应当承担赔偿责任。

第八百零三条 发包人未按照约定的时间和要求提供原材料、设备、场地、资金、技术资料的,承包人可以顺延工程日期,并有权请求赔偿停工、窝工等损失。

第八百零四条 因发包人的原因致使工程中途停建、缓建的,发包人应当采取措施弥补或者减少损失,赔偿承包人因此造成的停工、窝工、倒运、机械设备调迁、材料和构件积压等损失和实际费用。

第八百零五条 因发包人变更计划,提供的资料不准确,或者未按照期限提供必需的勘察、设计工作条件而造成勘察、设计的返工、停工或者修改设计,发包人应当按照勘察人、设计人实际消耗的工作量增付费用。

第八百零六条 承包人将建设工程转包、违法分包的,发包人可以解除合同。

发包人提供的主要建筑材料、建筑构配件和设备不符合强制性标准或者不履行协助义务,致使承包人无法施工,经催告后在合理期限内仍未履行相应义务的,承包人可以解除合同。

合同解除后,已经完成的建设工程质量合格的,发包人应当按照约定支付相应的工程价款;已经完成的建设工程质量不合格的,参照本法第七百九十三条的规定处理。

第八百零七条 发包人未按照约定支付价款的,承包人可以催告发包人在合理期限内支付价款。发包人逾期不支付的,除根据建设工程的性质不宜折价、拍卖外,承包人可以与发包人协议将该工程折价,也可以请求人民法院将该工程依法拍卖。建设工程的价款就该工程折价或者拍卖的价款优先受偿。

第八百零八条 本章没有规定的,适用承揽合同的有关规定。

中华人民共和国安全生产法

（2002年6月29日第九届全国人民代表大会常务委员会第二十八次会议通过　根据2009年8月27日第十一届全国人民代表大会常务委员会第十次会议《关于修改部分法律的决定》第一次修正　根据2014年8月31日第十二届全国人民代表大会常务委员会第十次会议《关于修改〈中华人民共和国安全生产法〉的决定》第二次修正　根据2021年6月10日第十三届全国人民代表大会常务委员会第二十九次会议《关于修改〈中华人民共和国安全生产法〉的决定》第三次修正）

第一章　总　则

第一条　为了加强安全生产工作，防止和减少生产安全事故，保障人民群众生命和财产安全，促进经济社会持续健康发展，制定本法。

第二条　在中华人民共和国领域内从事生产经营活动的单位（以下统称生产经营单位）的安全生产，适用本法；有关法律、行政法规对消防安全和道路交通安全、铁路交通安全、水上交通安全、民用航空安全以及核与辐射安全、特种设备安全另有规定的，适用其规定。

第三条　安全生产工作坚持中国共产党的领导。

安全生产工作应当以人为本，坚持人民至上、生命至上，把保护人民生命安全摆在首位，树牢安全发展理念，坚持安全第一、预防为主、综合治理的方针，从源头上防范化解重大安全风险。

安全生产工作实行管行业必须管安全、管业务必须管安全、管生产经营必须管安全，强化和落实生产经营单位主体责任与政府监管责任，建立生产经营单位负责、职工参与、政府监管、行业自律和社会监督的机制。

第四条　生产经营单位必须遵守本法和其他有关安全生产的法律、法规，加强安全生产管理，建立健全全员安全生产责任制和安全生产规章制度，加大对安全生产资金、物资、技术、人员的投入保障力度，改善安全生产条件，加强安全生产标准化、信息化建设，构建安全风险分级管控和隐患排查治理双重预防机制，健全风险防范化解机制，提高安全生产水平，确保安全生产。

平台经济等新兴行业、领域的生产经营单位应当根据本行业、领域的特点，建立健全并落实全员安全生产责任制，加强从业人员安全生产教育和培训，履行本法和其他法律、法规规定的有关安全生产义务。

第五条　生产经营单位的主要负责人是本单位安全生产第一责任人，对本单位的安全生产工作全面负责。其他负责人对职责范围内的安全生产工作负责。

第六条　生产经营单位的从业人员有依法获得安全生产保障的权利，并应当依法履行安全生产方面的义务。

第七条　工会依法对安全生产工作进行监督。

生产经营单位的工会依法组织职工参加本单位安全生产工作的民主管理和民主监督，维护职工在安全生产方面的合法权益。生产经营单位制定或者修改有关安全生产的规章制度，应当听取工会的意见。

第八条　国务院和县级以上地方各级人民政府应当根据国民经济和社会发展规划制定安全生产规划，并组织实施。安全生产规划应当与国土空间规划等相关规划相衔接。

各级人民政府应当加强安全生产基础设施建设和安全生产监管能力建设，所需经费列入本级预算。

县级以上地方各级人民政府应当组织有关部门建立完善安全风险评估与论证机制，按照安全风险管控要求，进行产业规划和空间布局，并对位置相邻、行业相近、业态相似的生产经营单位实施重大安全风险联防联控。

第九条 国务院和县级以上地方各级人民政府应当加强对安全生产工作的领导，建立健全安全生产工作协调机制，支持、督促各有关部门依法履行安全生产监督管理职责，及时协调、解决安全生产监督管理中存在的重大问题。

乡镇人民政府和街道办事处，以及开发区、工业园区、港区、风景区等应当明确负责安全生产监督管理的有关工作机构及其职责，加强安全生产监管力量建设，按照职责对本行政区域或者管理区域内生产经营单位安全生产状况进行监督检查，协助人民政府有关部门或者按照授权依法履行安全生产监督管理职责。

第十条 国务院应急管理部门依照本法，对全国安全生产工作实施综合监督管理；县级以上地方各级人民政府应急管理部门依照本法，对本行政区域内安全生产工作实施综合监督管理。

国务院交通运输、住房和城乡建设、水利、民航等有关部门依照本法和其他有关法律、行政法规的规定，在各自的职责范围内对有关行业、领域的安全生产工作实施监督管理；县级以上地方各级人民政府有关部门依照本法和其他有关法律、法规的规定，在各自的职责范围内对有关行业、领域的安全生产工作实施监督管理。对新兴行业、领域的安全生产监督管理职责不明确的，由县级以上地方各级人民政府按照业务相近的原则确定监督管理部门。

应急管理部门和对有关行业、领域的安全生产工作实施监督管理的部门，统称负有安全生产监督管理职责的部门。负有安全生产监督管理职责的部门应当相互配合、齐抓共管、信息共享、资源共用，依法加强安全生产监督管理工作。

第十一条 国务院有关部门应当按照保障安全生产的要求，依法及时制定有关的国家标准或者行业标准，并根据科技进步和经济发展适时修订。

生产经营单位必须执行依法制定的保障安全生产的国家标准或者行业标准。

第十二条 国务院有关部门按照职责分工负责安全生产强制性国家标准的项目提出、组织起草、征求意见、技术审查。国务院应急管理部门统筹提出安全生产强制性国家标准的立项计划。国务院标准化行政主管部门负责安全生产强制性国家标准的立项、编号、对外通报和授权批准发布工作。国务院标准化行政主管部门、有关部门依据法定职责对安全生产强制性国家标准的实施进行监督检查。

第十三条 各级人民政府及其有关部门应当采取多种形式，加强对有关安全生产的法律、法规和安全生产知识的宣传，增强全社会的安全生产意识。

第十四条 有关协会组织依照法律、行政法规和章程，为生产经营单位提供安全生产方面的信息、培训等服务，发挥自律作用，促进生产经营单位加强安全生产管理。

第十五条 依法设立的为安全生产提供技术、管理服务的机构，依照法律、行政法规和执业准则，接受生产经营单位的委托为其安全生产工作提供技术、管理服务。

生产经营单位委托前款规定的机构提供安全生产技术、管理服务的，保证安全生产的责任仍由本单位负责。

第十六条 国家实行生产安全事故责任追究制度，依照本法和有关法律、法规的规定，追究生产安全事故责任单位和责任人员的法律责任。

第十七条 县级以上各级人民政府应当组织负有安全生产监督管理职责的部门依法编制安全生产权力和责任清单，公开并接受社会监督。

第十八条 国家鼓励和支持安全生产科学技术研究和安全生产先进技术的推广应用，提高安全生产水平。

第十九条 国家对在改善安全生产条件、防止生产安全事故、参加抢险救护等方面取得显著成绩的单位和个人，给予奖励。

第二章　生产经营单位的安全生产保障

第二十条　生产经营单位应当具备本法和有关法律、行政法规和国家标准或者行业标准规定的安全生产条件；不具备安全生产条件的，不得从事生产经营活动。

第二十一条　生产经营单位的主要负责人对本单位安全生产工作负有下列职责：

（一）建立健全并落实本单位全员安全生产责任制，加强安全生产标准化建设；

（二）组织制定并实施本单位安全生产规章制度和操作规程；

（三）组织制定并实施本单位安全生产教育和培训计划；

（四）保证本单位安全生产投入的有效实施；

（五）组织建立并落实安全风险分级管控和隐患排查治理双重预防工作机制，督促、检查本单位的安全生产工作，及时消除生产安全事故隐患；

（六）组织制定并实施本单位的生产安全事故应急救援预案；

（七）及时、如实报告生产安全事故。

第二十二条　生产经营单位的全员安全生产责任制应当明确各岗位的责任人员、责任范围和考核标准等内容。

生产经营单位应当建立相应的机制，加强对全员安全生产责任制落实情况的监督考核，保证全员安全生产责任制的落实。

第二十三条　生产经营单位应当具备的安全生产条件所必需的资金投入，由生产经营单位的决策机构、主要负责人或者个人经营的投资人予以保证，并对由于安全生产所必需的资金投入不足导致的后果承担责任。

有关生产经营单位应当按照规定提取和使用安全生产费用，专门用于改善安全生产条件。安全生产费用在成本中据实列支。安全生产费用提取、使用和监督管理的具体办法由国务院财政部门会同国务院应急管理部门征求国务院有关部门意见后制定。

第二十四条　矿山、金属冶炼、建筑施工、运输单位和危险物品的生产、经营、储存、装卸单位，应当设置安全生产管理机构或者配备专职安全生产管理人员。

前款规定以外的其他生产经营单位，从业人员超过一百人的，应当设置安全生产管理机构或者配备专职安全生产管理人员；从业人员在一百人以下的，应当配备专职或者兼职的安全生产管理人员。

第二十五条　生产经营单位的安全生产管理机构以及安全生产管理人员履行下列职责：

（一）组织或者参与拟订本单位安全生产规章制度、操作规程和生产安全事故应急救援预案；

（二）组织或者参与本单位安全生产教育和培训，如实记录安全生产教育和培训情况；

（三）组织开展危险源辨识和评估，督促落实本单位重大危险源的安全管理措施；

（四）组织或者参与本单位应急救援演练；

（五）检查本单位的安全生产状况，及时排查生产安全事故隐患，提出改进安全生产管理的建议；

（六）制止和纠正违章指挥、强令冒险作业、违反操作规程的行为；

（七）督促落实本单位安全生产整改措施。

生产经营单位可以设置专职安全生产分管负责人，协助本单位主要负责人履行安全生产管理职责。

第二十六条　生产经营单位的安全生产管理机构以及安全生产管理人员应当恪尽职守，依法履行职责。

生产经营单位作出涉及安全生产的经营决策，应当听取安全生产管理机构以及安全生产管理人员的意见。

生产经营单位不得因安全生产管理人员依法履行职责而降低其工资、福利等待遇或者解除与其订立的劳动合同。

危险物品的生产、储存单位以及矿山、金属冶炼单位的安全生产管理人员的任免，应当告知主管的负有安全生产监督管理职责的部门。

第二十七条　生产经营单位的主要负责人和安全生产管理人员必须具备与本单位所从事的生产经营活动相应的安全生产知识和管理能力。

危险物品的生产、经营、储存、装卸单位以及矿山、金属冶炼、建筑施工、运输单位的主要负责人和安全生产管理人员，应当由主管的负有安全生产监督管理职责的部门对其安全生产知识和管理能力考核合格。考核不得收费。

危险物品的生产、储存、装卸单位以及矿山、金属冶炼单位应当有注册安全工程师从事安全生产管理工作。鼓励其他生产经营单位聘用注册安全工程师从事安全生产管理工作。注册安全工程师按专业分类管理，具体办法由国务院人力资源和社会保障部门、国务院应急管理部门会同国务院有关部门制定。

第二十八条　生产经营单位应当对从业人员进行安全生产教育和培训，保证从业人员具备必要的安全生产知识，熟悉有关的安全生产规章制度和安全操作规程，掌握本岗位的安全操作技能，了解事故应急处理措施，知悉自身在安全生产方面的权利和义务。未经安全生产教育和培训合格的从业人员，不得上岗作业。

生产经营单位使用被派遣劳动者的，应当将被派遣劳动者纳入本单位从业人员统一管理，对被派遣劳动者进行岗位安全操作规程和安全操作技能的教育和培训。劳务派遣单位应当对被派遣劳动者进行必要的安全生产教育和培训。

生产经营单位接收中等职业学校、高等学校学生实习的，应当对实习学生进行相应的安全生产教育和培训，提供必要的劳动防护用品。学校应当协助生产经营单位对实习学生进行安全生产教育和培训。

生产经营单位应当建立安全生产教育和培训档案，如实记录安全生产教育和培训的时间、内容、参加人员以及考核结果等情况。

第二十九条　生产经营单位采用新工艺、新技术、新材料或者使用新设备，必须了解、掌握其安全技术特性，采取有效的安全防护措施，并对从业人员进行专门的安全生产教育和培训。

第三十条　生产经营单位的特种作业人员必须按照国家有关规定经专门的安全作业培训，取得相应资格，方可上岗作业。

特种作业人员的范围由国务院应急管理部门会同国务院有关部门确定。

第三十一条　生产经营单位新建、改建、扩建工程项目（以下统称建设项目）的安全设施，必须与主体工程同时设计、同时施工、同时投入生产和使用。安全设施投资应当纳入建设项目概算。

第三十二条　矿山、金属冶炼建设项目和用于生产、储存、装卸危险物品的建设项目，应当按照国家有关规定进行安全评价。

第三十三条　建设项目安全设施的设计人、设计单位应当对安全设施设计负责。

矿山、金属冶炼建设项目和用于生产、储存、装卸危险物品的建设项目的安全设施设计应当按照国家有关规定报经有关部门审查，审查部门及其负责审查的人员对审查结果负责。

第三十四条　矿山、金属冶炼建设项目和用于生产、储存、装卸危险物品的建设项目的施工单位必须按照批准的安全设施设计施工，并对安全设施的工程质量负责。

矿山、金属冶炼建设项目和用于生产、储存、装卸危险物品的建设项目竣工投入生产或者使用前，应当由建设单位负责组织对安全设施进行验收；验收合格后，方可投入生产和使用。负有安全生产监督管理职责的部门应当加强对建设单位验收活动和验收结果的监督核查。

第三十五条　生产经营单位应当在有较大危险因素的生产经营场所和有关设施、设备上，设置明显的安全警示标志。

第三十六条 安全设备的设计、制造、安装、使用、检测、维修、改造和报废，应当符合国家标准或者行业标准。

生产经营单位必须对安全设备进行经常性维护、保养，并定期检测，保证正常运转。维护、保养、检测应当作好记录，并由有关人员签字。

生产经营单位不得关闭、破坏直接关系生产安全的监控、报警、防护、救生设备、设施，或者篡改、隐瞒、销毁其相关数据、信息。

餐饮等行业的生产经营单位使用燃气的，应当安装可燃气体报警装置，并保障其正常使用。

第三十七条 生产经营单位使用的危险物品的容器、运输工具，以及涉及人身安全、危险性较大的海洋石油开采特种设备和矿山井下特种设备，必须按照国家有关规定，由专业生产单位生产，并经具有专业资质的检测、检验机构检测、检验合格，取得安全使用证或者安全标志，方可投入使用。检测、检验机构对检测、检验结果负责。

第三十八条 国家对严重危及生产安全的工艺、设备实行淘汰制度，具体目录由国务院应急管理部门会同国务院有关部门制定并公布。法律、行政法规对目录的制定另有规定的，适用其规定。

省、自治区、直辖市人民政府可以根据本地区实际情况制定并公布具体目录，对前款规定以外的危及生产安全的工艺、设备予以淘汰。

生产经营单位不得使用应当淘汰的危及生产安全的工艺、设备。

第三十九条 生产、经营、运输、储存、使用危险物品或者处置废弃危险物品的，由有关主管部门依照有关法律、法规的规定和国家标准或者行业标准审批并实施监督管理。

生产经营单位生产、经营、运输、储存、使用危险物品或者处置废弃危险物品，必须执行有关法律、法规和国家标准或者行业标准，建立专门的安全管理制度，采取可靠的安全措施，接受有关主管部门依法实施的监督管理。

第四十条 生产经营单位对重大危险源应当登记建档，进行定期检测、评估、监控，并制定应急预案，告知从业人员和相关人员在紧急情况下应当采取的应急措施。

生产经营单位应当按照国家有关规定将本单位重大危险源及有关安全措施、应急措施报有关地方人民政府应急管理部门和有关部门备案。有关地方人民政府应急管理部门和有关部门应当通过相关信息系统实现信息共享。

第四十一条 生产经营单位应当建立安全风险分级管控制度，按照安全风险分级采取相应的管控措施。

生产经营单位应当建立健全并落实生产安全事故隐患排查治理制度，采取技术、管理措施，及时发现并消除事故隐患。事故隐患排查治理情况应当如实记录，并通过职工大会或者职工代表大会、信息公示栏等方式向从业人员通报。其中，重大事故隐患排查治理情况应当及时向负有安全生产监督管理职责的部门和职工大会或者职工代表大会报告。

县级以上地方各级人民政府负有安全生产监督管理职责的部门应当将重大事故隐患纳入相关信息系统，建立健全重大事故隐患治理督办制度，督促生产经营单位消除重大事故隐患。

第四十二条 生产、经营、储存、使用危险物品的车间、商店、仓库不得与员工宿舍在同一座建筑物内，并应当与员工宿舍保持安全距离。

生产经营场所和员工宿舍应当设有符合紧急疏散要求、标志明显、保持畅通的出口、疏散通道。禁止占用、锁闭、封堵生产经营场所或者员工宿舍的出口、疏散通道。

第四十三条 生产经营单位进行爆破、吊装、动火、临时用电以及国务院应急管理部门会同国务院有关部门规定的其他危险作业，应当安排专门人员进行现场安全管理，确保操作规程的遵守和安全措施的落实。

第四十四条 生产经营单位应当教育和督促从业人员严格执行本单位的安全生产规章制度和安全

操作规程；并向从业人员如实告知作业场所和工作岗位存在的危险因素、防范措施以及事故应急措施。

生产经营单位应当关注从业人员的身体、心理状况和行为习惯，加强对从业人员的心理疏导、精神慰藉，严格落实岗位安全生产责任，防范从业人员行为异常导致事故发生。

第四十五条 生产经营单位必须为从业人员提供符合国家标准或者行业标准的劳动防护用品，并监督、教育从业人员按照使用规则佩戴、使用。

第四十六条 生产经营单位的安全生产管理人员应当根据本单位的生产经营特点，对安全生产状况进行经常性检查；对检查中发现的安全问题，应当立即处理；不能处理的，应当及时报告本单位有关负责人，有关负责人应当及时处理。检查及处理情况应当如实记录在案。

生产经营单位的安全生产管理人员在检查中发现重大事故隐患，依照前款规定向本单位有关负责人报告，有关负责人不及时处理的，安全生产管理人员可以向主管的负有安全生产监督管理职责的部门报告，接到报告的部门应当依法及时处理。

第四十七条 生产经营单位应当安排用于配备劳动防护用品、进行安全生产培训的经费。

第四十八条 两个以上生产经营单位在同一作业区域内进行生产经营活动，可能危及对方生产安全的，应当签订安全生产管理协议，明确各自的安全生产管理职责和应当采取的安全措施，并指定专职安全生产管理人员进行安全检查与协调。

第四十九条 生产经营单位不得将生产经营项目、场所、设备发包或者出租给不具备安全生产条件或者相应资质的单位或者个人。

生产经营项目、场所发包或者出租给其他单位的，生产经营单位应当与承包单位、承租单位签订专门的安全生产管理协议，或者在承包合同、租赁合同中约定各自的安全生产管理职责；生产经营单位对承包单位、承租单位的安全生产工作统一协调、管理，定期进行安全检查，发现安全问题的，应当及时督促整改。

矿山、金属冶炼建设项目和用于生产、储存、装卸危险物品的建设项目的施工单位应当加强对施工项目的安全管理，不得倒卖、出租、出借、挂靠或者以其他形式非法转让施工资质，不得将其承包的全部建设工程转包给第三人或者将其承包的全部建设工程支解以后以分包的名义分别转包给第三人，不得将工程分包给不具备相应资质条件的单位。

第五十条 生产经营单位发生生产安全事故时，单位的主要负责人应当立即组织抢救，并不得在事故调查处理期间擅离职守。

第五十一条 生产经营单位必须依法参加工伤保险，为从业人员缴纳保险费。

国家鼓励生产经营单位投保安全生产责任保险；属于国家规定的高危行业、领域的生产经营单位，应当投保安全生产责任保险。具体范围和实施办法由国务院应急管理部门会同国务院财政部门、国务院保险监督管理机构和相关行业主管部门制定。

第三章　从业人员的安全生产权利义务

第五十二条 生产经营单位与从业人员订立的劳动合同，应当载明有关保障从业人员劳动安全、防止职业危害的事项，以及依法为从业人员办理工伤保险的事项。

生产经营单位不得以任何形式与从业人员订立协议，免除或者减轻其对从业人员因生产安全事故伤亡依法应承担的责任。

第五十三条 生产经营单位的从业人员有权了解其作业场所和工作岗位存在的危险因素、防范措施及事故应急措施，有权对本单位的安全生产工作提出建议。

第五十四条 从业人员有权对本单位安全生产工作中存在的问题提出批评、检举、控告；有权拒绝违章指挥和强令冒险作业。

生产经营单位不得因从业人员对本单位安全生产工作提出批评、检举、控告或者拒绝违章指挥、强令冒险作业而降低其工资、福利等待遇或者解除与其订立的劳动合同。

第五十五条 从业人员发现直接危及人身安全的紧急情况时，有权停止作业或者在采取可能的应急措施后撤离作业场所。

生产经营单位不得因从业人员在前款紧急情况下停止作业或者采取紧急撤离措施而降低其工资、福利等待遇或者解除与其订立的劳动合同。

第五十六条 生产经营单位发生生产安全事故后，应当及时采取措施救治有关人员。

因生产安全事故受到损害的从业人员，除依法享有工伤保险外，依照有关民事法律尚有获得赔偿的权利的，有权提出赔偿要求。

第五十七条 从业人员在作业过程中，应当严格落实岗位安全责任，遵守本单位的安全生产规章制度和操作规程，服从管理，正确佩戴和使用劳动防护用品。

第五十八条 从业人员应当接受安全生产教育和培训，掌握本职工作所需的安全生产知识，提高安全生产技能，增强事故预防和应急处理能力。

第五十九条 从业人员发现事故隐患或者其他不安全因素，应当立即向现场安全生产管理人员或者本单位负责人报告；接到报告的人员应当及时予以处理。

第六十条 工会有权对建设项目的安全设施与主体工程同时设计、同时施工、同时投入生产和使用进行监督，提出意见。

工会对生产经营单位违反安全生产法律、法规，侵犯从业人员合法权益的行为，有权要求纠正；发现生产经营单位违章指挥、强令冒险作业或者发现事故隐患时，有权提出解决的建议，生产经营单位应当及时研究答复；发现危及从业人员生命安全的情况时，有权向生产经营单位建议组织从业人员撤离危险场所，生产经营单位必须立即作出处理。

工会有权依法参加事故调查，向有关部门提出处理意见，并要求追究有关人员的责任。

第六十一条 生产经营单位使用被派遣劳动者的，被派遣劳动者享有本法规定的从业人员的权利，并应当履行本法规定的从业人员的义务。

第四章　安全生产的监督管理

第六十二条 县级以上地方各级人民政府应当根据本行政区域内的安全生产状况，组织有关部门按照职责分工，对本行政区域内容易发生重大生产安全事故的生产经营单位进行严格检查。

应急管理部门应当按照分类分级监督管理的要求，制定安全生产年度监督检查计划，并按照年度监督检查计划进行监督检查，发现事故隐患，应当及时处理。

第六十三条 负有安全生产监督管理职责的部门依照有关法律、法规的规定，对涉及安全生产的事项需要审查批准（包括批准、核准、许可、注册、认证、颁发证照等，下同）或者验收的，必须严格依照有关法律、法规和国家标准或者行业标准规定的安全生产条件和程序进行审查；不符合有关法律、法规和国家标准或者行业标准规定的安全生产条件的，不得批准或者验收通过。对未依法取得批准或者验收合格的单位擅自从事有关活动的，负责行政审批的部门发现或者接到举报后应当立即予以取缔，并依法予以处理。对已经依法取得批准的单位，负责行政审批的部门发现其不再具备安全生产条件的，应当撤销原批准。

第六十四条 负有安全生产监督管理职责的部门对涉及安全生产的事项进行审查、验收，不得收取费用；不得要求接受审查、验收的单位购买其指定品牌或者指定生产、销售单位的安全设备、器材或者其他产品。

第六十五条 应急管理部门和其他负有安全生产监督管理职责的部门依法开展安全生产行政执法

工作,对生产经营单位执行有关安全生产的法律、法规和国家标准或者行业标准的情况进行监督检查,行使以下职权:

(一)进入生产经营单位进行检查,调阅有关资料,向有关单位和人员了解情况;

(二)对检查中发现的安全生产违法行为,当场予以纠正或者要求限期改正;对依法应当给予行政处罚的行为,依照本法和其他有关法律、行政法规的规定作出行政处罚决定;

(三)对检查中发现的事故隐患,应当责令立即排除;重大事故隐患排除前或者排除过程中无法保证安全的,应当责令从危险区域内撤出作业人员,责令暂时停产停业或者停止使用相关设施、设备;重大事故隐患排除后,经审查同意,方可恢复生产经营和使用;

(四)对有根据认为不符合保障安全生产的国家标准或者行业标准的设施、设备、器材以及违法生产、储存、使用、经营、运输的危险物品予以查封或者扣押,对违法生产、储存、使用、经营危险物品的作业场所予以查封,并依法作出处理决定。

监督检查不得影响被检查单位的正常生产经营活动。

第六十六条 生产经营单位对负有安全生产监督管理职责的部门的监督检查人员(以下统称安全生产监督检查人员)依法履行监督检查职责,应当予以配合,不得拒绝、阻挠。

第六十七条 安全生产监督检查人员应当忠于职守,坚持原则,秉公执法。

安全生产监督检查人员执行监督检查任务时,必须出示有效的行政执法证件;对涉及被检查单位的技术秘密和业务秘密,应当为其保密。

第六十八条 安全生产监督检查人员应当将检查的时间、地点、内容、发现的问题及其处理情况,作出书面记录,并由检查人员和被检查单位的负责人签字;被检查单位的负责人拒绝签字的,检查人员应当将情况记录在案,并向负有安全生产监督管理职责的部门报告。

第六十九条 负有安全生产监督管理职责的部门在监督检查中,应当互相配合,实行联合检查;确需分别进行检查的,应当互通情况,发现存在的安全问题应当由其他有关部门进行处理的,应当及时移送其他有关部门并形成记录备查,接受移送的部门应当及时进行处理。

第七十条 负有安全生产监督管理职责的部门依法对存在重大事故隐患的生产经营单位作出停产停业、停止施工、停止使用相关设施或者设备的决定,生产经营单位应当依法执行,及时消除事故隐患。生产经营单位拒不执行,有发生生产安全事故的现实危险的,在保证安全的前提下,经本部门主要负责人批准,负有安全生产监督管理职责的部门可以采取通知有关单位停止供电、停止供应民用爆炸物品等措施,强制生产经营单位履行决定。通知应当采用书面形式,有关单位应当予以配合。

负有安全生产监督管理职责的部门依照前款规定采取停止供电措施,除有危及生产安全的紧急情形外,应当提前二十四小时通知生产经营单位。生产经营单位依法履行行政决定、采取相应措施消除事故隐患的,负有安全生产监督管理职责的部门应当及时解除前款规定的措施。

第七十一条 监察机关依照监察法的规定,对负有安全生产监督管理职责的部门及其工作人员履行安全生产监督管理职责实施监察。

第七十二条 承担安全评价、认证、检测、检验职责的机构应当具备国家规定的资质条件,并对其作出的安全评价、认证、检测、检验结果的合法性、真实性负责。资质条件由国务院应急管理部门会同国务院有关部门制定。

承担安全评价、认证、检测、检验职责的机构应当建立并实施服务公开和报告公开制度,不得租借资质、挂靠、出具虚假报告。

第七十三条 负有安全生产监督管理职责的部门应当建立举报制度,公开举报电话、信箱或者电子邮件地址等网络举报平台,受理有关安全生产的举报;受理的举报事项经调查核实后,应当形成书面材料;需要落实整改措施的,报经有关负责人签字并督促落实。对不属于本部门职责,需要由其他有关部门进行调查处理的,转交其他有关部门处理。

涉及人员死亡的举报事项,应当由县级以上人民政府组织核查处理。

第七十四条 任何单位或者个人对事故隐患或者安全生产违法行为,均有权向负有安全生产监督管理职责的部门报告或者举报。

因安全生产违法行为造成重大事故隐患或者导致重大事故,致使国家利益或者社会公共利益受到侵害的,人民检察院可以根据民事诉讼法、行政诉讼法的相关规定提起公益诉讼。

第七十五条 居民委员会、村民委员会发现其所在区域内的生产经营单位存在事故隐患或者安全生产违法行为时,应当向当地人民政府或者有关部门报告。

第七十六条 县级以上各级人民政府及其有关部门对报告重大事故隐患或者举报安全生产违法行为的有功人员,给予奖励。具体奖励办法由国务院应急管理部门会同国务院财政部门制定。

第七十七条 新闻、出版、广播、电影、电视等单位有进行安全生产公益宣传教育的义务,有对违反安全生产法律、法规的行为进行舆论监督的权利。

第七十八条 负有安全生产监督管理职责的部门应当建立安全生产违法行为信息库,如实记录生产经营单位及其有关从业人员的安全生产违法行为信息;对违法行为情节严重的生产经营单位及其有关从业人员,应当及时向社会公告,并通报行业主管部门、投资主管部门、自然资源主管部门、生态环境主管部门、证券监督管理机构以及有关金融机构。有关部门和机构应当对存在失信行为的生产经营单位及其有关从业人员采取加大执法检查频次、暂停项目审批、上调有关保险费率、行业或者职业禁入等联合惩戒措施,并向社会公示。

负有安全生产监督管理职责的部门应当加强对生产经营单位行政处罚信息的及时归集、共享、应用和公开,对生产经营单位作出处罚决定后七个工作日内在监督管理部门公示系统予以公开曝光,强化对违法失信生产经营单位及其有关从业人员的社会监督,提高全社会安全生产诚信水平。

第五章 生产安全事故的应急救援与调查处理

第七十九条 国家加强生产安全事故应急能力建设,在重点行业、领域建立应急救援基地和应急救援队伍,并由国家安全生产应急救援机构统一协调指挥;鼓励生产经营单位和其他社会力量建立应急救援队伍,配备相应的应急救援装备和物资,提高应急救援的专业化水平。

国务院应急管理部门牵头建立全国统一的生产安全事故应急救援信息系统,国务院交通运输、住房和城乡建设、水利、民航等有关部门和县级以上地方人民政府建立健全相关行业、领域、地区的生产安全事故应急救援信息系统,实现互联互通、信息共享,通过推行网上安全信息采集、安全监管和监测预警,提升监管的精准化、智能化水平。

第八十条 县级以上地方各级人民政府应当组织有关部门制定本行政区域内生产安全事故应急救援预案,建立应急救援体系。

乡镇人民政府和街道办事处,以及开发区、工业园区、港区、风景区等应当制定相应的生产安全事故应急救援预案,协助人民政府有关部门或者按照授权依法履行生产安全事故应急救援工作职责。

第八十一条 生产经营单位应当制定本单位生产安全事故应急救援预案,与所在地县级以上地方人民政府组织制定的生产安全事故应急救援预案相衔接,并定期组织演练。

第八十二条 危险物品的生产、经营、储存单位以及矿山、金属冶炼、城市轨道交通运营、建筑施工单位应当建立应急救援组织;生产经营规模较小的,可以不建立应急救援组织,但应当指定兼职的应急救援人员。

危险物品的生产、经营、储存、运输单位以及矿山、金属冶炼、城市轨道交通运营、建筑施工单位应当配备必要的应急救援器材、设备和物资,并进行经常性维护、保养,保证正常运转。

第八十三条 生产经营单位发生生产安全事故后,事故现场有关人员应当立即报告本单位负责人。

单位负责人接到事故报告后，应当迅速采取有效措施，组织抢救，防止事故扩大，减少人员伤亡和财产损失，并按照国家有关规定立即如实报告当地负有安全生产监督管理职责的部门，不得隐瞒不报、谎报或者迟报，不得故意破坏事故现场、毁灭有关证据。

第八十四条 负有安全生产监督管理职责的部门接到事故报告后，应当立即按照国家有关规定上报事故情况。负有安全生产监督管理职责的部门和有关地方人民政府对事故情况不得隐瞒不报、谎报或者迟报。

第八十五条 有关地方人民政府和负有安全生产监督管理职责的部门的负责人接到生产安全事故报告后，应当按照生产安全事故应急救援预案的要求立即赶到事故现场，组织事故抢救。

参与事故抢救的部门和单位应当服从统一指挥，加强协同联动，采取有效的应急救援措施，并根据事故救援的需要采取警戒、疏散等措施，防止事故扩大和次生灾害的发生，减少人员伤亡和财产损失。

事故抢救过程中应当采取必要措施，避免或者减少对环境造成的危害。

任何单位和个人都应当支持、配合事故抢救，并提供一切便利条件。

第八十六条 事故调查处理应当按照科学严谨、依法依规、实事求是、注重实效的原则，及时、准确地查清事故原因，查明事故性质和责任，评估应急处置工作，总结事故教训，提出整改措施，并对事故责任单位和人员提出处理建议。事故调查报告应当依法及时向社会公布。事故调查和处理的具体办法由国务院制定。

事故发生单位应当及时全面落实整改措施，负有安全生产监督管理职责的部门应当加强监督检查。

负责事故调查处理的国务院有关部门和地方人民政府应当在批复事故调查报告后一年内，组织有关部门对事故整改和防范措施落实情况进行评估，并及时向社会公开评估结果；对不履行职责导致事故整改和防范措施没有落实的有关单位和人员，应当按照有关规定追究责任。

第八十七条 生产经营单位发生生产安全事故，经调查确定为责任事故的，除了应当查明事故单位的责任并依法予以追究外，还应当查明对安全生产的有关事项负有审查批准和监督职责的行政部门的责任，对有失职、渎职行为的，依照本法第九十条的规定追究法律责任。

第八十八条 任何单位和个人不得阻挠和干涉对事故的依法调查处理。

第八十九条 县级以上地方各级人民政府应急管理部门应当定期统计分析本行政区域内发生生产安全事故的情况，并定期向社会公布。

第六章 法律责任

第九十条 负有安全生产监督管理职责的部门的工作人员，有下列行为之一的，给予降级或者撤职的处分；构成犯罪的，依照刑法有关规定追究刑事责任：

（一）对不符合法定安全生产条件的涉及安全生产的事项予以批准或者验收通过的；

（二）发现未依法取得批准、验收的单位擅自从事有关活动或者接到举报后不予取缔或者不依法予以处理的；

（三）对已经依法取得批准的单位不履行监督管理职责，发现其不再具备安全生产条件而不撤销原批准或者发现安全生产违法行为不予查处的；

（四）在监督检查中发现重大事故隐患，不依法及时处理的。

负有安全生产监督管理职责的部门的工作人员有前款规定以外的滥用职权、玩忽职守、徇私舞弊行为的，依法给予处分；构成犯罪的，依照刑法有关规定追究刑事责任。

第九十一条 负有安全生产监督管理职责的部门，要求被审查、验收的单位购买其指定的安全设备、器材或者其他产品的，在对安全生产事项的审查、验收中收取费用的，由其上级机关或者监察机关责令改正，责令退还收取的费用；情节严重的，对直接负责的主管人员和其他直接责任人员依法给予处分。

第九十二条 承担安全评价、认证、检测、检验职责的机构出具失实报告的，责令停业整顿，并处三万元以上十万元以下的罚款；给他人造成损害的，依法承担赔偿责任。

承担安全评价、认证、检测、检验职责的机构租借资质、挂靠、出具虚假报告的，没收违法所得；违法所得在十万元以上的，并处违法所得二倍以上五倍以下的罚款，没有违法所得或者违法所得不足十万元的，单处或者并处十万元以上二十万元以下的罚款；对其直接负责的主管人员和其他直接责任人员处五万元以上十万元以下的罚款；给他人造成损害的，与生产经营单位承担连带赔偿责任；构成犯罪的，依照刑法有关规定追究刑事责任。

对有前款违法行为的机构及其直接责任人员，吊销其相应资质和资格，五年内不得从事安全评价、认证、检测、检验等工作；情节严重的，实行终身行业和职业禁入。

第九十三条 生产经营单位的决策机构、主要负责人或者个人经营的投资人不依照本法规定保证安全生产所必需的资金投入，致使生产经营单位不具备安全生产条件的，责令限期改正，提供必需的资金；逾期未改正的，责令生产经营单位停产停业整顿。

有前款违法行为，导致发生生产安全事故的，对生产经营单位的主要负责人给予撤职处分，对个人经营的投资人处二万元以上二十万元以下的罚款；构成犯罪的，依照刑法有关规定追究刑事责任。

第九十四条 生产经营单位的主要负责人未履行本法规定的安全生产管理职责的，责令限期改正，处二万元以上五万元以下的罚款；逾期未改正的，处五万元以上十万元以下的罚款，责令生产经营单位停产停业整顿。

生产经营单位的主要负责人有前款违法行为，导致发生生产安全事故的，给予撤职处分；构成犯罪的，依照刑法有关规定追究刑事责任。

生产经营单位的主要负责人依照前款规定受刑事处罚或者撤职处分的，自刑罚执行完毕或者受处分之日起，五年内不得担任任何生产经营单位的主要负责人；对重大、特别重大生产安全事故负有责任的，终身不得担任本行业生产经营单位的主要负责人。

第九十五条 生产经营单位的主要负责人未履行本法规定的安全生产管理职责，导致发生生产安全事故的，由应急管理部门依照下列规定处以罚款：

(一)发生一般事故的，处上一年年收入百分之四十的罚款；

(二)发生较大事故的，处上一年年收入百分之六十的罚款；

(三)发生重大事故的，处上一年年收入百分之八十的罚款；

(四)发生特别重大事故的，处上一年年收入百分之一百的罚款。

第九十六条 生产经营单位的其他负责人和安全生产管理人员未履行本法规定的安全生产管理职责的，责令限期改正，处一万元以上三万元以下的罚款；导致发生生产安全事故的，暂停或者吊销其与安全生产有关的资格，并处上一年年收入百分之二十以上百分之五十以下的罚款；构成犯罪的，依照刑法有关规定追究刑事责任。

第九十七条 生产经营单位有下列行为之一的，责令限期改正，处十万元以下的罚款；逾期未改正的，责令停产停业整顿，并处十万元以上二十万元以下的罚款，对其直接负责的主管人员和其他直接责任人员处二万元以上五万元以下的罚款：

(一)未按照规定设置安全生产管理机构或者配备安全生产管理人员、注册安全工程师的；

(二)危险物品的生产、经营、储存、装卸单位以及矿山、金属冶炼、建筑施工、运输单位的主要负责人和安全生产管理人员未按照规定经考核合格的；

(三)未按照规定对从业人员、被派遣劳动者、实习学生进行安全生产教育和培训，或者未按照规定如实告知有关的安全生产事项的；

(四)未如实记录安全生产教育和培训情况的；

(五)未将事故隐患排查治理情况如实记录或者未向从业人员通报的；

（六）未按照规定制定生产安全事故应急救援预案或者未定期组织演练的；

（七）特种作业人员未按照规定经专门的安全作业培训并取得相应资格，上岗作业的。

第九十八条 生产经营单位有下列行为之一的，责令停止建设或者停产停业整顿，限期改正，并处十万元以上五十万元以下的罚款，对其直接负责的主管人员和其他直接责任人员处二万元以上五万元以下的罚款；逾期未改正的，处五十万元以上一百万元以下的罚款，对其直接负责的主管人员和其他直接责任人员处五万元以上十万元以下的罚款；构成犯罪的，依照刑法有关规定追究刑事责任：

（一）未按照规定对矿山、金属冶炼建设项目或者用于生产、储存、装卸危险物品的建设项目进行安全评价的；

（二）矿山、金属冶炼建设项目或者用于生产、储存、装卸危险物品的建设项目没有安全设施设计或者安全设施设计未按照规定报经有关部门审查同意的；

（三）矿山、金属冶炼建设项目或者用于生产、储存、装卸危险物品的建设项目的施工单位未按照批准的安全设施设计施工的；

（四）矿山、金属冶炼建设项目或者用于生产、储存、装卸危险物品的建设项目竣工投入生产或者使用前，安全设施未经验收合格的。

第九十九条 生产经营单位有下列行为之一的，责令限期改正，处五万元以下的罚款；逾期未改正的，处五万元以上二十万元以下的罚款，对其直接负责的主管人员和其他直接责任人员处一万元以上二万元以下的罚款；情节严重的，责令停产停业整顿；构成犯罪的，依照刑法有关规定追究刑事责任：

（一）未在有较大危险因素的生产经营场所和有关设施、设备上设置明显的安全警示标志的；

（二）安全设备的安装、使用、检测、改造和报废不符合国家标准或者行业标准的；

（三）未对安全设备进行经常性维护、保养和定期检测的；

（四）关闭、破坏直接关系生产安全的监控、报警、防护、救生设备、设施，或者篡改、隐瞒、销毁其相关数据、信息的；

（五）未为从业人员提供符合国家标准或者行业标准的劳动防护用品的；

（六）危险物品的容器、运输工具，以及涉及人身安全、危险性较大的海洋石油开采特种设备和矿山井下特种设备未经具有专业资质的机构检测、检验合格，取得安全使用证或者安全标志，投入使用的；

（七）使用应当淘汰的危及生产安全的工艺、设备的；

（八）餐饮等行业的生产经营单位使用燃气未安装可燃气体报警装置的。

第一百条 未经依法批准，擅自生产、经营、运输、储存、使用危险物品或者处置废弃危险物品的，依照有关危险物品安全管理的法律、行政法规的规定予以处罚；构成犯罪的，依照刑法有关规定追究刑事责任。

第一百零一条 生产经营单位有下列行为之一的，责令限期改正，处十万元以下的罚款；逾期未改正的，责令停产停业整顿，并处十万元以上二十万元以下的罚款，对其直接负责的主管人员和其他直接责任人员处二万元以上五万元以下的罚款；构成犯罪的，依照刑法有关规定追究刑事责任：

（一）生产、经营、运输、储存、使用危险物品或者处置废弃危险物品，未建立专门安全管理制度、未采取可靠的安全措施的；

（二）对重大危险源未登记建档，未进行定期检测、评估、监控，未制定应急预案，或者未告知应急措施的；

（三）进行爆破、吊装、动火、临时用电以及国务院应急管理部门会同国务院有关部门规定的其他危险作业，未安排专门人员进行现场安全管理的；

（四）未建立安全风险分级管控制度或者未按照安全风险分级采取相应管控措施的；

（五）未建立事故隐患排查治理制度，或者重大事故隐患排查治理情况未按照规定报告的。

第一百零二条 生产经营单位未采取措施消除事故隐患的，责令立即消除或者限期消除，处五万元以下的罚款;生产经营单位拒不执行的,责令停产停业整顿,对其直接负责的主管人员和其他直接责任人员处五万元以上十万元以下的罚款;构成犯罪的,依照刑法有关规定追究刑事责任。

第一百零三条 生产经营单位将生产经营项目、场所、设备发包或者出租给不具备安全生产条件或者相应资质的单位或者个人的,责令限期改正,没收违法所得;违法所得十万元以上的,并处违法所得二倍以上五倍以下的罚款;没有违法所得或者违法所得不足十万元的,单处或者并处十万元以上二十万元以下的罚款;对其直接负责的主管人员和其他直接责任人员处一万元以上二万元以下的罚款;导致发生生产安全事故给他人造成损害的,与承包方、承租方承担连带赔偿责任。

生产经营单位未与承包单位、承租单位签订专门的安全生产管理协议或者未在承包合同、租赁合同中明确各自的安全生产管理职责,或者未对承包单位、承租单位的安全生产统一协调、管理的,责令限期改正,处五万元以下的罚款,对其直接负责的主管人员和其他直接责任人员处一万元以下的罚款;逾期未改正的,责令停产停业整顿。

矿山、金属冶炼建设项目和用于生产、储存、装卸危险物品的建设项目的施工单位未按照规定对施工项目进行安全管理的,责令限期改正,处十万元以下的罚款,对其直接负责的主管人员和其他直接责任人员处二万元以下的罚款;逾期未改正的,责令停产停业整顿。以上施工单位倒卖、出租、出借、挂靠或者以其他形式非法转让施工资质的,责令停产停业整顿,吊销资质证书,没收违法所得;违法所得十万元以上的,并处违法所得二倍以上五倍以下的罚款,没有违法所得或者违法所得不足十万元的,单处或者并处十万元以上二十万元以下的罚款;对其直接负责的主管人员和其他直接责任人员处五万元以上十万元以下的罚款;构成犯罪的,依照刑法有关规定追究刑事责任。

第一百零四条 两个以上生产经营单位在同一作业区域内进行可能危及对方安全生产的生产经营活动,未签订安全生产管理协议或者未指定专职安全生产管理人员进行安全检查与协调的,责令限期改正,处五万元以下的罚款,对其直接负责的主管人员和其他直接责任人员处一万元以下的罚款;逾期未改正的,责令停产停业。

第一百零五条 生产经营单位有下列行为之一的,责令限期改正,处五万元以下的罚款,对其直接负责的主管人员和其他直接责任人员处一万元以下的罚款;逾期未改正的,责令停产停业整顿;构成犯罪的,依照刑法有关规定追究刑事责任:

(一)生产、经营、储存、使用危险物品的车间、商店、仓库与员工宿舍在同一座建筑内,或者与员工宿舍的距离不符合安全要求的;

(二)生产经营场所和员工宿舍未设有符合紧急疏散需要、标志明显、保持畅通的出口、疏散通道,或者占用、锁闭、封堵生产经营场所或者员工宿舍出口、疏散通道的。

第一百零六条 生产经营单位与从业人员订立协议,免除或者减轻其对从业人员因生产安全事故伤亡依法应承担的责任的,该协议无效;对生产经营单位的主要负责人、个人经营的投资人处二万元以上十万元以下的罚款。

第一百零七条 生产经营单位的从业人员不落实岗位安全责任,不服从管理,违反安全生产规章制度或者操作规程的,由生产经营单位给予批评教育,依照有关规章制度给予处分;构成犯罪的,依照刑法有关规定追究刑事责任。

第一百零八条 违反本法规定,生产经营单位拒绝、阻碍负有安全生产监督管理职责的部门依法实施监督检查的,责令改正;拒不改正的,处二万元以上二十万元以下的罚款;对其直接负责的主管人员和其他直接责任人员处一万元以上二万元以下的罚款;构成犯罪的,依照刑法有关规定追究刑事责任。

第一百零九条 高危行业、领域的生产经营单位未按照国家规定投保安全生产责任保险的,责令限期改正,处五万元以上十万元以下的罚款;逾期未改正的,处十万元以上二十万元以下的罚款。

第一百一十条 生产经营单位的主要负责人在本单位发生生产安全事故时,不立即组织抢救或者在事故调查处理期间擅离职守或者逃匿的,给予降级、撤职的处分,并由应急管理部门处上一年年收入百分之六十至百分之一百的罚款；对逃匿的处十五日以下拘留；构成犯罪的，依照刑法有关规定追究刑事责任。

生产经营单位的主要负责人对生产安全事故隐瞒不报、谎报或者迟报的，依照前款规定处罚。

第一百一十一条　有关地方人民政府、负有安全生产监督管理职责的部门，对生产安全事故隐瞒不报、谎报或者迟报的，对直接负责的主管人员和其他直接责任人员依法给予处分；构成犯罪的，依照刑法有关规定追究刑事责任。

第一百一十二条　生产经营单位违反本法规定，被责令改正且受到罚款处罚，拒不改正的，负有安全生产监督管理职责的部门可以自作出责令改正之日的次日起，按照原处罚数额按日连续处罚。

第一百一十三条　生产经营单位存在下列情形之一的，负有安全生产监督管理职责的部门应当提请地方人民政府予以关闭，有关部门应当依法吊销其有关证照。生产经营单位主要负责人五年内不得担任任何生产经营单位的主要负责人；情节严重的，终身不得担任本行业生产经营单位的主要负责人：

（一）存在重大事故隐患，一百八十日内三次或者一年内四次受到本法规定的行政处罚的；

（二）经停产停业整顿，仍不具备法律、行政法规和国家标准或者行业标准规定的安全生产条件的；

（三）不具备法律、行政法规和国家标准或者行业标准规定的安全生产条件，导致发生重大、特别重大生产安全事故的；

（四）拒不执行负有安全生产监督管理职责的部门作出的停产停业整顿决定的。

第一百一十四条　发生生产安全事故，对负有责任的生产经营单位除要求其依法承担相应的赔偿等责任外，由应急管理部门依照下列规定处以罚款：

（一）发生一般事故的，处三十万元以上一百万元以下的罚款；

（二）发生较大事故的，处一百万元以上二百万元以下的罚款；

（三）发生重大事故的，处二百万元以上一千万元以下的罚款；

（四）发生特别重大事故的，处一千万元以上二千万元以下的罚款。

发生生产安全事故，情节特别严重、影响特别恶劣的，应急管理部门可以按照前款罚款数额的二倍以上五倍以下对负有责任的生产经营单位处以罚款。

第一百一十五条　本法规定的行政处罚，由应急管理部门和其他负有安全生产监督管理职责的部门按照职责分工决定；其中，根据本法第九十五条、第 ·百一十条、第一百一十四条的规定应当给予民航、铁路、电力行业的生产经营单位及其主要负责人行政处罚的，也可以由主管的负有安全生产监督管理职责的部门进行处罚。予以关闭的行政处罚，由负有安全生产监督管理职责的部门报请县级以上人民政府按照国务院规定的权限决定；给予拘留的行政处罚，由公安机关依照治安管理处罚的规定决定。

第一百一十六条　生产经营单位发生生产安全事故造成人员伤亡、他人财产损失的，应当依法承担赔偿责任；拒不承担或者其负责人逃匿的，由人民法院依法强制执行。

生产安全事故的责任人未依法承担赔偿责任，经人民法院依法采取执行措施后，仍不能对受害人给予足额赔偿的，应当继续履行赔偿义务；受害人发现责任人有其他财产的，可以随时请求人民法院执行。

第七章　附　则

第一百一十七条　本法下列用语的含义：

危险物品，是指易燃易爆物品、危险化学品、放射性物品等能够危及人身安全和财产安全的物品。

重大危险源，是指长期地或者临时地生产、搬运、使用或者储存危险物品，且危险物品的数量等于或者超过临界量的单元（包括场所和设施）。

第一百一十八条　本法规定的生产安全一般事故、较大事故、重大事故、特别重大事故的划分标准由国务院规定。

国务院应急管理部门和其他负有安全生产监督管理职责的部门应当根据各自的职责分工，制定相关行业、领域重大危险源的辨识标准和重大事故隐患的判定标准。

第一百一十九条 本法自 2002 年 11 月 1 日起施行。

参考文献

[1] 浙江省水利厅. 水行政执法人员培训教材[M]. 北京:中国水利水电出版社,2014.
[2] 全国一级建造师执业资格考试用书编写委员会. 建设工程法规及相关知识[M]. 北京:中国建筑工业出版社,2018.
[3] 张肖. 水资源管理与水行政执法[M]. 南京:河海大学出版社,2013.